本书为国家社科基金项目

"'魁阁'时期云南九村镇再研究"（16BSH003）阶段性成果

教育部人文社会科学重点研究基地

云南大学西南边疆少数民族研究中心文库

魁阁研究丛书 ｜ 主编 何　明　赵春盛

魁阁文献

魁阁三学者文集

马雪峰　苏　敏 主编

社会科学文献出版社
SOCIAL SCIENCES ACADEMIC PRESS (CHINA)

"魁阁研究丛书"序

　　"魁阁"是表演中国传统社会文化中"耕读传家"的重要场所，呈贡魁阁却在近现代的时空际会中成为中国人文社会科学形成与发展的庇护所，这里的"魁阁"及其学人也因此被誉为中国现代学术集团的雏形。"魁阁时代"推动了人类学学科范式的转型，探索了中国之于世界的意义，是现代中国人文社会科学的滥觞。"魁阁时代"及其学人体认并经历了中华民族共同体的自觉，留下了滋养今天大学文化与学科建设的"魁阁精神"。

　　1938 年，吴文藻到云南大学从事社会学人类学讲座课程和研究工作，同时受熊庆来校长的委托创建云南大学社会学系并出任首届系主任。后来，云大又与燕京大学合作建立"燕京－云大社会学工作站"，由费孝通主持。费孝通在《从实求知录》中写道："不久，我也接踵从伦敦返国，立即投入云大新建的社会学系，并取得吴老师的同意在云大社会学系附设一个研究工作站，使我可以继续进行实地农村调查。这个研究工作站在敌机滥炸下迁居到昆明附近的呈贡魁星阁，'魁阁'因而成了这个研究工作站当时的通用名称。在这里我回想起魁阁，因为它是在吴老师尽力支持下用来实行他多年的主张为社会学'开风气，育人才'的实验室。"费孝通在回忆"魁阁"研究时说："真是想不到，将近 50 年前，为了油印他（张之毅）那本《易村手工业》，我曾一字一句地亲手刻写蜡板；过了这么半个世纪，最后还是轮到我，为了出版这本《玉村农业和商业》，又一字一句地亲自校阅他的修正稿。这段学术因缘，岂是天定？""魁阁"汇聚了费孝通、许烺光、陶云逵、瞿同祖、张之毅、田汝康、史国衡、谷苞、胡庆钧、李有义、张宗颖等一批当时中国杰出的社会学、人类学、民族学、法学等学科的研究者。尽管狭义的"魁阁"仅存在了 6 年左右的时间，"魁阁时代"的学人后来也星散于中国乃至世界各地，"魁阁"却被誉为中国现代学术集团的雏形。

在学科史意义上，费孝通的《江村经济》是人类学学科范式转换的里程碑。马林诺夫斯基在该书的序言中写道："这是一个中国人对自己人民的研究，这种方法对于西方人类学而言，实际上是很难能可贵的一种方法。"在完成云南内地农村的调查近50年后，费孝通在《〈云南三村〉序》中写道："《云南三村》是从《江村经济》基础上发展起来的……当我发表《江村经济》之初确有人认为解剖这么一个小小的农村，怎么戴得上《中国农民生活》这顶大帽子……如果我停留在《江村经济》不再进一步到《云南三村》，那么只能接受上述批评了……江村只是我认识中国社会的一个起点……目的是很清楚的，我认为，就是人要把自身的社会生活作为客观存在的事物，加以科学的观察和分析，以取得对它的正确如实的认识，然后根据这种认识来推动社会的发展。作为一个中国人，首先要认识中国社会。《云南三村》是抱有这个目的的。"如果说1939年用英文在伦敦出版的《江村经济》标志着人类学学科的"去殖民化、异文化"，那么《云南三村》则标志着人类学学科的"文化自觉、本土化"。

费孝通说，魁阁的学风是从伦敦政治经济学院人类学系传来的。现在放宽历史的视界回顾起来，广义的"魁阁时代"及其学人融汇了来自英国、德国、美国、法国、中国等国家的学术传统和学科素养。继人文社会科学"西学东渐"时期的"群学研究"之后，"魁阁时代"不仅是现代社会学中国化的重要环节，也是中国人类学、民族学、法学、经济学等现代人文社会科学的摇篮。"魁阁时代"学人的研究涉及学科之多，领域之广，留下的调查资料之丰富，研究成果之丰硕，成为后来者可以挖掘的一座学术富矿。目前，我们首批推出的"魁阁研究丛书"包括三类。第一类是"魁阁时代"学者的文集汇编、田野调查照片以及"魁阁村落"的档案集成，例如，《张之毅文集》《魁阁学者劳工社会学研究》《魁阁三学者文集》《云大社会学田野调查老照片（1939-1954）》等。第二类是后来者对"魁阁时代"田野点的再研究，包括《空间变迁与社会转型》《经济、社会结构与精神生活：安村、尾村再研究》《村庄研究的四个维度——"魁阁"时期四村再研究》《云南三村再研究》等。"魁阁时代"的田野点除了村落以外，还包括工厂、集市等类型。第三类是纪念"魁阁时代"的论文集以及其他文稿，例如，《纪念"魁阁"80周年研讨会论文集》和《魁阁》集刊等。在后续的魁阁研究中，我们将更注重挖掘积淀在"魁阁时代"学人原典中的"道隐无名"和方法论，并在"魁阁"田野点跟踪研究中走向一流学科建设更广阔的未来。

艰难岁月，薪火相传。"魁阁时代"的学人也在用自己的智识思考"中华民族何以是一个"的问题。张之毅在《论中国民族性的形成及其转变》中写道："变是既定的事实，悲观没有用，保守没有用，空口提倡也没有用，现在的工作是怎样使青年们完成他们自我的人格，发展他们健全的个性，使他们学得应付生活的新知识，使他们依各人个性人格和兴趣各位育在一适当的地位，使全社会份子分工合作建立起和谐的生活，最后而最紧要的是建立起一种社会的公道，这些是决定今后新文化成功和失败的主要条件，值得大家注意和努力。"后来，1988 年费孝通在香港中文大学 Tanner 讲演中说："中华民族作为一个自觉的民族实体，是近百年来中国和西方列强对抗中出现的，但作为一个自在的民族实体则是几千年的历史过程中形成的。"从 1840 年那时起，世界给了中国一个苦难的百年转身；而通过新旧民主主义革命乃至新中国成立 70 年以来的艰苦奋斗，中国给了世界一个崭新的中华民族。铸牢中华民族共同体意识，坚持共同团结奋斗、共同繁荣发展，推动中华民族走向包容性更强、凝聚力更大的命运共同体，"万物并育而不相害，道并行而不相悖"，不同文明、制度、道路的多样性及交流互鉴可以为人类命运共同体建设和人类社会进步提供强大的动力。

习近平总书记指出："哲学社会科学是人们认识世界、改造世界的重要工具，是推动历史发展和社会进步的重要力量，其发展水平反映了一个民族的思维能力、精神品格、文明素质，体现了一个国家的综合国力和国际竞争力。"推进新时代中国特色社会主义建设伟大事业，一个重要的前提就是要用科学的理论和方法作指导，去认识中国与世界、理解中国与世界、建设中国与世界。费孝通在《〈云南三村〉序》中写道："我们对自己的国家有信心，对自己的事业有抱负。那种一往情深，何等可爱。这段生活在我心中一直是鲜红的，不会忘记的。……我当时觉得中国在抗战胜利之后还有一个更严重的问题要解决，那就是我们将建设成怎样一个国家。……对中国社会的正确认识应是解决怎样建设中国这个问题的必要前提。科学的知识来自实际的观察和系统的分析，也就是现在所说的'实事求是'。"当我们重返魁阁，我们能感受到，在昆明市呈贡区的那座小楼里，在写过"故国月明中"的那根柱子旁，一代学人给后来者留下了"开风气，育人才"的教育理念和"报国情怀、社会担当、扎根田野、自由讨论、团队合作、传承创新、文化自觉、美美与共"的"魁阁精神"。

> 魁阁旧作读来晚
> 逝水流年望复空
> 灯下家园方块字
> 故国待晓月明中

是为序。

2019 年 11 月 3 日午赵春盛谨识

于东陆园

胡庆钧

目
录

胡庆钧

胡庆钧先生简介

董辉虎

  胡庆钧，1918 年出生于湖南省宁乡县。1938 年胡庆钧先生考入浙江大学师范学院，后转入西南联合大学法商学院社会学系。1942 年毕业后，胡庆钧先生考入北京大学文科研究所，师从人类学家凌纯声先生。1942 年 12 月至 1943 年 5 月，在导师的安排下，胡庆钧先生前往四川省叙永县苗族地区进行调查，在重庆《边政公论》上发表了《川南苗乡纪行》《川南叙永苗民人口调查》等文章。

  1945 年，胡庆钧先生受聘为云南大学社会学系讲师，负责讲授人类学课程。同年，胡庆钧先生加入由云南大学和燕京大学合办的社会学研究工作站，跟随费孝通先生从事研究工作。1945 年至 1947 年的寒暑假，胡庆钧先生在云南省呈贡县龙街乡的大河口村（河村）和中卫乡的安江村（安村）进行对基层地方权力结构的调查，他依据此次调查写成报告《云南呈贡基层权力结构》，并在魁阁的"席明纳"上作了汇报，报告中的部分内容以《论保长》《农村绅士的合作与冲突》《衙门与绅士之间》《中国农村社会阶层的分化——绅士与农民》《传统农村的社会流动》《论乡约》《论绅权》等单篇文章形式发表于《观察》《世纪评论》《新路周刊》等刊物，《论保长》《论乡约》《论绅权》三篇后收入费孝通、吴晗等著的《皇权与绅权》一书。

  1947 年 11 月，胡庆钧先生离开昆明，任教于清华大学人类学系，后调入中国科学院近代史研究所工作。其间胡庆钧先生曾多次前往四川凉山地区进行调查，后来发表了《民主改革以前凉山彝族的社会性质问题》《解放前凉山彝族社会性质研究述评》等文章。1985 年，中国社会科学出版社出版了胡庆钧先生的专著《凉山彝族奴隶制社会形态》。2006 年，胡庆钧先生整理、修改了 20 世纪 40 年代在云南呈贡两村和四川叙永地区进行调查时写作的文章，由天津古籍出版社出版了《汉村与苗乡——从 20 世纪前期滇东汉村与川南苗乡看传统中国》一书。同年，胡庆钧先生被评为中国社会科学院荣誉学部委员。

2015 年 11 月 26 日，胡庆钧先生在北京逝世，享年 97 岁。

论保长[*]

保长，这些活跃于法定行政机构里面的基层人物，它的出现是依托一套被称为"保甲制"的制度，这一种制度又产生在中国的历史传统里。保长的存在究竟是表示中国民主政治的新生？还是一个自上而下的权力系统，在地方自治的美名下，用它作为控制人民的工具？让我们从现行制度的源流与保长实际的扮演里，去了解它的特性。

苦难的产儿

保长这一个名目本孕育在苦难中国的历史因缘里，它的最初出现是见之于众所习知的宋熙宁年间王安石"变法"，安石变法的动机是由于当时国势的羸弱，强邻压境，内政不修，他认为主要是因为募兵制的疏败，既不足以御外侮，又无能保卫闾阎；这样，安石就适应了当时环境的需要，制定了"保甲新法"。新法的要点一是编入民户籍，以防容隐奸徒；二是藉①编义勇民兵，改革原有兵制；保长就是在这种保甲制里适逢其选的人物。

我们追述保长的这段根源就指明它背负着中国的历史传统，现代保甲制的复活，更证明它是一个苦难的产儿。继随在外患、朝代更迭和军阀混战的长期内乱之后，民国十六年②的国共分裂又使南中国重新陷入战争的灾难里面。为了应付当时剿匪区域的实际需要，保甲制便产生在二十一

---

* 原载《观察》1947 年第三卷第十七期，后以《两种权力夹缝中的保长》为名收入吴晗、费孝通等著《皇权与绅权》一书（观察社，1948）；后又收入胡庆钧《汉村与苗乡——从 20 世纪前期滇东汉村与川南苗乡看传统中国》一书（天津古籍出版社，2006）。

① 原文为"藉"，应为"籍"。本书除特殊说明，注释均为编者所加。

② 1927 年。

年①豫鄂皖三省剿匪总司令部的一纸公文里。这一次的出现显然不是历史的巧合，而是因为当时的局势，正有类乎八百多年的以前的熙宁时代，保甲制度的功能就可以从保甲新法里面得到应有的解释。

通过剿匪总司令部对各省政府的训令，在兵荒马乱之际，保甲制度得到很迅速的推广，这个由上级政府向下推行的政制，以编户藉与练民兵为主要工作的基层行政机构，它就把先前呼喊了多年而略具幼苗的地方自治一笔勾销，代替了它的地位。后来，这种主张似乎不足以成为民主国家的政治设备，于是，这个一手由军事机构呵护的宠儿，又披上了民主的外衣，进入地方自治的范围之内。民国二十三年②二月，经过中央政治会议通过，由行政院公布的"改进地方自治原则"，规定了"将保甲容纳于自治组织之中，乡镇内之编制为保甲"一条根本原则。立法院根据这个原则也将县自治法予以修正。经过这次的确定之后，保甲便成了县地方自治组织的基层单位，代替了旧制的闾邻。这个原则在二十八年③九月公布的县各级组织纲要中还沿用着，成为今天的新县制。

从二十一年到现在，保甲制从豫鄂皖赣四省开始，逐渐向各省推广。虽然各省推行保甲制的时期不一，好比云南直到二十六年④才改用保甲的编制。可是现在除了边疆的盟旗、政教、部落、土司制度之外，保甲制已经风行在内地中国的每一个角落。不用说：这个孩子已经由襁褓孩提而进入少年时代；可是在这前后十五年当中，经历了剿共、抗战和正在进行中的内战三个阶段，保长还是一个在苦难中成长的儿子。

没有民主的传统

保甲制没有民主的传统，保长也不是民主的儿女，我这样说并不是存心跟保甲制度或者保长开玩笑，我知道保长是当前地方自治行政机构里面的基层人物。但是我们要了解保长的特性和他在政治上的地位，以及当前的尴尬局面，必须了解他所依附的制度所具的特质，而这种特质不是从当前保甲制的民主形式所能了解的。

① 1932 年。
② 1934 年。
③ 1939 年。
④ 1937 年。

要了解保甲制的特质还可以从历史的传统里去追寻，可以称为类似保甲的制度在周朝便已开始，这就是当时的乡遂制和稍后管仲的轨伍制、商鞅的什伍制等。自周秦以至现在，这一连串的政治制度一进入了统治者的权力系统里面，便被作为统治的工具。闻钧天先生说：

> 此法制之精旨：在周之政主于教，齐之政主于兵，秦之政主于刑，汉之政主于捕盗，魏晋主于户籍，隋主于检查，唐主于组织，宋始正其名，初主以卫，终乃并以杂役，元则主于乡政，明则主于役民，清则主于制民，且于历朝所用之术，莫不备使。（见闻著《中国保甲制度》第二页）

这一段分析也证明历朝的类似保甲制，制法者的本意原在把它作为行使政权的一个手段，用以达到管教人民的政治目的。自然，在当时的农业社会里面，特别是逢到承平的时代，统治者既不容易也不太需要对农民作如何严密的控制；也由于时代的着重点不同，此起彼落，在不同的地区也难普遍设立县级以下的基层施政机构，地方自治的权力机构就在这种条件下得到伸张。好比清代因袭宋明旧制，在县级下原有保正乡约的设置，可是实际上并没有普遍认真的推行。有些省份就由氏族组织代行其事。有些省份好比云南，乡约变成传统地方权力结构里面的人物，由人民自己选举，政府非但不加以干涉，反而利用这套机构作为推行政令的工具。

民国二十一年公布的保甲制却显然不重视清末以来注重自治的情势，而在继承以此为控制人民工具的传统。由剿匪总司令部为编查保甲户口条例颁发到各省政府的文告里面，一再强调保甲制的设立在自卫而不在自治，并且认为全民政治"非目前漠视政治未经训练之人民所能行使，尤非各匪区荡析流离之农村民众所乐与闻"。这种自卫组织应"多由委任，因有命令服从与统驭便利之关系"。

现代的保甲制依照政府的规定，以户数为单位，在一个地理区域或者社区上加一层法定的规划，"十户为甲、十甲为保"是一个共同的原则。户数和地域两个因素描写了保甲组织的性质，保甲组织是在同一地区内有一定户数的公共团体。

根据二十三年行政院公布的改进地方自治原则，保甲制虽然进入地方自治的范围里面，可是保甲如何组织？组织的动力如何？政府的规定与编制都指明它不是一个人民自动组成的团体。在实际的行政里，一个保长究竟具备了多少民主的素养？他是一个怎么样的出身，他做了多少可以符合地方自治的事业？我想在这里用不着解释，聪明的读者一定可以为我找到解答。我在这里只要指出：从抗战开始一直到今天，在"军事第一"的口号下，当前的情势与需要和民国二十一年相较，实在有过之而无不及！在客观的情势下保甲制绝不会中途变质，十五岁的保长是从呱呱坠地时长大的。

平庸的出身

我们从历史传统和现实情况里分析了保长所依附的制度，现在要进而描绘所谓保长的这一流人物，这里首先要提到保长的出身。看这一个中国政治的基层人物，究竟有多少政治资本。

中国传统社会里很早就分化出两种人，这就是现在所习知的绅士与农民。组成农业社区的分子大多数是在田地里直接生产的农民，而绅士却是主要依赖地租为生的少数知识地主或退隐官吏。绅士与农民代表两种不同的经济基础，生活程度与知识水准，他们是上与下，富与贫，高贵与卑微的分野，在传统的社会结构里，具有声望的人物不是农民而是少数的绅士。

如果具有声望的绅士对于保长这份差事还感兴趣，很自然的上级政府会要把这份头衔加在他们的身上，可是，在我所观察到的事实里，只知道前几年为了示范的作用，成都市曾经选举过大学教授和政府官吏担任过保长外，在辽阔而广大的农村里面，担任保长的并不是属于绅士这一流人物。

绅士不愿意当保长，这份头衔便推到农民以及绅士和农民之间的人物身上，这些介乎农民和绅士之间的人物：可以是比较清正的小学教师，也可以是专爱打听是非脱离农作的闲人，也可以是做小本买卖的行脚商人，这些形形色色的人都不过是"平庸的出身"。

绅士为什么不愿意当保长？我在云南农村调查时曾经问过许多人，一个普遍的回答是："这职务与绅士的身份不合！"这句话是对的，可是要了解这句话，却须知道保长的地位与他所担任的工作。

一个保长摆在政府的行政系统里面，他是一个最起码的芝麻小官，从中央到省、县、乡、保，一字排下来这么许多的顶头上司，"等因奉此"与"仰即知照"，保办公所变成了"仰止堂"。绅士大体上是一个有钱有势的人，他这份钱势就靠自己传统社会结构里面的权力维持。而这种权力在上级政府的统治之下，只希望得到政府官吏的支持，却不愿意受政府权力的干涉。这一个芝麻小官的地位，既不能够装潢自己，却徒然把自己挫到政府权力的直接压迫下面，这是绅士所不愿的。绅士在这里表现了他的巧妙才智，把农民一类的人物推了出来，让他出面，自己在幕后做一个牵线人。握住了行使公务的权力。于是，保长的地位就在这里面更贬了质，一个保长不是真正的一保之长，他所做的工作尽是些琐碎的技术事项。好比征粮、派款、捉兵拉夫，等等，事情烦琐得可怕，他没有权力，除了奉行政府的命令外，还得受绅士之命而工作。

虽然，现在有些地区保长的产生已经具有民主政治的形式，这就是经由保国民大会选举，可是这种"选举"的保长也绝不会挨到绅士的头上。据我个人在云南农村里的观察，选举保长不过是个虚名，在寥寥数人的所谓"保民大会"里，绅士就可以当场指定谁出来当保长。

平庸出身的保长没有雄厚的政治资本，在县长甚至乡长的眼睛里，保长是一些卑微不足道的人物，以这种不受尊重的人来担任推动地方自治的基层行政重任，我怎能不为中国的民主政治叫屈！

政治地位

不雄厚的政治资本也无法提高保长的政治地位，他得同时侍奉两个上司：一是上级政府，一是地方绅士。面对着政府权力所代表的统治者的利益，绅权是代表地方利益的，两者常易形成对立的局面，保长就得在这两种权力的夹缝里面工作。一个成功的保长是如何在政府权力与绅士权力之间求取平衡，这就是一方面推行政府的功令，一方面顾及地方的利益。可是，保长又如何能够在两者之间讨好！

我们在前面说过：保长是个苦难的儿子，保甲制成长在干戈纷扰的局面之内。上级政府为了加强动员和管制一切的人力物力，以达到某种的目的，政府权力就一天一天地往下面伸张，这种伸张的结果使保长慌忙的几乎尽是上级政府委托的公事。在许多场合下，绅士权力便在一天一天地萎缩。若使政府公事太侵犯绅士所代表的地方利益，绅士要提出反对，也绝不敢公开指摘，只能用拖延的方式或暗中向政府官吏疏通说情。

不管是"民选"或者经过绅士指定的保长，他都得经过上级政府的委任，进入政府行政机构的系统里面，在政府权力伸张绅权萎缩的情形下，他尽可以倒在政府的怀抱里，或者站在行政人员的立场上，来地方办"公事"。保长可以不顾地方利益，或者借着奉征兵派款的名义，滥收征粮，以求中饱，现实政治里正不乏这种的例子。一个想从这里面获取利益的人，他就可以活动当保长，活动的方法甚至不惜出钱向官绅贿赂，这样的保长也就成为众人诅咒的对象。

若使保长是一个外乡人，我想这种狐假虎威、营私舞弊的现象也许要变本加厉，可是保甲制却规定保长要由本地人担任。保长既是本乡人，有着一份乡梓情谊，同时也得顾及地方团体的社会约束力，使他们行事都不能不考虑几分，这就加深了保长的矛盾与痛苦。以一个忠实于地方的农民出任保长，他若是对上级政府的公事推行不力，或者无能为力时，他就得随时（被）请进县府的班房，甚至丢掉了自己的性命。一个县长不敢随便得罪有力的绅士，他却可以捕杀违命的保长，因征兵派款不力被押致死或者逼死的保长何止多少，保长真是一个苦差。

保长所担任的工作和他今日的政治地位，已经是一个正流之士望而却步的陷阱，这就解释为什么人们一提起保长，除了漠不关心之外，往往还夹杂着可恨和可怜。出任保长的人物，不是想从中捞一笔油水的巧话，就是些目不识丁的忠厚农民，这种局势如果继续下去，保长的品质还在一天比一天地低下，他们的出身平庸且更平庸。

保长与乡约

现实基层行政机构里的保长有他的特色，这特色我们若是和旧制的乡约加以比较，就更容易使我们了解。

我们在前面说过，保正乡约原是满清政府参据宋明旧制，在县级之下所设置的基层行政人员。可是，在当时农业社会的承平时代，并不需要对农民做如何严密的控制。"政简民清"的哲学也容许人民有更多的自由，满清政府并没有严格推行他所制定的"保甲法"，当时的编制原是十家为牌，牌设牌头；十牌为甲，甲设甲长；十甲为保，保设保正，可是这种制度一进入氏族组织严密的社会，日久就湮没不彰，在氏族组织不严密的社会，好比云南东部的农村，这种编制虽然存在，但因满清政府的放任政策，编制就逐渐溶入人民自动的组织里，变成了传统地方权力结构的骨架，这就是现在的公家与会牌。一个村落是一个公家，按村落的大小，公家编成一甲或数甲，会牌就是甲下的牌，乡约是在村落的公家机构内执行公事的人物，他的地位出身就等于现制的保长。

承平时代的乡约所担任的公务，并不如今天的复杂。当时上级政府委托的公务普通只有催租催粮，承办差徭。在合理的制度下，每个乡约对于他自己所担任的工作应当能够胜任愉快。可是，皇权统治所培植的官僚作风，规定一个县官出来也得坐八人大轿，鸣锣开道。过境的官吏所需要的差徭更多，这些差徭都通过乡约在各村居民中派给。乡约的办事稍有失误，往往得受到县府差人的逮捕与吊打。另一方面，地方绅士的权力多少，带着封建的色彩，对于政府规定的钱粮向不缴纳，这份钱粮得由乡约从中贴补，乡约也得随时侍奉在管事绅士的左右，绅士进茶馆喝茶，或者上馆，都常常接受乡约的招待，因此，只要论着乡约，便注定是一个贴钱挨打的苦差。云南呈贡安村观音寺嘉庆七年的石刻碑记上有下面的几句话：

> 古者保长之设，所以卫民而非以病民，后世公务日繁，差徭渐冗，躬肩厥任者，每有遗大投艰之患……每遇替任之年，或防患而贿赂求免，或畏难而逃避他乡。愁苦之状，莫可胜言！因而互相酌议，约为善处，本寺中无论士庶，每月公捐钱文，送赊二根，将所获钱银，制买田亩，收集租息，帮点保正，以供差徭之需。

乡约进入了传统地方权力结构里面，他的职务是由地方绅士所指派，没有受到政府的委任。现在的保长可不这样，他已经进入政府行政机构里面，是经过政府委任的人物，这就是乡约和保长显著不同的一点，因此一个乡约的痛苦始终是痛苦，贴钱、挨打，只能自认晦气。除公家规定的贴补数字外，可不敢随便开罪绅士，更不敢向人民有所摊派，一个保长的痛苦也许还夹杂着快乐，他可以"公事公办"，谁不完粮纳税，他可以据实呈报，县府征收员与枪兵就可进到抗粮人的家里。政府有什么需索，他可随时向人民派款，一个保长每月的办公费并无具体的规定，也没有薪饷，可是他不愁自己会要贴钱。一个不能派款，一个随便派款，这就描写了权力来源的不同，也描写了乡约与保长的不同！

从乡约到保长，从差徭租粮到苛捐杂税，征兵派款，客观的情势与保长的工作注定了他不是一件民主的差事，保长如何能民主？保长如何能是民主的儿女？保长的存在如何能象征中国民主政治的新生？

中国农村社会阶层的分化

——绅士与农民[*]

　　中国农村社会里很早就分化出绅士与农民两个阶层，他们在村落社区中究竟占着什么样不同的地位？是尖锐的对立，还是结合起来保护着共同的利益？在传统地方公务的处理与权力的实际运用上，他们分担着什么样不同的角色？让我们从云南农村实地的观察与调查里，去得到适当的了解。

主要人物

　　农民与绅士是农村社区中分化出来的主要人物，成为主要的意义，一个是直接从事生产的工作者，一个是在地方上握有社会威权的人。

　　农村社区的人口自然不单只是绅士与农民，我们若是对一个村落社区的人口职业加以调查与分析，就可以发现在绅士与农民之外，还有许多其他职业的份子。木匠、小本商人、小学教师、巫婆、走方郎中之类也占着一个比例，"士农工商，各操一业"。士农之外，工商在村落社区中也可找到他的地位。

　　工商虽然在村落社区结构上是不可缺少的一环，可是他们活跃的领域不在农村而在都市。在村落社区中，他们的重要性就远不如绅士与农民。农民收入的有限，生计的紧缩，加强了农村经济的自给性。需求于外来的生活必需品不多，街市的贸易可以不经过中间商人，生产者与消费者就可以直接成交。这就使小本商人只能维持小本，不容易有发迹的机会。好比

---

*　原载《世纪评论》1948 年第三卷第十六期，后收入胡庆钧《汉村与苗乡——从 20 世纪前期滇东汉村与川南苗乡看传统中国》一书（天津古籍出版社，2006）。

云南呈贡河村大小两村共有一千多人，小村没有商店，大村也只有三个小杂货店。杂货店陈列的商品除香烟、肥皂、香油、草纸、针线等之外，毛巾、牙刷都是阙如的。这被视为高级的享受就反映出一般村民生活程度的低下。一个小杂货店在三十六年①年初，大米已经卖到一千五百元一升（当地升的重量等于八市斤），这店子一天平均也不过三四千元左右的出进。一天的盈余不会过一升米，一年的盈余能够糊住一家四口的生活就算是幸事。逢到五荒六月，生意的清淡最好请你关上门。这样的商业事实上只能作为农业的附庸，经营商店的主人往往就是一个农民。

工匠在职业分化不显著的村落社区，更难找到他的专业地位。大多数手工业只是农业以外的副业，出卖制成品用来贴补日常的家用。许多普通的粗陋家具就可由农家自己动手制作，缝衣、理发、筑墙、修路都不必需要太专门的技术。比较高深的技术在本社区不仅无人训练，而且也找不到出卖工艺的市场。在河村，一个木匠回家只是省亲，他必须要到昆明去才能卖艺糊口；在安村，三十六年年初新建一座小学校舍，几个木匠都是从晋宁县城请来。

这样留下来的自然只有农民在数量上占着最大多数的比例，在小学课本上谁都熟悉中国以农立国的口号。在农村调查，要作他们的职业分析是一件最困难的事，就因为其中有许多半农半商或者半农半工的人。不可或缺的一格是多少带几分勉强性的，户籍员就干脆在户口册上的职业条栏目注上个农字。

可是农民而外，在数量上所占的比例虽然很小，却仍成为村落社区的主要分子是另一流人物。这一流人物握有地方的威权，他们的重要性就根据了获得权力的地位。在传统基层地方权力结构里面，握有权力的是绅士而不是农民。绅士与农民在这里面扮演了不同的角色。

不同的经济基础

绅士与农民代表着不同的经济基础，农民是村落社区中直接从事生产的份子。无论是一个自耕农或者佃农，都得为了衣食荷锄去农场工作。胼手胝足的生活与终年的辛勤，所求的不外是盘中餐继，农民的经济基础就

---

① 1947 年。

直接建立在田地的生产上，农民是从泥土里长大的。

传统社会里对于劳力工作的贱视，个人心理上的好逸恶劳，一个收入较丰的自耕农即使降低生活上的享受，也宁愿设法雇工自营，或者渐渐增加雇工自营的程度，他自然也就有脱离农业劳作的倾向。无论是雇工自营或者租营，不劳而获的人就把经济基础建立在土地的剩余报酬或者地租上。这样的人发展成为另一个阶级，这便是我们通常所了解的地主。绅士是从地主里面脱颖而出的人物。

在土地关系上，农民和地主在村落社区里构成了两个主要阶层，这也是中国传统社会里面最早期的分化，春秋时代的封建王侯就是以地主的身份来控制着人民。土地、世袭财产和政治权力已经长期交织在控制严密的结构中间，土地所有权带来了对生活在土地上的农民的控制，地主是从控制佃农着手的。封建王朝的解体，这种传统的任务就落到村落社区的地主身上，地主实际上是继承了一部份封建性质的。不同的是在私有财产制下，除了依恃某种特权，土地不成为一个武力霸取的对象，而是可以自由买卖的。地主失去了封建王朝的武力，他对佃农的控制就不能如过去一样可以专恃强暴权力。永佃权的存在，就解释地主与佃农的契约关系还包括一部份同意权力的性质。

在历史发展的过程中，绅士是比较后起的人物。绅士就是中国历史上的士大夫。当隋唐大一统的帝业完成，在"君临天下"的局面之下，皇权的统治机构为了牢笼人民，替自己觅取适当的助手。追思两汉外戚宦官的丧乱，经过六朝门第的纷扰，才开始把科举制度钦定为共同的社会选择标准，以功名利禄引诱仕人参加，这就开始确定了传统绅士的地位。绅士是一个通称，分别起来士是代表读书，还应当包括缙绅的缙与绅粮的粮。一个典型的绅士应是指得过功名而且曾经担任过政府官吏的地主。绅士与地主往往是一个东西，可是在概念上却应当分开。地主是一个阶级，他有很明显的经济基础——地租。绅士不应当视为一个阶级，他不是一个在经济上握有土地权力的称号，而是在地方上握有政治权力的标志。绅士阶层的经济基础只有依附在地主身上，才能得到正确的理解。

社会地位的分化

不同的经济基础也产生了社会地位的分化，直接经营农场靠土地取给的农民，周身就脱离不了泥土气，农民是从泥土里面长大的。劳力的工作向来就被人贱视，这是绅士所描绘的贱业与下役。另一方面，风雅就存在于不直接经营农场的绅士地主身上。他就可以讲究衣衫整洁，吟诗弄月。长衫是不事劳力的标志，它可以成为众人尊钦的对象，社会地位也从这里分成上流与下流。

传统社会里早就规定好了士农工商的地位，士为四民之首，他是一个顶头人物。传统的重农政策只在表面上把农民置于工商之上。可是实际上，商人还可以设法左右政治势力，中国历史上商业资本与政治资本结合的事例还很多。贱商只是皇权自保的手段，因为雄厚的政治资本可以直接威胁到皇权，这是皇帝所不允许的，贱商的实际效用就只做到这一点。只有农工须得亲自执役，也不可能累积雄厚的资本，才真是入于末流，重农不过是为了要挽救这种颓势的一帖药方。

重农并没有改变一般人的社会观念，谁也明白：一个衣食不周家徒四壁的农民："人穷志短！"就不可能侈谈其他生活上的享受，更不能侪于士人之林。社会上共同的标准是一个贫农如何翻身，由佃农，自耕农，地主而绅士，这也是中国传统社会里面的纵面流动。

传统社会有一个共同的价值标准，那就是："万般皆下品，惟有读书高。"农民的子弟若能得到父兄的余荫，可以不必急急加入农场工作，得到安心向学的机会，他也可以"十年寒窗无人问，一举成名天下闻"。中过科举的人自然是名利双收，出仕为郎，归来也就取得绅士的地位。这是由农民上升的最捷途径。可是历朝科举能够中举的名额既不多，祖上没有功名能够中试的比例也不大。（据潘光旦、费孝通二先生最近在《科举与社会流动》一文的引述材料，只有百分之十三。）家学渊源指明科举时代重在家庭的陶冶，这一点农民的家庭就比不上绅士。捷径是不容易走的，农民的上升须得受官绅排斥、人口压力、天灾人祸等因素的阻挠，路途艰苦而冗长。节衣缩食，兢兢业业，两三代的营求，即使由自耕农升为地主，还不能取得绅士的地位。须得等待自己的子辈或孙辈出来，受过适当的教育，能够参与地方的公务，最好得过点小功名，并与绅士阶层联姻，才能取得绅士的资格。因此一个取得绅士地位的人，缅怀先人的劳绩，也就应该很珍惜自己这一身份，不同流俗，流俗便是农民。差异的表现是见诸生活方式与意识形态方面。在社会秩序不变的原则下，绅士是骄傲的，孤芳自赏，农民是羡慕绅士而且含有妒意的，门第高下之分形成了两个不能够轻易混杂的内婚团体。

不同的经济基础与社会地位的分化，养成了农村里面一部分不事生产的寄生阶级，这留下的空白便转嫁到直接从事生产工作的人身上。再加上农业技术停滞在原始化的阶段。"乐岁终身苦，凶年不免于死亡"就成了描绘农民生活最好的图画，农事工作的消耗使得农民没有太多的闲暇。另一方面，绅士却可袖拢着双手，坐在家里稳收地租。在乡下当绅士，就可以想象他那样优哉游哉饱食终日无所事事的形态。他们有的便是闲暇，地方公务很自然地落在这批闲人手里。

地方威权的获得

然而，单从闲暇与不闲暇只能解释参加公务活动的条件，不能解释地方威权的获得。地方威权的获得还得从不同的社会地位上去分析，握有威权的是上层的绅士，农民是在绅士指挥之下的执役者。

地方威权的获得是凭借某种特权，这种特权包括许多方面，财产、学识、人望是一些公认的标准，这几种都是绅士阶层所独占的部份。在传统社会结构里，只有绅士才配成为地方的领导者！

如果我们打破了传统绅士的观念，能力不相连财产、学识与人望，则不识字的农民不应当摒弃于权力之门之外。农民的才智遇到适当的表演机会，也许比绅士并无逊色，当前的共产党似乎就在想努力做到这一点。

可是，社会阶层的分化完成，传统社会里面权力的获得就建筑在社会的不平等上。居上位的绅士很容易垄断或者独占地方领袖的交椅，竞争只存在于绅士与绅士之间，农民是无法与之抗衡的。

在这里，若使绅士不是地主，而是属于另一经济基础的人物，在经济上没有与农民的直接剥削关系，他们行事还可以不必偏袒其中的任何一方，做到双方都认为比较公正的地步。这样的绅士获得了地方的威权，作为社区人民的代表，为了推行地方的公务，他应当向全社区人民负责，绅士权力也就是真正的同意权力。因为他所领导或者主办的公务关系到全社区人民的利害，不经过同意的方式，是不容易顺利完成的。

在这种理解下，绅权与地主权力就不会相同：地主权力存在于对佃农的控制中间，地主与佃农的关系是由土地发生的，这貌似单纯的关系实际上牵连着彼此的利害，地主对佃农采取了相当于"养鸡取蛋"的榨取方式。租佃契约是根据社区传统的规律，这种规律的制定多少带几分勉强，地方权力的根源是一种强暴权力。可是绅权不是这样，如前所述，他可以是适用于一般人的同意权力。

可是，事实上，大多数的绅士就是地主，他的经济基础就是地租，绅士地主的利害是结合着的，地主权力是绅权的一部份。

如果绅士只考虑到自己这一阶层甚至个人的利害，他与农民就站在敌对的地位。只须得到上级政府官吏的容忍默许甚至同意，在一个村落里面，领头大绅攫住地方公务，就可形成独霸的局面。只要不侵害其他主要绅士的利益，他尽可以作威作福，侵吞公款，为所欲为！若使地方公务由几个绅士共同处理，他们也可以采取分赃式的办法，各人分占一部份，各有自己的禁脔，别人不得过问。这里有的是强制与无理，农民不敢出一句怨言。除了一些例行的事项；好比赊会的举办、庙会的举行外，同意权力找不到踪影。这样的绅士也就是今天充斥在乡里的劣绅。

地主是没有武装的，若是劣绅只代表地主的利益，加深对农民的压榨，使两者之间的冲突日趋严重，集体农民的反抗就直接威胁到整个的社会制度。因此必须有一批正绅出来，设法缓和这种冲突。缓和的方法是维持传统，减轻地主的压榨，也得考虑农民方面的需要，建立起地主与农民之间的不平等合作关系。

一个绅士如果要得到公正的美名，他只须在传统的尊重地主既得利益的秩序下，自己独断或者联合其他绅士，出来领导些有益地方的工作。好比平时的修桥、补路、设立学校等，乱世的组织地方团队，保土卫乡。这就是功德。功德是从慈善的观点出发，包括一种复杂的宗教意识，为来世积阴功，行善的动机还是从自身推出来的，至少死后他可以留个身后之名！

公正的绅士往往有先人的余荫，就凭他祖上的功名，也得尊重自己的门楣。他不可能做出受人公开指摘太丢脸面的事。即使他想要在公产上染指，或者巧取别人的财富，也不能做得太显明，让不知底细的人相信他的公正是没有折扣的。

诚如拉铁摩尔（Owen Lattimore）批评中国的官僚政治所说：中国的官僚政治是极少数人两袖清风地退休，掩饰下的却是大多数人的贪婪与无耻！传统社会结构里面的正绅对于劣绅也有这样一点掩饰的作用，才使整个机构不致发生崩溃。可是在今天中国的广大农村，正绅似已完全敛迹，巧夺的劣绅却遍地皆是。劣绅充斥的近因显然是当前政治腐败所加重的恶果。政治上的无能重在讲关系和拉交情，没有特殊凭借的人就没有离乡发迹的机会，或者从都市里退了回去。他们在本乡没有太多的产业，回乡不是建设或复员，却攫握公产，专事剥削，加重了农村的腐化！另一方面，战争的持久使农村的负担一天比一天加重，地主的摊派超过以前任何一段时期，小地主阶层已经有岌岌不能自保之势，为了挣扎图存，只有加重对农民的剥削，今天中国农村阶层对立的尖锐化，就是这段历史发展的必然结果。

皇权·绅权·民权[*]

一 传统政治的无为主义

要明白无为主义在中国政治上所发生的作用，先得知道权力的性质。权力有两种。一种是强暴权力，一种是同意权力。强暴权力是政府的权力，也就是中国历史上的皇权。除了传说中的三代贤让，历史上的一治一乱，朝代更迭，干戈战伐，后来兴起的皇朝都是真正的产物。帝王本无种，这个极尽人世尊亲的宝座有多少人在夺来夺去。"入主出奴"，宝座之下的人民尽是些被征服后的孑遗。

这种用武力压迫与征服所产生的权力，也就是冲突过程的持续。在历史上充满了不断的斗争，马克思着眼于这一件史实，写下了辉煌的《资本论》。可是我愿意指出，人的联合就不能没有合作。社会的活动，大部份就是合作的活动。个体生物机能的限制，家庭的不能自足，从广泛的基础上看去，合作的原则可以普遍地应用。人类的历史里就只充满着斗争与冲突吗？固然我们不否认斗争与冲突的普遍存在，可是人之所以异于禽兽，就是他有更完备的自觉分工合作体系。

在由冲突所产生的强暴权力的另一面，我们可以看见一种基于合作的同意权利，这是普遍地存在于村落社区的合作团体之中的。以合作团体的形式出现，见之于云南东部农村社区的核心组织，是传统的基层地方权力结构。

合作团体是人民基于共同生活需要的自动组织，也是同意权力的产物。所谓同意权力是团体组织的形成，是由全社区的人民共同参加，经过

* 原载《新路周刊》1948 年第一卷第七期。

大家的同意，把行使公务的权力赋予他们共同信托的人身上。在村落社区里面我们可以到处看见合作原则的运用。

可是，正因为合作团体是建立在同意权力之上，而不是建立在强暴权力与刺刀之上的，在本质上除了自卫外，他就不能有黩武的精神和足以侵略敌人的武力，这就给野心家制造了机会。一个在异地崛起的强暴权力的组织，在中国历史上特别是出之于游牧部落有良好弓箭与骑术的民族，有一个英明的领袖与一批能征善战的干部。他的能力就足以南向征服那些基于同意权力的爱好和平的农业社区，君临天下。爱好和平的人永远不是嗜战者的对手！

若是一个好大喜功的帝王，不明白或者不考虑这种局势，连年征伐，无厌搜刮，在这个不太灵活的机构上运用着，他就要自食其果！人民被搜刮太厉害了，忍无可忍。兵器虽已收尽，陈胜吴广之徒还可以揭竿而起，用他们最后的武器——革命权力，末代的皇帝就可以从他的宝座上面翻身下来，让另一个野心家获得千载一时的机会。

历代的帝王在这里都得"惩前之师"，皇权只好后退一步，采用了老子无为主义的精神，作为传统政治的经典。政简民轻的哲学被普遍地运用。廷臣的制礼作乐，把皇帝软禁在一个狭小的圈子里面。出身科场的地方官上任，就忙着赋诗填词，游山玩水，可以把公事一股儿丢在脑后。只要他不故意去找人民的麻烦，传统基层地方权力机构也就找到他的存在。

二 皇权伸张的限度

无为主义以下的皇权并不是不能够伸张，而是伸张有它的限度，从社会角度上去看皇权的伸张，可以分成两方面：一是从平面上去看皇权的扩张，一是从纵面上去看皇权的深入，从平面看皇权是从宫室所在地的都城向外扩张的，都城被称为京畿之地，皇帝的尊荣显赫是每个人民可以直接感觉到的，他出来都得用黄沙铺道，行人肃避，家家都得关起门户，不许人民直接与皇帝发生任何可能的接触，甚至包括视力的接触。除开在门隙里偷偷的看看皇帝外，没有人敢于正面仰视。谁冒犯了天颜，就可拖去砍头。他的权力是可以感觉的实在，从地理的平面上看起来，这是一个皇权强力统治的地带。

平面上皇权的强弱就可从地理距离的区位上表示出来，也好比一盏灯的辐射光一样，以都城做中心，由近及远，愈远光度愈弱。一个生长在边疆地带的人就很不容易知道北京城是个什么样子，皇家是个什么样的是势派，传说中的黄帝可能被描写的更神圣，但这神圣只是一个虚拟，而不是实在。"天高皇帝远"，"帝力于我有何哉"！皇权在人们的生活里面并不见得发生实际影响，每个人民只知道自己在皇朝的治下而不是在皇权的直接控制之下，在一个与外交通不利的边僻社区，甚至谁正坐在宝座上也都弄不清楚，朝代的更迭，帝王权力的升沉，在他们正有如白云苍狗，漠不关心，也就不必知道。陶渊明的桃花源记就描写了这一种心理的境界。

云南东部农村正是中国西南边疆的一隅，在这些村落社区里面除了极少数的石刻碑文外，很难找到皇权直接控制的踪影，可是皇权没有直达的县级以下的地方村落，不是从平面的地理距离所可以去了解，而必须从纵面的权力机构里面去分析。

从纵面看，皇权的深入是从权力机构内行政机构阶层的分化上看出来的。这种机构我们至少可以分做两层，一是皇权直接控制下的中央政府，一是间接控制下的地方政府。这两种机构虽然一脉相传，都属于皇权的系统，可是皇权在这里面的实际应用并不相同。以中央机构来说：一品当朝的丞相，虽然是位极人臣，可是除非皇帝的大权已落到他手里，或者是追随开业主起义的股肱，谁也明白侍奉在皇帝的面前并不是一件易事。礼节仪式上的卑颜恭顺不用说，行起事来又怎能不小心翼翼，惟恐不能得到皇帝的欢心。等而下之的其他大小京官，就难免不更存着"五日京兆"的心理，谁也知道个人的荣辱决定于皇帝的喜怒，自己并没有权力的凭借。

地方政府好比省级行政机构的首长就不是这样，京官都想外任，外任就在于离皇帝的距离已远，耳目未周。趁此可以获得地方权力的基础，来抵挡皇帝权力的威胁。一个不忠于皇家的地方官，对于圣旨就可以阳奉阴违。在叛迹没有昭彰以前，或者就公开的招兵买马。皇权无力控制时，也只有见其做大，奈何不得。这种地方官，事实上就等于一个小皇帝。

县级机构还是地方政府的分支，县长虽然也是朝廷命官，可是他距离宫阙就更为遥远。且莫说这些人不容易有破格引见的机会，他要侍奉的并不是皇帝，而是皇帝下面的大小臣宰。行政制度决定了县长的政治地位，他只有资格承受省级机构的命令，而不会直接受到皇帝的控制。

在政府法定的行政机构里面，从中央直到县，皇权一级一级地被冲淡了，到了县衙门就戛然而止。在县级机构下面的乡村历史上就没有真正能够运行的法定基层行政机构，清代的县制是在县府内设立户、吏、礼、兵、刑、工六房。在房的里面有一个班房，养着一批差人皂吏。这些人并没有太高的地位，但是却握有实际的权力，他们承受县官之命，直接与村落社区的地方机构代表接触，推行政府的公务。

皇权的止于县衙门是由从纵面向下深入所受到的限制，这种限制是自动的，也刚好配合皇权在平面上的扩张，是一种必然的趋势。自然在历史上，皇权并不就以此为满足，贪婪的权力欲未尝不使皇帝幻想直接控制每个小民。从历代的史籍里我们可以看见皇权曾在设法向县级下面的村落伸张。上自周代的乡遂制，直到现在的保甲制，都是法定的基层行政机构。现代保甲制实行的成效如何，我在将来将要根据调查的材料加以分析，可是在历史上这种法定机构显然没有得到顺利地推行，宋代王安石创制的保甲法就曾经遭遇到很残酷的失败，《清史稿·食货志》的户口条也充满了清代推行保甲制失败的描写。

满清政府的保甲编制原是十家为牌，牌设牌头，十牌为甲，甲设甲长，十甲为保，保设保正。由于人民厌弃政府权力的干涉，农业社区交通的障碍，行政人员不能无限制地增加，这种法定基层行政机构一进到氏族组织严密的社区，日久就湮没不彰。在氏族组织不严密的社区，好比云南东部的农村，编制就逐渐融入人民自动的组织里，变成传统基层地方权力机构的骨架，这就是现在的公家与会牌。

三　传统基层地方权力机构的性质

在这种条件下就是传统基层权力结构得到应有的发展。地方权力结构是村落社区人民自动的组合，也是基于合作的同意下所产生的社区核心组织，这种组织就存在于皇权的控制能力所不能达到的地方，这便是基层社区。

基层便是乡土，基层的力量是从乡土里面出来的，人民应当有权力处理自己日常生活上的事情，这一种力量天生便具有反抗皇权的性质，皇权的无为显然是被迫的，皇权的伸张受了自动的限制。

这就解释为什么在中国的历史上，皇权只能止于县衙门，村落社区的法定机构虽可出现于一时，总必为传统的社区组织所替代。法定和传统是一个对称，前者是政府规定的组织，后者是人民自动的结合。

不同的乡土迸发出不同的社区组织，地方权力结构社区核心组织的一种形式。在辽阔的中国不同的省份里面，社区组织的形式并不相同。有些省份的乡村地方权力结构显得很松懈，只有间邻的联系而缺乏组织，联系的作用也限娱乐与仪式方面，并没有形成与政府权力接触的地方权力机构。他们在另外一种传统机构里活动，这种机构就是氏族组织。

氏族组织是社区核心组织的另一种主要形式，它与地方权力机构在村落社区中总是交互运行的，在氏族组织严密的地带，好比我的故乡湖南，地方权力机构就湮没不彰。在氏族组织薄弱的地带，好比云南的农村，地方权力机构就显得非常强大。

强大的地方权力机构也就是一种地方自治机构，它是人民自动处理公务的组织。日常公务处理的前提须在大家承认并尊重一定的秩序，秩序的安定又须置于权力的控制之下，在这里我们可以去了解权力的本质。Merriam 说："在政治情感中有一种力，通过这种力，群众被处理的像是遇着了磁石，他们被赶到东，赶到西，他们的生活，他们的自由，他们的运命受到有组织的命令和管辖所支配，生死系之。我们可以不规定或逃避这种权力，但是它日常的表现都无处没有。"

Merriam 这几句话描尽了权力的力量，可是他的毛病在把权力描写的太笼统，太独断。权力固然有控制和役使人的力量。但是由于权力性质的不同，人民接受权力指导的方式或者过程就不会相同。Merriam 着重在指明政治的权力。他所描写的大体上是属于强暴权力这一方面。在村落社区的核心组织之内，同意权力的系统在描明人民接受权力的控制是经过同意的过程的。强暴权力需要人民被动的服从，同意权力的服从却是自动而不是被动。强暴和同意就指明了权力的不同根源，从这里构成了传统地方权力机构和法定行政机构的分化。

在这里我们可以解释地方权力四个字的意义，地方权力的本身就指明权力是属于地方的，它依托地方而存在。理论上，这种地方权力的根源是由社区的人民所赋予。农村社区的居民极大多数是农民，地方权力也就应当代表农民的权力，这是由下而上的一种权力。可是实际上，中国传统社会的地方权力只有绅权与帮权。帮权可以包括好几种，好比秘密结社、商业组织、手工艺组织、宗教性结社之类。没有组织的农民是没有权的，在这个意义下，可以说中国传统社会里没有民权，绅权自然不是民权，但是传统的绅权却应当从基层乡土里面去追寻，它是一种同意权力，是基于农民自动的拥护之上的。我在前面提到村落社区的核心组织也就是传统的基层地方权力机构，曾经指明这是人民基于共同生活需要的自动的组织，也是同意权力的产物。所谓同意权力是团体组织的形成是由社区人民共同参加，经过大家的同意把行使公务的权力赋予他们共同信托的人身上，这种共同信托的人就是这里所说的绅士。地方权力就是绅权与帮权如何在里面配合运用。

　　自然这种信托制度是有它本身的危险的，被信托的人既然不是农民而是绅士，不同的基层就代表不同的经济利益与社会地位。在一个人口压力增加、生存竞争激烈的传统农业社区，绅士很容易把自保的圈子，从社区缩小到几家或一部份人的身上。历史上的绅士往往自成门阀，面对着皇权，约束住绅士的只有个人的儒学修养与桑梓情谊，并没有真正完全为农民说话的义务。在某些事物上绅士就好比脱缰的野马，不接受农民的约束。同意权力失去了光彩，人民的自动变成了被动，强暴权力就从官绅的勾结附体下来，在村落社区中发生了力量，劣绅可以毫无理由的仗势欺压农民！

　　不幸的是，近些年来法定基层行政机构，也就是保甲制度在村落社区中的普遍推行，更加速助长了这一趋势。自上而下的强暴权力，就依附着保甲制度一天一天的往下面伸张。若干地区的绅士，非但不加以反对，绅权反变成强暴权力的帮凶。劣绅的横行，就反映出正绅的闭口，农民出身的保长也可以胡作非为。甚至是某些人怀疑到绅权的本质，认为他也是属于皇权的系统之内。

　　我们自然不能忽视当前的现实，我们的工作却在发现传统地方权力机构的功能，和保甲制度推行后的流变。要明白其中错综复杂的关系。我们还先得对参加传统地方权力机构的人物加以适当的分析。

论乡约[*]

在中国历史的传统里，可以真正称为人民自动结合的基层行政机构是乡约制度，这一种制度的名目在今天的传统地方权力结构里面还可以找到它的地位。可是我们要了解今天乡约的特质，要了解传统中国社会结构里民主伸张的程度，却还得从它的流变与社会历史的背景里去追寻，方足以解释目前乡约的处境。

难于生根的自治机构

乡约这一个名目的出现最初也见之于多事之秋的宋熙宁时代；熙宁三年，王安石用政府的力量推行了保甲新法；熙宁九年，陕西汲郡的儒士吕和叔在他的本乡蓝田推行了一种新型的地方政治制度，这便是吕氏乡约，也叫做蓝田乡约。

乡约制度是县级以下在村落推行的一套地方自治机构，它的地位正可与王安石的保甲制相当。可是，乡约制度的产生却是保甲制的一个反动，我在前面《论保长》一文里曾经指出：保甲制是上级政府为了适应当时苦难的局面向下推行的一套施政机构，"编户口、练民兵"是它的主要功能。可是乡约制度的作用并不在此，它是人民自动结合的机构，这就是吕和叔先生所说的："乡人相约，勉为小善。"他给乡约厘定的四大条款是：德业相劝、过失相规、礼俗相交、患难相恤。

这四大条款就描写了乡约制度的主要功能，它是绅士以领导者的身份，作为教育与组织人民的工具，冀以形成为人民自动结合的机构。在这

---

* 原载《中国建设》1948 年第六卷第五期，后以《从保长到乡约》为名收入吴晗、费孝通等著《皇权与绅权》一书（观察社，1948）；后又收入胡庆钧《汉村与苗乡——从 20 世纪前期滇东汉村与川南苗乡看传统中国》一书（天津古籍出版社，2006）。

个目标下面，它有一套简单的组织，这就是设约正一人至二人，由公正贤明的绅士担任，任期不定。约正的下面有一个直月，所谓直月便是按月轮选一次，这就是按年龄大小，大部分由农民出身的人物来承当。

作为约正的绅士，他的责任就在每月定期的集会里面，讲解约文，感化约众，主持礼仪赏罚，乡约的倡导显然是具有教育意义的；可是它的目标并不止于教育，这就是要从教育里面去组织或者结合人民，成为一个自动奉公守法知礼习义的单位，也就是一个具有政治意义的团体。

可是吕氏乡约的推行在当时的社会里就碰到了一个基本的困难，这便是一批绅士以自己的行为标准作依据，要在农民的身上冠以绅士的教育，然后以儒家的共同伦理标准来约束众人，好比"德业相劝、礼俗相交"等等。这制度，由缙绅世家博学鸿儒的吕氏兄弟来领导，个人的声望还能感召一部分人，然而这"感召"的作用是有它的危险的。这一套儒家的做人标准，一套繁文缛节，只能是有知书识礼的闲暇的绅士所能讲究的规矩，并不足成为大多数农民的生活准则。一个胼手胝足的农民，成年工作在田地里，他所对付的主要是自然物和土地。他虽然不太懂这一套"做人"的标准，可是"礼不下庶人"，正描写了他们并不太需要这一套讲究。从熙宁九年到元丰五年和叔的逝世，吕氏乡约只在本乡推行了五年半。这短短的五年半当中，吕氏乡约也并没有充分地发展，从和叔致其长兄的函件中，就指明入约的固多，出约的也不少，乡约的参加采用了自由而非强迫的办法。这种自由参加与入约后出约的情形，就正描写了它不为农民所太需要的事实。

在另一方面，政府当局的怀疑态度也是乡约制度推行的第二个困难。当时在皇朝荣任宰相之尊的便是吕和叔的二哥微仲，若使这位二哥真正很赞成和欣赏这一套制度，或者说是能够讨取皇帝的欢心，他尽可以通过皇帝的谕旨，把它推行到全国。相反的，微仲却函劝乃弟，放弃乡约，出来游宦，或者改为家仪学规，以合时俗，这些话都表示绝对的皇权下并不欢迎这一套人民自动结合的公开出现。和叔就靠了这点兄弟的情分和乃兄的面子，才把这一种制度在本乡的推行维持到及身而止。到南宋，吕氏乡约虽然得到理学大师朱熹的提倡，可是朱子所做的工作只限于乡约的考据增损，朱子虽然仕宦多年，并没有把乡约实地推行，这就因为他自己明白推行的困难，乡约制度变成了一个理论的架子。

钦定的基层地方组织

从南宋经金元以至明朝，由于朱子提倡的光辉，乡约活在士大夫的心里。可是乡约制度在明朝的重新被提出已非复先前的本来面目，在精神上已经有一个很大的转变，这就是由人民自动结合的机构，变成了皇权钦定的基层地方组织。王阳明的南赣乡约一开头就用了这样的口气："故今特为乡约，以协和尔民！"阳明先生当时正任着庐陵使，是治下人民的顶头上司，他把这套制度用政府的力量推行下来，这样的乡约也由自由参加的传统，变成了强迫参加的组织。

吕新吾的乡甲约也承继了南赣乡约由上而下推行的形式，从这里可以看到乡约与保甲的合一。不同的是推行的范围：南赣乡约只得到局部的推行，乡甲约便开始了全国普遍的开展。另一方面，乡甲约与南赣乡约对于乡约与保甲的联系有不同的配搭：南赣乡约是以保甲为主乡约为辅的，乡甲约却把乡约真正吸收为上级政府向下推行的基层行政机构，以乡约为主，保甲为辅。从这次以后乡约与保甲就似乎结了不解缘，一直到今天的农村传统地方权力结构里面还保留着他们互相辅助的地位。

然而不管是南赣乡约或者乡甲约，推行的方式和组织的规模虽与吕氏原约有些不同，可是乡约里面的负责人选仍得由绅士出来担任。嘉靖末年图书编的乡约规条说："该州县即移文该学，共推请乡士大夫数位为约正，以倡率士民。"可怜的是这种"倡率士民"的约正，被高高的皇权抓到了手，便课定了他一件特殊的任务——讲圣谕，约正成了帝王的使徒。

作为帝王使徒的约正，讲圣谕成为一件很重要的工作，这一件特殊的使命原来起自明代嘉靖万历年间，图书编的乡约规条便说明了"保甲既定，即此举行乡约，诵读圣谕六言"。明末吕新吾的乡甲约制度也规定得相当详细，在他的实政录里还有一张图，圣谕的前面得摆着香案，约正就位讲谕，约众得跪下听讲，所讲的要旨就是明太祖的圣谕六言：孝顺父母、尊敬长上、和睦乡里、教训子孙、各安生理、毋作非为。

满清统治下的乡约制度特别加强了圣谕的宣讲，主持讲约的约正还是"素行醇谨，通晓文义"的人，顺治九年的钦颁六谕完全抄袭了洪武六谕的底子，康熙九年六谕增为十六款，十六款的主旨无非是教人民重人伦、息争讼、惜财用、端士气等。这种讲圣谕的方式，从清初直到清末，通过官府的命令与绅士的提倡，可以说是风行全国，有些地方志里还有关于讲谕的记载，有些偏僻的省份好比云南的农村，甚至到今天还保留着这种讲圣谕的方式。

讲圣谕，这就是皇权下达的一个具体表现，在传统农业社会结构的体系之下，皇权虽然不能直接控制每一个小民，可是却能从约正的讲谕中，给他和人民之间建立起经常的联系。

地方权力结构里面的执役

在中国传统的地方权力结构里面，好比今天的云南农村，我们依旧可以看到乡约的存在。可是传统地方权力结构里面的乡约已经不是上述历史上的乡约，历史上的乡约是指整个地方社区的组织，现在所谓乡约是指行使公务的个人身份。不过这里所谓"传统"的意义，大体是指清中叶以后，一直到二十六年①实行保甲制之前的阶段。

今天云南农村的传统地方权力结构，好比我在呈贡所观察到的是：每一个村落有个"大公家"的组织，在大公家里面，绅士握有管理地方公务的权力，乡约是在绅士的领导下，负着执行公务的责任，他是由农民中按着一定的规则轮选的，这里的乡约已经没有在历史上的尊荣地位，他没有权力，在许多处理日常公事的场合，他得随时侍奉在管事绅士的左右，变成了地方权力结构里面的执役。

乡约地位的改变是因为在皇权的压力下，原有制度的组织与精神已经逐渐丧失，已不复为地方绅士与人民自动组合的单位。它就依据各地方的不同情境，逐渐被吸收到当地原有的地方权力结构里面，虽则都用"乡约"之名，但内容上却有很大的分化，云南农村的乡约可能是分化后的一种形式。

云南农村的乡约所以由农民担任是绅士巧妙运用权力的结果，自从乡约与保甲合一之后，乡约在讲圣谕之外还得管理地方的公务。在"普天之下，莫非王土"的情形下，地方公务除了一部分地方自治事项外，还有一部分是上级政府委托的公事，这都是些琐屑的行政技术事项。如果这个乡约由绅士来承当，他自己就会直接受制于皇权，假如他受制于皇权，他所

---

① 1937 年。

支配的地方自治机构就难发生效力。为了维持地方自治机构的实际存在，而且保持自治机构和统治的皇权机构的调适，绅士就得退隐在已为统治机构所控制着的乡约的幕后，把乡约的位置让给农民一类的人物去担任，自己做个牵线人；就靠这一点后台的工作，也因为传统农业社会交通的不便，才能使县级以下的村乡自治力量得到适当的发挥，一直到今天，中国民主的幼苗还得从这里面去追寻。

因此，在制度上，虽然乡约已经被皇权钦定为县级以下的基层行政机构，可是实际上，这机构就好比个脱缰的野马，跑得快，乡约制度就变了质，融入传统地方权力结构里面，皇权就只到县衙门为止。

可是县长虽然是亲民之官，他并不能够到处乱跑，他只得委托一批皂隶差人做代理人，不给他们太高的地位，也不给他们以实权，让他们直接与乡约接洽公事。一个农民出身的乡约，他就是在绅士的指导之下，地方自治机构里面出来的代表，他成为绅权与皇权的交点。

这样，一个乡约的职务虽是由地方自治机构所赋予，没有经过政府的委任，可是他得同时侍奉两个上司：一是上级政府，一是地方绅士，这种情形有点像今天的保长，不过地位并不完全相同。保长是经过政府委任的人物，他成为政府编制的基层行政机构里面的公职人，他比较偏重于政府一方面。可是乡约不是这样，他是由地方绅权产生的，他的立场就应当站在地方这一方面。同时，传统的上级政府讲究无为而治，对于县级以下的地方公务并不太注意。乡约的主要工作就重在好好侍奉绅士，他成为绅士的随从。

公务活动

明白了传统地方权力结构里面乡约的地位，现在就得进一步分析他所担任的工作，这个须得从公务活动里去了解。

我在前面曾经指出：地方权力握在绅士而不在乡约的手里，乡约侍奉在管事绅士的左右，他所做的就只有琐屑的公务技术事项。

技术事项可以分成两方面：一是地方自治的公务，好比修沟、筑路、调解是非等，乡约在这些公务的处理上都得请绅士决定，在绅士的上面没有更高的权力，推行起来自不必要经过政府的决定。可是另一方面，遇到上级政府委办的公事，性质就两样了。在这里，绅士之上还有一个更高的权力——统治者，绅士对于这些事情并没有决定的力量，如果这件公事太违反地方的利益，绅士固然可以在幕后拉拢政府官吏，请求收回，或者联合各村的绅士出来反对，也往往不得不使政府官吏修改他的命令。可是，政府公事中有多少是带着强制性的，好比差徭租粮，除非遇着灾难的年岁，绅士便没有说话的余地。一个公正守法的绅士固然要以身作则，按规定缴纳钱粮。然而要是他表现了最坏的一面，就是利用自己传统的地位或现任的权势，拒缴或漏缴一部分粮款，这份欠交不足的数目自然没别人承担，承担下来的是蚩蚩小民的乡约。

我在安村时，许多清末民初担任过乡约的老者都向我面诉当年的辛酸，至今犹有余痛。从前征粮的办法，每年开征时要请各会绅老到场，酒肉款待，叫做"作卯"。到归粮时欠交的数目总有一份，这份数字有时候要多到全数的五分之一。明知是某些人隐瞒了，可是自己没有正确的粮簿，所用的粮簿是经过绅士窜改的，这一份差数便只有自动贴出。

另一项痛苦的公事是从前的差徭，传统官僚政治的作风规定县官出来也得坐八人大轿，过境的官吏随时有，还需要更多的差徭。当时安村一共有两个乡约，为了应付可能随时派来的差徭，一个乡约就索性住在离村四十华里的县城里，只要听到了大官过境得需派夫的消息，便打马奔回本村，连夜派好夫去复命。乡约的办事稍有失误，便得受县府差人的逮捕与吊打！到后来街邻都感觉乡约太苦，而且迟早会要轮到自己的头上，才想出贴补乡约的办法，从大公家与各会的公产中提出一笔相当的数字，以作乡约的开销。

传统公务活动政府方面承办县级以下的地方公事是差人，差人奉到公事便下乡直接找乡约。他到了乡约的家里，乡约得好好地加以款待，然后将政府的公事持去向管事绅士请示。如果绅士赞成，这件事情可由差人与乡约共同了结，或者留交乡约代办。如果这件事情太损害地方的利益，不为绅士所赞成，他却无须乎见差人一面，然后设法约集本村各绅士共同讨论，分头向上级政府人员说情。

差人下乡普通办理的公事有三项：一是刑事，二是田产纠纷，三是租粮。这些事情随时可以发生，一年下乡的时候就得有七八十次。差人中的领头叫做大老总，没有重要的公事，好比人命案子，大老总不会下乡。大老总来时总带着两个差人，他自己手里拿着大烟筒，没有枪。大烟筒，这一个握有权力的象征，也是一个和平时代的象征！

乡约的再度贬质

从人民自动结合的机构到钦定的基层地方组织，再从地方组织到传统地方权力结构里面的执役，乡约性质改变就带来了地位的贬质，可是今天的乡约却已经再度贬质，这就是二十六年保甲制度推行之后。

保甲制是政府推行的县级之下一套基层政治制度，尽管这一套制度现在已在地方自治的美名下进行，可是在权力随枪杆俱来的情形下，保甲的编制成为合法的行政单位，它的地位就浸浸乎要代替旧制的"大公家"，在整齐划一的编制下，不啻宣布旧制的死亡。

传统的"大公家"在今天虽然还没有死，可是在这种情形下，乡约的地位却不能不再度贬质，乡约的名义虽然存在，他的地位已经被摆在保长之下，变成了一个"保丁"！

作为一个现制的乡约，他只须回忆七八年前的往事，就有远较今日尊荣的地位：那个时候还有人叫他做乡约老爷，他的地位也相当于现在的保长，至少可以使一般农民不敢随便惹他。可是今天的乡约却如是其微，怎能不使一个位居保长之下的乡约感到难言的委屈！

我在呈贡河村时见到现任姓土的乡约，一个生长在小村兼营捕鱼的农民，五十多岁，忠厚的面孔，一个大字也不识。他的两个儿子都已成年，现在继理着父亲的旧业，这就给老子从劳作里面抽身出来，不时上大村进茶馆或者喝酒。这年被轮上了乡约，我很想知道他所要做的工作。可是他一见着我便摇摇头，总是说："我们这个一点事情也管不着啦，谁有保长那么势派！"他的那双不大张得开的眼睛显然瞅着保长："受人支派，什么也说不上！"可是在同样农民出身的保长面前，他却也就不肯真低首下心，乖乖地做个"保丁"！

有一天我去保长家里，碰巧乡约也来了，他喝着三分酒，面孔转成古铜色，没有一点笑容，显然是满肚子的不高兴，想借今天喝着点酒发作出来。他们谈到本村管理磨坊的事，村子里面有一个磨坊，是大公家的财产，私家可以租用，一天缴付一升租米。在旧制里，管理磨坊的工作完全交给乡约，可是新制的保长来了，他却只管收租米，而把管钥匙的工作交给乡约。这就是遇有谁来使用磨坊，乡约须得开门关门，随时照料，而使用完了交来的租米却送到保长的家里，由保长报销。这一份气自然使乡约受不住。他借着三分酒意，就在这个机会把一肚子的积郁迸发出来，保长问他的磨坊钥匙，他就撒开手，红着脖子，死命地叫道："我不管！""这是你的责任！"保长也提高了嗓子。他们吵了起来，乡约走了，可是第二天，他仍得拿了钥匙去开磨坊的锁。

作为一个帝王的使徒，绅士出身的约正多少还能说出自己所要说的话，他可以算是传统权力结构里面的一个真正代表。可是乡约的制度从地方社区的组织改变到个人身份，乡约从绅士里面贬出来，到由农民担任的情形下，他的地位已经不是代表地方，而是地方代表的下属、绅士的随从了。今天乡约的地位已经再度贬质，他的地位还在保长之下，这就表示传统的地方自治权力已被政府权力压服，乡约这个名词所代表的概念，民主的实质已经荡然无存！

缅怀着八百多年前吕和叔创制乡约的情形，我们怎能不为中国民主政治的前途唏嘘叹息！吕和叔若犹有灵，他怎能想象自己一手培植的乡约变成现在丑陋不堪的样子！

论绅权[*]

权力分配的不平均，在人类社会中早已存在，有的人获得了控制别人的权力，有的人却得受人家控制。在中国传统的社会结构里，成为领导人物的绅士就获得了一种权力，这便是我们所了解的绅权。近些时日来，对于绅权的讨论已经发生了两派极端的意见，一派认为绅权是代表着地方人民说话的，它便是中国历史上的代议制，一派认为绅权是皇权的延长，绅士与官僚站在同样的地位剥削人民。我们现在不管这两种说法谁是谁非，让我们从云南农村的实地调查与观察里，去了解绅权的性质。

地方威权

绅权是一种地方威权，所谓地方威权是对于一个地方社区人民的领导权力，这社区好比一个县或一个村落，能够领导一个县的我们可以叫做县绅，领导一乡或一个村落的可以叫做乡绅。绅权是有区域性的，区域性的意义是指出绅士的领导地位有一定范围的界限，虽然范围是有大有小的。一个绅士离开了他所在的社区，不会对别人的生活发生影响，便无从发生控制别人的权力。

地方威权的另一个意义，是绅权就代表地方上的一种长老权力，在一个以地缘为基础的复姓村落，它是村长权力。若是一个血缘结合的同姓社区，它是族长权力。无论是村长或族长，成为长老的意义是他对于地方的风俗习惯负有指导的责任。好比云南的呈贡的河村与安村，自从保甲制度推行后，虽然领头绅士已经不再保有村长或乡长的名义，可是他们的地位

　＊　原载《大公报》1948 年 8 月 16 日，后收入吴晗、费孝通等著《皇权与绅权》一书（观察社，1948）；后又收入胡庆钧《汉村与苗乡——从 20 世纪前期滇东汉村与川南苗乡看传统中国》一书（天津古籍出版社，2006）。

仍旧继承原来长老的部份。

在传统的秩序下，特别是在社会文化还没有发生激烈变迁的时候，老一辈人的经验获得应有的尊重，年轻的人都得接受老辈所遗留下来的规律。规律的遵守就有赖于长老的教化。这教化的工作，每个家庭的家长负着很重要的一部份，好比吃饭穿衣和会客的规矩礼节等。社区里面有一套共同的规律，教化是以共同的规律做指针的。然而各家人所习的容许要发生歧异，如果歧异只是一些无关宏旨的技术事项，大家还不必去管它，若是歧异影响了伦理的生活，长老权力就得出来运用了。好比奸淫是不容许发生的，如果谁违犯了不必诉诸法律制裁，长老根据当地的传统可以定出惩罚的规则，河村与安村的领头绅士都曾经处理过这一类的案件。特别是近代西洋文化没有输入以前，这一种传统规律是非常严格的，据安村的赵老爷告诉我：在前清乾隆年间，绅士郎老爷在世时，村中的妇女是不敢打伞过街的，若是有谁违犯了，给郎老爷发现，他就把这个妇女的家长叫了来，当面指斥，这就是长老权力的具体表现。

赵老爷是卸任的本村领头绅士。他带着感伤的色彩，显然在慨叹近些年来的"世风不古"！由于近代西洋文化的输入，和传统农业社会的伦理标准发生了性质上的冲突，河安二村都有不少的青年子弟，他们离开了本社区去接受了一些新式的教育，带着些新的观点回到本村来。他们反对传统，主张改革，在这种情形下，长老权力显然已经在逐渐发生动摇。长老即使要坚持传统，不愿向青年人学习，可是他已经不能像过去一样仍然板起教诲别人的面孔。对于家庭生活的调协，伦常关系的维持，领头绅士就感到力不从心的痛苦，好比安村的领头绅士陈老爷，虽然是呈贡县一位著名县绅，连他自己的几个儿子都管不住，大儿子好赌，做老子的只好装作不知道。一个媳妇的丈夫去从军，有天得罪了公公，被气狠的公公打了两拳，这位媳妇哭哭啼啼地向陈老爷来投诉，竟使他不知如何处理这件案子！

绅权的产生

长老权力的产生是根据传统的，所谓传统是社会文化的历史发展里面传留下来的东西，它是从社会继替的过程里面发展出来，权力是依靠身份获得的。在不变的秩序下，传统的权力不易遭受别人的反对，人们可以乐于接受它的控制，绅权的大部份是根据于这一来源。

可是为什么绅士能获得这一种权力？什么人可以当绅士？绅士如何是长老，长老的资格是否根据年龄与经验来计算的呢？我们知道：在初民部落里面的长老权力，年龄与经验是一个很重要的因素。可是在中国传统社会里面的绅士，它的意义就显得更为复杂。

在河村与安村，领头绅士并不见得是本村最年长的人，他们都还不过四五十岁左右，两个村落里七八十岁的老头子都还有好几位，很明显的年龄与经验并不是完全决定的因素。两个领头绅士的地位与能力虽不尽相同，他们却具备了相同的条件，这就是曾经受过相当的教育，具备着相同的经济基础——田产和房屋。

绅士的经济基础只有从他与地主的结合才能了解的，大多数绅士便是地主。土地、世袭财产与权力已经长时期的交织在控制严密的结构中间，土地所有权带来了对于生活在土地上的农民的控制，地主是从控制佃农着手的。绅权的一部份显然是建立在这经济的锁钥上。"钱能通神！""有钱可使鬼推磨！"这类的词句都描写经济本身具备有役使人的权力。可是更重要的还在教育，教育就是知识的传授。在传统社会里，教育的性质和现代社会很不相同。教育或者知识的传授是以文字做工具的。现代社会里面的文字是用来传达意见，或者解释和分析一件科学的事实，教育的普及使文字不再成为一件稀罕的东西，它本身也不再具备有神秘的魔力。可是在传统社会里，只有少数绅士地主稳拿着地租，他们的子弟就获得了充分受教育的机会。大多数农民的子弟没有这种福分，文字知识几乎变成了绅士的独占品。对于一个大字也不识的农民，文字是具有神秘性的。"敬惜字纸，功德无量！"对于文字的敬重就附会在这种神秘性上面。文字是教条，绅士的话成为金科玉律，权力也从这种神秘性里面出来。

因此我们看出：独占了文字知识的绅士在任何场面下扮演了一个重要的角色，能力也从这里面训练出来。因为只有绅士才知书识礼，懂得地方上的一切规矩。在河村与安村，我就深切地感觉到绅士的势力。一个农民从生到死，都得与绅士发生关系。这就是在满月酒、结婚酒以及丧事酒中，都得有绅士从场，他们指挥着仪式的进行，要如此才不致发生失礼和错乱。在吃饭的时候他们坐着首席，还得接受主人家的特殊款待。这样的绅士也便是本村具有代表性的人物，代表性就使得他在地方上获得了领导权力，领导权力不仅是传统伦理风俗的指导，而且进入到地方公务的处理上面。一个村落社区生活的意义就表明各家人不可能只关着门管自家的事，修桥补路就得与别家合作，公共事务总得要发生的。公共事务可以包括两部份：一是地方自治的公务，一是上级政府委托的公务。

从这里面我们就可以知道：绅权不是从现代民权的概念所能解释的。他不是基于社区人民的同意信托，经过自由的推选。一个绅士的为好为歹，作正作劣，完全根据个人的修养与训练，而不受社区人民或者团体的约束。一般关于同意权力的看法，就是基于互相契约，从合作的过程里面产生的权力，在村落社区里面虽可找到踪迹。但是这种同意权力只存在于绅士与绅士，或者农民与农民之间，分化后的社会阶层之间是不可能产生同意权力的，绅权便是指对农民的控制而言。因此我们用不着追寻绅权的基础，而只需要了解绅权的实际运用，也就是分析绅士所做工作的性质。

经济利益

一切权力的运用都有一定的实际目的，这就是经济利益的获得。我们要了解绅士所做的工作，就只需要知道绅权究竟保护了一种什么样的经济利益。面对着政府权力，他是否真的以所在的社区为基础，保障了地方的利益。

现在我们先说地方利益，基于农村社会阶层的分化，地方利益可以分成两部份：一是绅士地主的利益，一是农民的利益，农民的范围又可以包括各级的农工、佃农、自耕农等。在本质上，基于租佃关系，绅士地主利益与佃农利益是冲突的。这冲突至少可以归结到绅士的既得利益不容许别人染指，因此任何有损于既得利益，以改善农民生活的措施，必定要遭受绅士地主的反对。相反的，绅士地主只在如何设法稳固自己的既得利益，以免本身及其子孙沦于小农衣食不足的困厄惨境。绅士与农民的基本冲突的存在，也就是"耕者有其田"迟迟不能实行的根本原因。

农民利益与绅士利益虽是一个冲突的局面，传统社会秩序的安定却只在求得农民与绅士关系的和谐，和谐的获得却不是一件太困难的事。在传统农业社会里面，农民的要求并没有太高的调子，他们并不要求获得绅士地主的既得利益。一个绅士，他领导推行地方的自治公务，只要他不利用特权，侵夺公产，而真能用之于公，做些有益地方的工作，他就可以获得公正绅士的美名，得到农民的赞仰与拥护。

在兵荒马乱的时候，一个绅士所领导的地方武力，也可以尽保土卫乡的功用。太平天国战争的时候，曾国藩所领导的湘军还是从这里面出来的，只要他真能够顾到本社区的利益，他就可以获得农民的拥护，这种例子在中国的传统社会里还不占少数。少数特殊的例子，为了宗教的虔诚，或者爱人的狂热，一个绅士地主毁家纾难，或者捐资兴学，修桥补路，大做功德，他的言行就成为地方社区各级人民的共同楷模。

然而，无论是平时或者战时的工作，一个绅士地主若只注意稳固自己的既得利益，他就与全社区的农民站在冲突的地位，这样的绅士攫握了地方的威权，他可以不必考虑农民的利益，而只顾及个人或者绅士阶层的利益，这种事例在过去曾数见不鲜，也就是今天充斥在农村里面的劣绅。

政府权力的加入

若使绅士只考虑到个人或者绅士阶层的利益，绅权的剥削性质是很明显的，劣绅的腕下所表现的是孤行权力，很显然的他会要遭到全社区农民的唾骂与反对。于是绅士为了稳固自己的地位，就必须与政府官吏勾结，得到政府权力的支持。

在另一方面，当政府官吏要控制一个地区时，他第一得拉拢的便是绅士，因为绅士是地方上的代表人物。

政府权力的控制也有它的实际利益。与地方利益相对，这便是政府的利益。政府利益的获得向来是建立在对地方人民的压榨上，好比夫役的征派与租税的征收，它是跟着武力而来的，这是一种强暴权力。

如果政府权力的兵威不及，它不能达到县级以下的村落，也就不能实际控制基层社区。为了地方的利益，绅士还可以发挥反对的力量，对于政府委托的某种公务可以不加理睬，或者对于政府的差人施以苛暴。在今天的云南许多边地社区，强大的汉族绅士地主还有一部份保持着政令自行的方式。即使云南的中心地区玉溪，民国初年，一个县府差人还不敢单独下乡承办公事，至少得结合三人以上，携带武器，否则随时有丧失性命的危险。充其所极，这种地方威权或者土霸权力可以发展到政令自行的方式，他们就是政府或统治者，可以私征厘卡，购置军械，私订刑律，反抗政府的干涉，不受官家法律的制裁，在中国历史上还有不少这种例子。

然而，即使在政府功令所及的范围之内，政府权力还没有透到基层，在上级政府委托的公务中，或者是地方社区人民向政府有所呼请时，绅士还可以表示他的倔强力量，保护地方利益。清乾隆年间安村就有这么样一件故事：当时安村的领头绅士姓郎，是一个秀才，也是本村最大的地主，有一年村中发生水灾，房屋被淹倒塌的很多，郎向县官报灾，县官亲自坐着八人大轿下乡来勘查。勘查的结果认为灾情不严重，这就触怒了郎绅士。他说县官如此糊涂，着人把县官的坐轿打坏。县官在这阵难堪之下，只好溜出安村。后来呈报上去，省城派大员下乡来调查，郎率领全村人在离村三里处迎接，执礼非常恭谨，大员也就不再追究这件打轿子的事。

可是，当政府权力的压力加重，这种打轿子的事是不敢轻于尝试的，谁冒犯了也许还有砍头的危险。在这种情势下，绅权就得逐渐萎缩，公开反抗是不敢了，要保护地方利益，也只有用口头的请求或者书信往来的方式，以求得政府官吏的谅解，减轻对地方的压榨。在这里，绅士已经与政府官吏结合，他所具备的写信或者口头恳求的资格，与其说是根据他在本社区的领导地位，不如说是根据他与其他政府官吏的关系。一个县官并不怕得罪绅士，怕得罪的是支持在绅士后面的强有力的政府官吏。

官绅的结合表现在最有权力的绅士往往是退休的政府官吏一点上，因为只有他才可以结交许多在任的政府官吏。安村的马军门退隐归来，就曾经有过一件非常人所能的回护地方利益的故事。光绪十二年①，云南的督抚衙门为了重办土地陈报，以作田赋征收的张本，派了清丈员分赴各乡去作实地测量。这批清丈员到了安村，工作做得非常仔细，一寸一土都得计较。当时马军门退休归来，村人把这件事告诉了他，他很不高兴起来，把清丈员唤了来，粗着嗓子说："你们要好好丈量，要不然的话，我要扎了你们的猪脚！"

几位清丈员都惧怕马军门的威势，也明白他说这几句话的用意，于是丈量工作就马虎了事。因为这几句话，安村的粮谷并没有征到实额，每年只有八十多石谷子，到民国二十一年②云南省财政厅再度举办清丈，征谷增加到一倍以上。

谁也明白，这个场面里所表演的绅权，是依附了政府权力的。马军门虽然退休，可是他仍有政治上的潜势力，这样他才敢于以上级官吏的口吻

①　1886 年。
②　1932 年。

来对付这几个清丈员，清丈员也得服从他的指示。在这里，也就到了政府利益与地方利益的交点，马军门虽然保障了地方利益，可是官绅的结合，地方利益就逐渐要被政府利益所压倒。当政府权力继续往下面伸张，也就是保甲制度推行的今日，这种情形就更见明显，绅权只有逐渐减弱，甚至于整个投附于政府权力之下，绅士与官吏勾结。

在这种勾结的局面之下，统治者只有一个，绅士成为统治者的帮凶，尽管他现在还可以讨价还价，可是躺在统治者的怀里，也只有撒娇作态的份儿。政府权力的向下伸张是有某种目的的，这便是榨取地方利益，可是他得通过绅士，于是在政府官吏与绅士的私下往来间，绅士利益与农民利益分开了，绅士利益得到尊重，政府的征派也可以不付，抽丁也抽不到绅士的子弟，从而转嫁到农民身上。

说绅权是政府权力或者皇权的延长，我想应当从这里面去了解，这是指属于政府权力的一部份。

不仅是政府权力的往下伸张，近些年来，由于时势的推移，传统伦理风俗的不易维持，长老权力的逐渐丧失也加强了绅权的依附性。在这社会改组的过程里，绅权只有依附着政府权力才能存在。

于是，一个传统的比较正直的绅士，他明白自己已成为这个时代的落伍份子，在政治上又遭受了前所未闻的压迫，若是他真能以社区人民的利益为重，为了不愿意得罪农民，或者基于慈善的心肠，他就宁愿洁身引退，不再过问地方的公务。即使有一天他被派着了差事，在贪官污吏横行的今日，得到了农民的拥护，就得不到政府官吏的支持。他不曾有实际的权力，也就不能忠实地执行自己的职务，结果也只有洁身引退的一途，继之而起的是与政府官吏勾结的劣绅。

一个劣绅，毫无疑问，他是地方人民攻击和怨恨的对象，他的权力不是建筑在人民自动的拥护上，而是依附在统治者的指挥刀底下的，也就是强暴权力的具体表现。这种人主持了地方的公务，他就只知顾及绅士或者个人的利益，好比对于上级政府的征派，他们不但不能代表地方，吁请减轻人民的负担，反而巧立名目，滥收征粮，以求中饱，或者拒缴自己所应付的部份，转嫁在别人的身上。对于地方自治的公务，他们也可以想尽方法，侵吞公款，为所欲为！今天河村与安村的领头绅士，都是这一流人物！

劣绅继承了历史传统里最污秽的一面，官绅的勾结虽则使政府权力严密控制着基层社区的农民，阻碍着民权的发展，可是另外一方面，它也逼上梁山，造成集体农民的武装叛变。从农村到市镇，从市镇到都会，今日何处不演着这种官绅勾结压榨小民的例子！劣绅变成了腐化政治机构身上的一个毒瘤，如何能够割治这个瘤，这是今天中国政治上面临的一个亟待解决的问题。

传统农村的社会流动[*]

一　农业阶梯的理论

在农村社区里面，描写社会流动是所谓农业阶梯的理论，流行于英美的这种理论的要点，主要就在描写农民上升的情形。美国威斯康辛大学农学院的魏尔万教授（Prof G. S. Wehrwein）给农业阶梯所下的定义如下：

> 在理论上，基于农业阶梯，可以有一个理想的租佃制度，在这个制度下，总有一条正常的人的洪流从较低的等级到较高的等级去。在任何一个时限里，某种比例的农民在农工的等级，某种百分比是佃农，另有一些是负债的自耕农，如此类推，这又和一句习用语"租佃的百分比"（Norm at Percentage of Tenancy）具有密切的关系。

从较低的等级到较高的等级是英美农业阶梯理论的要点，这一种意义是积极的，在美国，所有讨论几乎一致认为攀上阶梯是一种好现象，跌下便是倒运的结果。可是事实上，在上升的另一面，也得有下降的情形，一个正常的阶梯是具有攀登上下两种功用的。我们在以下的分析就要注意这条道路上下的情形，也就是通常所了解的纵面社会流动。

二　农民上升的困难

中国传统社会的农业阶梯粗略地可分成五层，这便是农工、佃农、自

---

　　*　原载《世纪评论》1948 年第四卷第八期，后收入胡庆钧《汉村与苗乡——从 20 世纪前期滇东汉村与川南苗乡看传统中国》一书（天津古籍出版社，2006）。

耕农、地主和绅士，一个人的社会地位的上升与下降，便是在这阶梯上面发生的社会流动。

然而，近些年来，这条农业阶梯却逐渐淤塞不通，几乎变成了静态的性质。一个农民想要从农业工作里面翻身出来，由自耕农而地主，是一件非常困难的事。

金陵大学所作豫、鄂、皖、赣四省农民攀登农业阶梯之程序及年龄列表如下：

豫、鄂、皖、赣四省雇农升为各类农户之百分比及年龄

省别	雇农升为佃农		雇农升为半自耕农		雇农升为自耕农	
	%	年龄	%	年龄	%	年龄
河南	6.5	32.8	2	40.9	0.9	46.7
湖北	6.1	32.2	1.3	42.4	0.3	48.4
安徽	9.3	29.3	1.9	40.4	0.8	50.0
江西	4.7	28.8	1.0	39.5	0.7	46.0
总平均	7.0	30.9	1.6	40.9	0.6	48.1

由上表可以看出各级农民上升百分比的稀少。农民上升的稀少表现了农场经营的艰苦，不容易累积农业资本。构成艰苦的原因非常复杂：租佃制度的存在，农场面积的狭小，上级政府的征派，高利贷的盘剥，劳力的低贱，农业技术的不得改进，都是一些根本的原因。农业资本的累积决定于农田利润的大小，我曾对云南呈贡两个村落的农田经营加以详细的计算：如果是一个佃农，在现行的制度与秩序下，每工田地的生产量，除了支付生产费用（包括地租）外，所余下的只能勉强维持日常的消费，根本没有累积再生产的资本的可能。

可以便于农业资本累积的还是二十六年[①]抗战开始以前在村中普遍栽种洋烟的时候。以安村的情形来说：当时一工田通常能够产四十两洋烟，每两价一角二分，共值四元八角。同样的面积只能收获三斗谷子，约值一元五角。而且洋烟是春季作物，刚好能够与水稻的生产配合，所以当时农民的收入远较现在为多，可以家家有剩余。

然而栽洋烟终究是一个饮鸩止渴的办法，财富虽然增加了，大多数农

---

① 1937 年。

民都染上了抽大烟的恶习，据估计当时约有百分之八十以上。这种消耗不仅是经济上的，同时还形成了心理与生理上的怠惰病态。

栽洋烟不是上升的正途，这样形成的农村经济繁荣只是畸形的病态的。近年来洋烟是铲除了，烟民的比例也减少到全村人口的十分之一，约有三四百人，所用的洋烟全靠从外地买来，这笔消耗便成为全村的最大负担。一个烟民每天只要抽五分烟，就相当于全家三口一天的食物费用。全村的消费每月不下二十两，三十六年①初的时价要值一千万元。

除了洋烟的消耗外，最严重的是战争所引起的消耗，这消耗是普遍而深入的。从民国开国到现在，前二十年是军阀的混战，近十年来又经历了八载的抗战和两年的国共战争。在这期间，征实征购的苛繁，驻军的纷扰，通货的继续贬值，壮丁的外征，引起农村劳力的缺乏，农业里的余资已经被刮光。老年人回忆儿时所亲见的事实，好比咸丰年间的回乱，相连十五年之久，乱平后安村的人口死去在一半以上，然而有谁能够肯定这现象今天不会重演？

农业经营要受许多自然条件的限制，很难得有预期的收获，特别是在农业技术未得改进的时候，农民的生活要与靠天吃饭的观念相连。云南东部一带在历史上虽则鲜有极端严重的水旱灾，可是基于特殊的地理条件，河、安二村水源的缺乏，早就限制了农业的发展。有时候比较特殊的气候，也能造成农业的灾害。三十六年旧历正月初旬，我正在河村，刚好碰上了近年来鲜见的严寒，几天的飞雪和几晚的重霜，把绿田里新实初成的蚕豆摧毁殆尽，李大爹一见着我就连声感叹："完了，完了，全给霜砸死了！"这一年村子里面的小春收成便只有往年的十分之二。

疫厉和疾病也密切相关到农民的生活，农村医药卫生常识的缺乏是一件普遍的事实，对于疫病亦即急性传染病也就无力防备，结果不仅造成经济上的重大损失，而且吞蚀了最可宝贵的生命。好比在河村，三十一年②霍乱病的流行就曾经卷去了十分之二的居民，经济上的损失尤其无法估计。

---

① 1947 年。
② 1942 年。

三 农民上升的途径

在这种情形下，农民上升要遵循正常农业阶梯的途径，好比由农工而佃农，由佃农而负债的自耕农，几乎是一件不可能的事。少数上升的例子，大都是形成越级攀登的现象。这种越级攀登就不完全是依赖出卖劳力，从农田利润上来积累资本，而是得力于有力者的提携甚至偶然的原因。

安村的闻老头是大家公认的白手起家的例子。他今年刚好七十七岁，是一个有两百多工田地的地主。他做事勤快，现在每天还照常早出晚归地去田中转悠。幼年时他这种性格得到当时村内权要马军门的四少爷的赏识，收了他去当一名听差，随便给他一些田地耕种。他便利用机会加意储蓄，不时还从四爷那儿得些便宜。后来马家一年比一年衰败，他就逐渐买进马家出售的一部分田地，成为今天安村的一个地主。

战争固然破坏了一部分财富，但也可以引起财富的重新分配，偶然的原因往往是穷汉得金，一旦暴富，在安村就有过这样动人的故事。在清代咸丰年间的回乱后，一个姓马的回教徒在乱难中死去，他在黄家庄的一栋房屋由李姓人家承购下来，就在修葺屋宇的时候，挖土下地，发现了满是窖藏的银元。这银元的获得就使李姓一旦暴富，现在是一位三百多工田的地主。

然而偶然的机会是不可多得的，比较稳妥的还是依附绅士或者有力的人，希望得到他们的提携。这依附通常还得经过一套社会关系，这便是"拜干爹"的由来。

"拜干爹"是由依附者把自己的子女拜继在某绅士的名下，作为他的干儿子，被拜的绅士便是干爹，干爹和自己就成为干亲家。拜继的时候得通过一套仪式。这种拜干爹的仪式有时也夹杂着巫术宗教的成份。这就是因为听从了算命先生的劝告，相信自己的子女命中带尅，须得拜继在某人的名下，方能得到安全。

然而拜干爹的实际作用却是依附权门的一个途径，被选择的拜继对象往往是握有权力的绅士，希望从干爹那里得到实际的帮助。好比安村的领头绅士陈老爷幼时便曾拜继在本村仕宦之家秦举人的名下。他曾经从秦举人处得到不少的奖掖与提携，一直到现在他还得到干兄弟的照拂，这位干兄弟现在正担任云南省民政厅的主任秘书，是当前安村在外的一个任最高官职的人。陈老爷自己也收着不少的干儿子，即本村的保丁也是其中的一个，这每个月六升米津贴的差事，不通过这点"亲戚关系"也不容易就落在他的身上。

四 绅士地位的获得

无论是基于有力者的奥援，或者是偶然得来的机会，不采取正当途径的越级攀登虽然可以缩短上升的距离，却只能及于地主而止，并不能够即刻取得绅士的地位。

绅士虽是农村社区的顶层人物，可是它的性质已不尽在农业阶梯的范围之内，而进入到知识或者教育领域。一个典型的绅士应当是得过功名而且曾经担任过政府官吏的地主。绅士可以是地主，地主不一定全是绅士，这就描写了绅士的性质。受教育与出仕成为获得绅士地位重要条件。在前清时代河村与安村的顶头绅士，大都是得过功名的人物。

满清时代的科场可以分成文武两途，文科是闱墨，武科是射御。在河村，清代同治光绪年间轮流执管公事的顶头绅士王萧二人，一个曾经得过文秀才，一个是武举出身，从清末到民国初年，安村的顶头绅士是闻名全县的秦老爷，也是个举人出身。

满清时代是崇尚文治的，这也是三百年承平的结果，当时武举的地位远不如文举的重要。县官都得由文人出来担任。只是在战乱的时候，即使没有经过武举得到功名，干戈戎马也有上升获当绅士的机会，安村的马军门便是一个很好的例子。

马军门是清代咸丰年间云南平回战争中成功的人物，他本来是一个回教徒，是安村的一个普通农民，没有念过多少书。最初他参加回教徒方面对抗政府，后来接受了满清政府的招安，建了殊功，回乱平后，论功行赏，他得到希林巴图鲁的尊号，做了两任总兵，他的全部官衔是"头品顶戴记名提督特授鹤丽镇总兵希林巴图鲁"。毫无疑问，这位大官一回乡来，也就是本村最有权力的绅士，全村的重要公务都得取决于他的意旨，他也曾经办过一些有关地方福利的事项。

在崇尚文治的局面下，马军门的成功是战争的赐予，这是一个比较希罕的例子。可是到了民国，三十多年来的烽火相连，文人出身的地位就远不如武人重要，民国实际上是崇尚武治的。不说县长大都是由武人担任，各省主席也是非武人莫属，河村的王军长便是这个时代的宠儿。

王军长出生于清朝光绪年间，他的幼年正赶上清末废科举立学堂的时代，当时的学堂教育被称作读洋书。在一般科场出身的仕人心目中是被斥为异端邪说的。这时的王军长只是一个十八岁的青年，在一阵从军狂的热潮下，于宣统三年①入云南讲武学堂。毕业后入伍云南第十九镇第十三标，接着就在蔡松坡下面任讨袁军排长，从此风云直上，到民国十六年②就担任了国民革命军第三军军长。他的两个兄弟也得附随骥尾，一个任到上校炮兵营长，一个任上校参谋。不用说，这几个兄弟回乡来，就是村中最有权力的绅士。即使他们不在本村，地方的许多重要公事都得取决于他们的意旨。

无论是从文途还是武途出身，高官厚禄并非人人可得而期。清代的科举功名也得经过多年的苦读，一个村落里能有一二人就算是幸事。因此事实上还有一批受过相当教育未获得功名或未曾出仕的小地主，我们不妨把他们叫做次绅士。如果村中有学识与能力更高的绅士，领导地方的公务，他们就居于领头绅士的下面，有的成为领头绅士的助手，有的分掌着一部分地方权力。若是本村没有更高的绅士，或者领头绅士出任未归，次绅士实际就掌握了地方权力。渐渐他也可以取得领头绅士的地位。

出身绅士的人家成为获取绅士地位的重要条件，绅士的地位不是世袭的。可是谁也明白，一个绅士地主人家的子女，适当的经济基础才比较容易获有受教育的机会，科举时代的家学渊源就指出了学习环境重在家庭的陶冶，这一点农民的家庭是比不上绅士的。我们前面所举列的河安两村的绅士，大都是出于绅士的人家，好比河村的王军长便是所谓"世家"的子弟，他的三代祖先有如次的出身：

曾祖（贡生）——祖父（儒医，参议呈贡县事）——父亲（贡生）

在安村，现任云南民政厅主任秘书的秦家也是仕宦之后，他的三代祖先曾经得过更高的功名：

曾祖（举人）——祖父（进士）——父亲（举人）

农家的子弟就大多得受农场工作的拖累，有的很早就得贡献他的一份

① 1911年。
② 1927年。

劳力，根本没有受教育的机会。在当前推行义务教育的情形下，一部份子弟虽然进了学校，也很难得专心于他们的课业。我在河村时，曾经见到中心小学学生的自述文章。在二十六个学生里，有二十个人写下了他们的课余时间得消耗在农事辅助工作上的事实，我在这里可以随意地征引一二则。

一个姓李的学生在他的卷子上写着："七岁起，放学回家，就替妈妈烧火；吃了晚饭，就去拔草；天亮起来，还要割豆。"

另一个姓余的学生写着如次的话："放学时，就背着篮子去拔草；回来时，母亲叫我到田里去看豆。"

大多数的小学生在七八岁起便得开始做些农场上的辅助工作。在今天的学校教育制度下，学费的昂贵与课业的必须专心，这些幼年时代便得贡献一份劳力的人自然不容易再有上进的机会。

满清时代的科举制度比较能够弥补这一方面的缺憾，农民的子弟得到父兄的余荫，还可以半耕半读，或者以大部分时间作苦修的工作，则"十年窗下"也可能得到"一举成名"的机会。中过科举的人自然是名利双收，出任为郎，归来也就取得绅士的地位，这是农民上升的最捷途径，也是越级攀登可以取得绅士地位的唯一例外。然而这种例外是少见的，河村与安村都没有过这样的例子。

在通常的情形下，一个由农民上升的地主并不能够取得绅士的地位，须得等候自己的子辈或孙辈出来，受过适当的教育，并与绅士阶层联姻，才能取得绅士的资格，获致参与地方公务的机会。好比安村白手成家的闻老头是个地主，并不是本村的绅士。这位出身寒微的爸爸就设法把自己的三个儿子送进学校，有的是高中毕业，有的还念到大学，他们回到本村来也就取得绅士的资格。

五 绅士家庭地位的下落

在一个农村社区里面，绅士与农民的数量一定要保持相当的比例，一个乡村里面既不可能完全是农民而没有绅士，但也不可能供养太多的绅士，因为绅士大体上是不事生产的地主阶级。绅士与农民的比例既然有限，崇高的社会地位又是农民钦羡的对象，一个人谁不希望往上爬。在这绅士的堡垒里面，由于一些新分子的加入，必定有一批人被挤了出去，这便是绅士家庭地位的下落。

绅士家庭地位的下落可以分从三方面观察：一是经济条件的改变，二是社会地位的下降，三是地方威权的丧失。这三者又往往发生密切的关联。在通常的情形下，一个绅士家庭的后裔，世代绵延，子孙繁庶，家产几经分割，每人所得无几。这种经济条件的改变，就可以直接造成社会地位下降的结果。

然而更重要的还是地方威权的丧失，绅士地位的稳固就在获得了地方的威权，绅士家庭地位的下落也往往发生在权力的萎缩或者丧失之后。绅士权力的丧失可以发生在敌对团体的竞争中，失意的一方成为权力的丧失者，但这种丧失也是暂时的，他可能还有东山再起的机会。一个最重要的丧失现象是在世代交替的情形下发生，好比父亲握管本村地方的权力，若使一旦他死了，可能是儿子的年龄太幼，可能是不务正业，可能是他的能力不如老子以及其他的绅士，地方权力便被别的绅士攫取了，绅士权力的性质不是世袭的。

在农村社区里面我们通常可以看到许多在世代交替的情形下，地方威权甚至政治权力的丧失造成绅士家庭地位的下落。好比安村那位马军门的后裔，便是一个最好的例子。马军门的成功在前面曾经加以叙述，他有六个儿子，第二个儿子在征回战争中一直襄助他父亲，也得到军门的封号。两代的官职使他们的家庭得到更多的财产，单只田地所有便毗连着好几个县，在昆明也有他们的官府。可是到现在二军门死了还不到三十年，他的儿子也就是老军门的孙子，却穷无一文，在昆明摆着测字摊了。其他各房后裔现在都是一贫如洗，有的流落外县，挑贩为生；有的寓居本村，作手艺过活。现在寓居本村的后裔还有四十多人，这些人连他祖上的三栋房子都不能保，卖掉了两栋，其余一栋也已出典，后来由大公家代替他们赎回，四十多个人便挤住在一栋房子里面。

我见到了老军门的孙子，一位六十多岁的老人，一身粗布衣服上面打了好几个补丁，在茶馆里一个人闲坐着，没有人理会他。人家私下给我指点这是二小爷，我不知道这种称呼对他是一种嘲笑还是侮辱，他是一个上了年纪的人，可是人家对他的称呼却是童年时代的遗物。这个称呼显然是他家庭衰败的写照。用不着我说：若是他现在还有相当的田产，他的称号也会由小爷进为老爷的。

从安村的街心向左走过去几步，便是军门的官第。一个雕饰精致的木石牌坊横街立着。牌坊上面挂着两块金字长匾：一是希林巴图鲁府，一是壮勇巴图鲁府，这是父子军门的满洲语封号，十足的官府派头，却挽救不了子孙们覆败的厄运。

在这官府里居住的是一些无声的人们。我和几个朋友进去探问，一进大门，乡村少见的用条石铺砌的天井已有几处破损，屏风上面用墨彩绘写的联句和图画，笔画虽然清楚却已失去了往日的光辉。左边的厢房倒塌了，没有修理，几个年纪不同的妇人踞坐在石阶沿上，修补衣服和编做手艺。她们看见我这陌生人只冷冷地望了一下，没有村乡人见到外地人的热忱招呼，似乎内心存在着憎恨。我自己感到莫名的惆怅，一阵尿臭气把我赶出了大门。这是一个缙绅的下场。我在想，若是人家知道官家的子弟会有这样的结局，谁还希罕这个红顶子呢？

一个绅士家庭地位的下落，也是一幅最悲惨的画面，破落的世家描写了人间多少的悲剧。由于他们过去的社会地位，对于劳力工作的卑视，与谋生能力的缺乏，这些子弟不可能即刻加入农场，也不易谋得较佳的工作。他们还穿着一件长衫，有时在村子里面闲逛，见着人有几分矜持。没有衣食的时候，到大公家或者领头绅士的面前，尽管遭受旁人的白眼，一副可怜相多少还能招来点帮助。有少数这种家庭的子弟，经历了多年的磨难，找着一种机会，可能自己再翻身上来，但是这种机会又岂可多得！

绅士阶层如何防止子孙走上覆败的厄运，经济基础的稳固是最妥当的一着，广置田产是大多数绅士的憧憬，"耕读传家"变成世系绵延维持不坠的要诀。"心田留与子孙耕，要好儿孙必读书"这一类联语都描写了绅士重视教育的力量，"世代书香"是对人最好的恭维。实际上绅士们的所谓"耕读"只注意在"读"的方面，"耕"的方面只不过是一个托词。绅士们决不会亲自从事农场工作，最多是采取雇工自营的方式。教育的力量消极方面可以防止子弟的不务正业，积极方面开辟了"学优则仕"的途径。做官才是绅士的最高理想，因为这样才可维护他们的特权，获得更多的经济利益与更高的社会地位。

农村绅士的合作与冲突*

我在《中国农村社会阶层的分化》（载《世纪评论》三卷十六期）一文里，曾经指出中国农村社会里很早就分化出绅士与农民两个阶层，他们代表着不同的经济基础，从而也产生了社会地位的分化，这分化使绅士握有地方的威权，他们的重要性就根据于获得的权力的地位。

获得权力的绅士站在同一阶层上，为了保障共同的利益，须得有必要的合作。可是在另一方面，为了基本欲望的冲动与不得满足，争权夺利的局面就容易演成绅士阶层内部的矛盾与冲突。合作与冲突是传统地方权力结构里面一项非常重要的现象，它密切关系到权力的运用与公务的推行，本文预备从云南农村两个村落里面所得到的材料来作一个分析。

共同利益的维持

在对付农民这一点上，绅士的利益是共同的。什么是绅士阶层的共同利益呢？我们这里所谓利益是指经济上的一定所得，也就只有在绅士与地主的结合上才能得到了解。绅士地主的经济利益是建筑在土地私有制下的生产关系或者租佃关系上，也便是建筑在对农民的剥削上。农民在雇佣或者承租的方式下直接从事生产，绅士地主却袖拢着双手，坐在家里稳拿着地租。如果土地私有与征收地租的制度一旦废止，使绅士地主不能再在传统法律的规定下获取钱粮，这一阶层失去了不劳而获的经济基础，即刻会丧失他们原有的地位。因此，绅士必定设法维持这个传统，他们是注定的保守主义者。

绅士阶层的保守表示在他们对传统社会结构与秩序的维持上，他们反

---

* 原载《新路周刊》1948 年第一卷第十五期，后收入胡庆钧《汉村与苗乡——从 20 世纪前期滇东汉村与川南苗乡看传统中国》一书（天津古籍出版社，2006）。

对任何足以损害基本利益的改革。这样便形成绅士阶层在意识上的大联合，支持一个可以维持共同利益的系统。从父亲到儿子，世代相传，他们谨守着祖宗的衣钵，唱着"光前裕后，继往开来"的调子。虽然在近几十年来，由于西洋文化的传入与吸收，欧美及苏联的新兴民主主义打击着中国传统社会的门户。民国成立，政府总算是具备了民主的形式，可是从中央到地方，各级施政机构所运用的还是一套剥削人民的落后封建权力，传统的中国还没有过去。

绅士阶层的子弟受过学校的教育，是吸收西洋文化最多的分子，多少年来他们不满于当前的现局，也曾经发动过各种改革。可是这种改革遭受到传统势力的反对，结果往往是徒劳而无功。在云南呈贡河村与安村的绅士中，也在广大的中国社会里面，我们曾经见过不少的例子：一个初从学校出来的新青年，肚子里装满了一套自由平等的学说，起先是对于一切都抱着不满与批评。但是当他进入社会工作几年之后，又发现自己的利益原属于绅士阶层的基本利益之中，很自然地他会在内心的矛盾中放弃从前的观点，闭了口与旧势力妥协，甚至变成传统秩序最有力的维持者。

这种妥协的现象告诉我们：孤立的个人是可以变节的，"聪明才智之士，最怕孤独！"这两句老话就指示人们要能善用并发挥团体的力量。十年的战祸，当政者的腐败专权，农民的痛苦日益加深，这些年轻的知识分子基于人道与正义，他们不计个人的利害，在各种传统势力的围剿中成长起来，在安村就有了同学会的组织。

这些同学会的会员大都是分布在昆明及呈贡各大中学校的青年，他们在学校里面学习了民主，回到本村来，运用已经得到的知识，自动组织起来。他们看不惯本村一切贪污和不合理的现象，虽然主持其事者也许就是自己的父兄与师友。三十六年①三月初旬，为了水利合作社的营私舞弊，他们公开地在本村街头上贴了壁报，用还不太通顺的文字，毫无情面地指摘本村的领头绅士及其助手，他们已经成了一个不可侮的力量。我在安村时，曾经和同学会的几个重要人员个别地谈过话，他们都有一个美丽的远景，这是一种新兴的改革势力。

然而这改革还在开端，地方威权还握在领头绅士的手里，大多数农民还停滞在无知与惧怕权势的境地，虽然内心难免存在着憎恨，可是表面化

---

① 1947 年。

的纠纷发生在绅士与农民之间几乎是不可能的。"穷不跟富斗!"一个农民是绝不敢随便与绅士抗衡的,隐匿冲突的力量是农民的忍让。除非农民团结起来对付绅士,一个绅士大可不必考虑来自农民方面的压力。现存的政权与法律主要支持了绅士的利益,农民的团结也不是一件容易的事。

争权夺利的冲突

农民既不容易团结起来对付绅士,政府官吏又得勾结绅士图谋私利,不会形成对绅士阶层的压迫。绅士的利益并不需要从团体的组织中去得到,他们也就没有组成合作团体的必要。他们彼此没有形成固定的权利义务关系。相反的,人事的无常使他们不能作长久的打算,从人性里出发的自私在这里发生了作用。个人或者家庭的利益往往要超越阶层的利益。为了个人或者家庭的安全与繁荣,绅士们彼此间很容易发生矛盾与冲突。在垄断地方公务营私舞弊的情形下,有多少事情是不能公开的。但是不管他自己如何隐瞒,他的劣行常常在绅士家庭间像传奇一样地传布着。每一个绅士都希望摆出自己一副公正清高的面孔,相反的便是攻击别人的劣迹与丑态。

绅士家庭经济利益的获得与稳固,决定于他自己是否能把握住地方的威权,因此在传统的地方权力结构里面,常演成绅士间对于领头绅士地位的争执。在河村,近百年来地方威权由王萧两姓绅士轮流把持,村落组织"大公家"领头绅士同时管理本村的公产,公家的树木与公田的租息,以及公产的支配与使用,领头绅士都可得到侵食的机会。近年来因为政府征兵派款的支出太大,公产将近卖尽,牟利的渊薮又转到本村的抽水机器的管理上。河村是一个贴靠着滇池的村子,由于云南东部气候干湿分季的特点,每年春耕时天气往往久旱不雨,本村又无泉水可资利用,灌溉田地的水源不能按时取得。村人为此合资买了一架抽水机,向昆明湖抽取湖水灌溉,为了管理与使用抽水机,他们依照政府的规定成立了一个水利合作社。这个以公产、股金及农贷作为基金,在组织上须受县合作金库的指导与监督的合作团体,负责管理的理事主席并非经过选举,却为大公家领头绅士所把持。他可以任意开支,账目也没有公开,这坐享的利源成为全村绅士争取的鹄的,因此两姓绅士近百年来在权力上的竞争与冲突愈演愈烈,今天已经成了冤仇,背地里就互相攻击。河村的抽水机器至今已有五年的历史，在这种绅士独占的支配下，到三十六年初已经负债到三千万。这一笔庞大的数字也成为众人攻击的借口，失意的一方便联合村中的次要人物，组成一个专事攻击的集团。而在另一方面，领头绅士也拉拢一批人，针锋相对，各不相下，形成两个敌对的绅士团体。

在安村，大公家的领头绅士具有压倒的优势，个人能力要远超过河村的领头绅士。他也是呈贡县有名的县绅。本村的绅士有的被他拉拢，有的惧怕他的权势，不敢公开攻击，但是反对派也一样的存在。安村社区也如河村一样，同在昆明湖的边上，也有抽水机的设备与类似的水利合作社机构，但抽水机所灌溉的田亩要大过河村十倍，利源就非常可观。可是兼任理事主席的大公家领头绅士似乎有与河村相同的作风，大权独揽，账目不公开。村中其他的人虽不敢随意攻击，可是前任抽水机的管理人，也就是过去本村的领头绅士，一个七十八岁的赵老爹，却是他的死对头。当我和他谈到现任的理事主席时，愤怒的神情禁不住厉声的斥骂。他曾告诉我从民国二年①以来，如何在本村创办抽水机的经过，可是现在这机器落到陈老爹的手里，公款如何被他吞进了私囊。他家产不多，自己有个小老婆，大儿子又好赌，一家的生计都靠管理这两架抽水机来维持。在另一方面，这位领头绅士也时常在我的面前攻击对方，好比这位老者过去管理抽水机时，公家亏本，私人却盖房屋，为人如何霸道，放款如何重利盘剥，以致失去村人的信任。

三十六年五月，安村同学会在壁报上公开攻击领头绅士的劣迹，陈就认为这件事是受赵的指使，陈老爷的兄弟三先生曾经在我的面前大骂赵为人如何阴险自私，虽然他和赵是亲家。显然，陈和赵已成为安村的政敌。

权力的平衡与钳制

我们在上面列举了两村绅士阶层内部存在的冲突与竞争，由此就可进而了解权力的平衡与钳制。绅权的领导地位并不是至高无上的威权，它得受同村其他绅士的批评与钳制，反对派的存在，多少得使领头绅士的行事有所顾忌。

权力的平衡发生在敌对集团不相上下的情境里，这就是甲方并没有具

———————————
① 1913 年。

备完全控制乙方的权力。好比河村的王与萧，安村的陈与赵，他们各自分配了一部分权力，无惧于对方的陷害。权力的平衡是根据各人所分配的权力的多少的，这分配又根据个人的传统身份与地位。一个无权无势的农民，尽管他的理由如何光明正大，他决不敢轻易对某个领头绅士加以攻击，否则，他自己就要得到较攻击对方更严重的惩罚，好比安村赵大爷的故事。

赵大爷是安村的一个自耕农，今年四十岁，曾经读过一些旧书，还写得一笔好字，在村里开了个写字铺。他的性子很刚直，遇着不满的事就欢善批评。前些年，他对于水利社的账务不公开就有过批评，这就得罪了领头绅士陈老爷，赵老爷虽是他的堂叔，也曾被他顶撞过。三十三年①，赵出任地藏寺三牌的小管事，年终账务未清，稍有拖欠。于是陈就借机报复。起初是派保长去硬催。这几天赵大爷正病倒在床上，筹不出款来。当时他的一位军中朋友来探病，看见保长催逼的情形，非常不满，纠合几个人把保长打了两拳。这自然不是陈赵两位绅士所能容忍的事，结果赵被送进县府监牢，老婆和十八岁的儿子都被骇死，家产也大部分充了公！

在这种情势下，一个想获得保障的农民就得投附于权门之下，特别是投奔于领头绅士之下，成为他的忠实助手甚至爪牙：一方面他可以稳定自己的地位，不再受别人欺负；另一方面利用主子的权势，也可以从中分润一点利益。这种人在本村虽没有太高的地位，可是别的农民就不敢随便得罪他们，所惧怕的并不是这位助手，而是他上面的主子或绅士。

助手的存在对于领头绅士也是不可少的人物，他就是领导者的耳目，可以为领袖献策，执行交下的公务。助手必须是忠实的，他可以常常为领袖宣传，以遏助及反对派的势力，河村与安村的领头绅士都有很忠实的助手。

绅权既不是至高无上的威权，因此一个绅士为了稳固自己的声势，他还得拉拢同村的其他绅士。这些绅士也是握有一部分权力的。诚如罗素所说：权力是可以用数量计算的，拉拢了其他的绅士，就可以减少反对派的气焰，使自己的权势增加。一个绅士若要有所作为，第一便得与其他绅士取得适当的协调。

然而利害的冲突若是太为显著，同绅士阶层的人也有不愿被拉拢的，

---

① 1944 年。

他们组成了反对派。反对派的存在一方面是为了经济利益的争夺，好比安村的赵老爷，他失去了管理本村抽水机的权力，也就不能继续从中获取经济利益，眼巴巴地望着别人吞并是最难过的事，他的反对就是想继续获取这方面的利益。可是另一方面，也因为他在本社区的传统地位，使他不愿屈居人下，这自尊与企图重得领导地位的欲望支配了他，他必须另树一帜，不是合作而是冲突。在这面旗帜下他可以结合一批反对者，获得一部分徒从，由徒从的恭顺里获得了权力的满足与快乐。

敌对团体的权力对于绅权的运用是一个约制的力量，在一个多党政治的局面下，执政的政党与在野的反对党可以同时存在，就可以使执政的政党不至走上专制独裁之路，而必须顾及来自反对党的批评。双方的措施也得尽量民主，以求取人民的信任。我不敢说今天河安二村的绅权政治能够达到如何的境界，可是反对派的存在显然对这方面有所帮助。

然而绅权只是地方威权，地方威权得受上级权力机构或者政府权力的控制。这么样，绅士为了获得实际领导推行地方公务的权力，或者稳固自己的既得利益，他就得求赖于政府权力的支持与帮助，也产生了衙门与绅士的往来。

衙门与绅士之间[*]

在《农村绅士的合作与冲突》一文里（本刊一卷十五期），我曾经指出绅士为了获得实际领导推行地方公务的权力，或者稳固自己的既得利益，就得求赖于政府权力的支持与帮助，这么样产生了衙门与绅士的往来。

衙门便是县城里昔日县署的所在，也便是今天的县政府，它综管着日常的普通行政事项，权力集中在县长一人的手里。"衙门八字开，有理无钱莫进来！"这几句话就描写了官僚政治的腐化。衙门并不是向人民开着的，它是官吏炫耀自己声势接受绅士逢迎的地方。

一　官绅往来

在保甲制度推行后的今日，形成上级政府严密控制基层社区的局面，绅权已经投附于政府权力之下，这投附的关系一则是因为时势的推移，绅士已经逐渐丧失他在长老统治里面"表率人伦"的地位，绅士所做的工作只限于一些日常公共事务的处理，特别频繁的是上级政府委托的公务。另一方面这种局势也造成了劣绅的横行，劣绅往往只考虑到个人或者绅士阶层的经济利益，所以常常遭到农民的怨恨或反对，于是绅士为了稳固自己的地位，也只有与政府官吏勾结，俾以得到政府权力的支持（请参看八月十六日上海《大公报》拙著《论绅权》一文）。

其次，基于我在《农村绅士》一文里的分析，绅士阶层内部为了领头绅士地位的争执，争权夺利的纠纷可能形成互不相下局面，这也有赖于与官吏的结合，增加自己的声势，俾以取得决定性的胜利。

＊　原载《新路周刊》1948 年第一卷第二十二期，后收入胡庆钧《汉村与苗乡——从 20 世纪前期滇东汉村与川南苗乡看传统中国》一书（天津古籍出版社，2006）。

从绅权的运用里我们也可以看出：举凡绅士所不能自行解决的事件，特别是绅士阶层内部的纠纷，使领头绅士无力应付时，就得求助于政府觅寻解决的方案。好比安村自从陈老爷接管抽水机后，卸任的赵老爷一方面痛心于领导权力的丧失，另一方面也不满意陈老爷的措施，从二十九年①起他就以过去所付股款未清为理由，拒绝交付使用抽水机的水租和水谷，陈老爷也奈何他不得。到三十二年②只好投诉于县府，由公安局派来了几名带枪的警察，向赵老爷坐催，赵才偿付他历年积欠的各份钱和谷。

然而在腐化的官僚政治下面，警察的来临并不见得要抓取法律的根据，而是基于陈老爷个人与县长以及公安局长的交情。如果陈老爷不是县绅，在县城里没有力量，县长和公安局长不见得会接受他的请求。相反的，若使赵老爷能够攀附县长，派来的警察就不会支持陈的请求，反而成为赵的保镖。

这枢纽决定在官绅的往来上，也决定在官吏与绅士的勾结上。一个领头绅士的大小，或者所能控制的范围的远近，便决定在他的传统地位与交际能力上。交际能力是多少得根据于他的传统地位的，一个曾经出仕退隐归来的绅士，就具备了比较未曾出仕的乡绅为厚的基础。谁也知道安村的陈老爷是曾经在军队里担任过上校军需处长的人，而且曾经两度在安徽任过县长。村人为了不忘他过去的显赫，一直到现在还称他做处长。陈老爷也就凭他过去的这份政治资本，活动于县内外的绅士与官僚之间。县长有时也得让他三分。好比前任呈贡县长就和他有很好的交情，陈老爷时常被请入县府，接受县长的款待，县长处理公事还得征询他的意见，而且尊他做老前辈。如果本村出了什么事，只消陈老爷向县长去一封信，便可以发生很大的力量。

安村的人都喜欢说陈老爷的势力大，势力的测量就在他认识许多的现任政府官吏。在村人的眼光里，陈是一个善于交际的人。一个上级官吏到了陈的家里，他可以毫不吝啬地殷勤款待，美国烟、清炖鸡，从大多数衣食不周的农民的生活程度来作一比较，又何啻天府地狱之分。水利局长、县长、合作金库主任，都曾经作过陈老爷的座上宾。更难得的是三十六

---

① 1940 年。
② 1943 年。

年①三月初旬，云南省建设厅长坐着小汽车，到安村来参观陈老爷所主办的抽水机。

这件事情曾经轰动了远近，一个建设厅长，抵得上前清的一个制台，居然肯亲身下乡来，这不但是全村人的"光荣"，也是陈老爷的大面子。可是安村同学会，这些年轻的小伙子，偏偏不感到荣幸，反而在厅长走后，出版了一份壁报，张贴通街，里面全是攻击领头绅士的文字。壁报贴出后，陈老爷一气溜去昆明，留下他的大儿子在村里，与同学会办交涉。四月二十日的下午，陈大公子约集了水利社的几位重要职员，和现任民政厅主任秘书秦老爷的堂兄弟秦三爷，把同学会主持人叫到保公所。盘问一番之后，秦三爷挺身而出，提高嗓子，作了如下的教训：

> 你们这些人乳臭未干，就要谈什么改革，试问除了处长外，谁还有能力把建设厅长请到村里来！现在我就和你们打赌，如果你们中间有谁能够把县长请到村里来，我请你们吃鱼翅席；你们出去，若是做不到秦秘书的位置，将来村子里面的人不愿见你们！

秦三爷说完了话，理直气壮地站在旁边。同学会的负责人虽然心里又气又好笑，可是估量了一下对方，不敢当面顶撞，只好默默地退出来。

从这件具体的事实里，我们也可以看出：绅士们的眼睛如何望着高位显赫的政府官吏，是羡慕，是逢迎，希望得到他们的宠幸与支持。

二　相互利益的维持

官绅的往来不只是绅权得到政府权力的支持，使绅士得到利益。另一方面，政府官吏也可得到绅士的帮助，官绅勾结的关系是相互利益的获得与维持。

一个县长的成功与失败，关键就决定在他能否与绅士合作上面，因为每一个重要绅士都有他的政治后台，也就是有支持在绅士后面的政府官吏。好比陈老爷的后台就是民政厅的主任秘书，县长是不敢得罪这位顶头上司的。一个结怨于绅士或者不尊重绅士利益的县长，尽管他如何政简民

---

① 　1947 年。

轻，得到农民的喜欢，到头来终究要被绅士推翻，临走还得送他个贪官的罪名。相反的，若使他能够讨好于绅士，枉断错置，冤狱重重，受欺侮的只是农民，获利的是绅士，他就会大被绅士捧场，临走时城门上还留下一块去思碑，这碑文就是出于大绅士的手笔！

谁也知道四年前卸任的呈贡前任李县长，曾经在任内督修过一个飞机场，县长狠捞了一笔大钱，这捞钱的方法就是官绅合作的成绩。合作的方法是这样：政府决定在河村附近募工承修机场，每人有一定的工资，李县长成了"包头"，通过绅士的承诺与赞助，县长下令各保摊出一定的夫额，义务劳动，没有工资，应得的工资由县长大部分独吞，留下一份交与这些赞助的绅士。

李县长身边最亲信的绅士有好几位，陈老爷便是其中的一个。另一个是住在县城里面的张老爷。张是一个卸任的营长，城里人都喊他做张官。当李县长在任时，张官是时常出进衙门的。得到了县长的支持，张官在县城里的势力也就很大。他结集了一批流氓土劣，城里的人遇着他都得退让三分。大家都知道张官没有产业，可是近年却忽然发了大财，在城里建了洋房，手头非常阔绰，钱的来源是不必问的。毫无疑问，前任李县长纵容张官，显然是可以从张那儿得到些孝敬与帮忙。

一件更著名的绅士帮助县长的例子是现任×县长的一段艰险经历，事实的经过是这样：抗战期间，密迩昆明的呈贡县是军事上的一个重要防守地区，也因为飞机场的修建，需要强大的武力维持，中央军队驻防总数在一个师人以上。呈贡是云南著名的水果产区，梨桃之类特别香甜可口，果园所占的面积很大，也是一部分农民的生命线。可是这些驻防的中央军，在水果快要成熟时，往往成群去果园强行摘取，不付偿值，或者拦路低价强购。呈贡县长接受了人民的投诉，把违法的中央军拘捕处罚过好几次，这就使得驻军对县长产生了憎恨。民国三十四①年十月，云南省政府忽然改组，这改组是中央政权与省地方政权斗法的结果，地方政权被摧毁了。地方系统首领的省主席龙云下了台，代替他的是中央系统的李宗黄。于是中央驻军就借这个机会开始了报复的行动，在这个时期打进县政府，将县长逮捕，加上一个反抗中央的罪名，羁押在省政府的看守所里。

这是一个巨变，在县长被捕后的那几天，县政府就被中央军"占领"。

① 1945 年。

他们威胁着县长的眷属，索取钱银，职员星散，没有人敢来办公！

然而事实证明县长并没有在新主席上台时反抗中央，就只需要有人出来申述。结果在县参议会的士绅集议了，他们决定选派副议长和几位议员进城，去向李代主席说明原委，结果县长就被释放回来。

三　官绅的冲突

然而官绅的冲突还是存在的，因为绅权的强大就分去了一部分政府权力，使县长在推行他的公务时感到棘手。我们总可以在县城内官署学校的墙壁上看到"打倒土豪劣绅"的大字标语，这标语的张贴曾经成为执权的国民党的重要宣传工作之一。

在劣绅横行的今日，一个县官若使曲予纵容，胡作妄为，虽然他自己可以从中得到利益，可是由于绅士阶层内部的矛盾与冲突，有一天县长支持了甲绅士，使甲的政敌乙绅士家受了损失，或者占不了便宜，争权夺利的纠纷很可能牵连到县长，凭着他的政治后台，他也敢于去省城控诉县长于上级官署之前。

若使县长贪污的劣行被公开，这就影响到政府的威信，上级官署虽则往往受过县长的贿赂，县长是他卵翼之下的下属；在这种情形下，上级官署也不敢公然袒护，只好责怪县长自己处理不善，人事不宜，斟酌情节的轻重，控诉对方来头的大小，暗中的关照可以不惩罚贪污罪行，县长被调了差甚至革职。

这么样，一个县长的贪污也得有自动的约制，这约制便是他不能做得太明显。衙门里的陋规，好比呈贡县的升斗捐向来归县官收进了私囊，吃缺也是一件公开的秘密，这些都不算贪污。若是一个县长明白的支持了劣绅，他可能发生不名誉的后果。呈贡县的前任县长便是以贪污被控调往玉溪，最近又在玉溪被控改调宣威，虽然他的黄金白银可以盈箱累匮，可是这位县长的贪污也便出了名。

于是，一个比较稳重的县长，他得顾及自己的声誉，不预备再在地方图谋太多的私利，他可以和某些劣绅采取不合作的态度，限制劣绅的权力，从而产生官吏与绅士的冲突，只要他自己没有太显著的贪污罪行，还可以在不和谐的气氛中勉安斯位。

呈贡县的现任×县长是县民公认的一位清官，我曾经在河安二村访问过许多农民，他们对于县长都有很好的批评。据我所知：这位县长没有显著的贪污劣迹，具体的表现是见之他对劣绅不采取积极支持的态度上面。

安村的陈老爷就一直与县长没有很好的交情，近些年来，陈与县长的感情就相处得更坏，暗中的冲突非常厉害。陈老爷在我的面前时常想攻击县长，他说："×县长真是一位泥县长，不替地方做事！"我知道他这几句话的弦外之音。另一方面：县长也率直地告诉我陈是一个滥人，他承认对陈只是敷衍，不愿支持陈的要求。好比安村的水利合作社每年举行的重要集会上，许多上级官吏都被请到场，县长就曾经被邀请而没有到。陈老爷有什么事情托请县长，县长往往采取敷衍的态度，照例很客气地把他送出县署大门。

最明显的例子是×县长对张营长的态度，他并没有继续前任纵容的作风。张官不能够再随意出进于县府了。他失去了县长的支持，地位也就一落千丈！在呈贡县城不能立足，后来索性卖掉了新建的洋房，举家迁去了昆明。

可是在现行的官僚政治下，×县长虽然不积极支持劣绅，却也不敢损害劣绅的利益，他对于劣绅是无为的。他很感慨地告诉我："要和这些劣绅算账，他的手里是有真凭实据的，只消一个礼拜便可算清楚，可是有谁敢得罪他们呢？得罪他们连自己也保不住！"

我知道×县长的内心是寂寞而痛苦的，他没有贪污得来许多的钱，因此就没有钱孝敬上司，或者多作一些交际上的应酬工作。他的性格也有几分孤独，他做了八年县长，一直到现在没有升迁过，这显然不是他的过错，而是不能适应升官的标准。他告诉我与他同时候出身的人，有的贪污发了大财，现在升了专员；有的加入了政党内的某一系，现在升了立委。他很想写出心中的积郁，揭露一些官场的黑暗。现在他成天蜷缩在县政府里，灰心于一切的工作，他随时都想下台，问题是下台后如何安顿他的家室！

最近昆明传来的消息，×县长果然调了差，罪名是"思想左倾"。这个可以称得上清官的×县长，在今天县长贪污成风被人另眼相看的时候，我有点为他叫屈！

公家与会牌

——四十年代云南呈贡县村落基层组织调查*

说明：中国近代农村社会基层组织中，普遍存在着以血缘共同体为基础的宗族组织，这种以一家一姓为核心的宗族组织，相当长时期内对中国农村社会生活起着极为重要的影响。但是，1945～1947年，笔者在云南呈贡县从事基层地方权力结构调查时却发现，在该县的河村与安村，由于包括不同的姓氏，不存在以村落为单位的宗族或家族组织，取而代之的是公家与会牌一类的基层组织。公家与会牌有着严密的组织体系和规约，在河村和安村的社会生活中起着举足轻重的作用，值得注意和研究。今将当时的社会调查整理后发表，供社会史研究者参考。该文作于1948年。

在云南省呈贡县，无论是龙街乡的大河口村（以下简称河村），还是中卫乡的安江村（以下简称安村）[①]，由于居民分属不同的姓氏，不存在以村落为单位的统一宗族组织，因此出现了公家与会牌一类的基层组织。以安村来说，会牌原来只有牌，后来才发展成为会。所谓"会"，原本是个体家庭遇有婚丧喜庆，由参加者会合在一起的集款组织，用以解决经济方面的急需。在1945～1947年我们调查期间，全村共分成十个会，这就是大村八会与小村二会。大村八会分别被称为土主庙、地藏寺、龙王寺、五谷寺、关圣宫、观音寺、大佛寺、清真寺。不言而喻，除清真寺为回族居民参与的组织之外，其余七会分别以佛教某个教派有关的名目命名。小村二会即大围、洪山为一会，大、小河尾与郎家尾为一会。根据清嘉庆八年

* 本文写于1948年，原载1999年《近代史资料》97号，后收入胡庆钧《汉村与苗乡——从20世纪前期滇东汉村与川南苗乡看传统中国》一书（天津古籍出版社，2006）。

① 大河口村在滇池东侧呈贡城郊，安江村在滇池西南，现属晋宁县。——原注

（1803 年）《经会牌公产》碑刻的记载：乾隆五十九年（1794 年）就有大村八寺的名目，表明八寺至少建立在这一时间以前。小村二会成立的年代则在同治、光绪年间。据调查，同治十年（1871 年）已经有了郎家尾村，光绪十年（1884 年）以后才有洪山村。表明小村还没有来得及像大村那样采用某派佛教或回教有关的名目，因而只得沿用本来的名称。

一 发展过程

在会牌发展的过程中，一些已建立会的组织由于人户增加，又进一步分牌。如大村八会中，土主庙、龙王寺、关圣宫各拥有七八十户，分别分为四牌。而户数远远超过上述数字的地藏寺分为三大牌，每一大牌下面又分为三小牌。自然，不是所有的会都有必要分牌，如大佛寺、五谷寺各只有三十余户，观音寺、清真寺各只有二十余户，都没有分牌。

由于各会的户数多少不一，它们所处的地位不是完全平等的。如 1944 年大公家召集的一次全村各会代表会议中，只有二十余户的清真寺会代表便有"只尽义务而没有多少权利"的感叹。

大村八会均有各自的集会活动期即会期。以被称为上半村的四会来说，除清真寺会自有其特点即每年把斋一个月外，地藏寺的会期为每年农历三月二十八，大佛寺为四月初八，土主庙为九月初三。而被称为下半村四会的会期是：观音寺为二月十九，龙王寺为三月十五，关圣宫为五月十三，五谷寺为五月二十六日。至于清真寺的把斋，则是逢到斋月时，全会各户回族群众每日清晨二至四时吃早饭，夜晚七时吃晚饭，白天不吃饭。其间每日要到清真寺礼拜五次。把斋的意义在于追悼先人。

在这种情况下，安村的公家与会牌形成以村落为单位的传统地方权力结构。这就是在会牌之上形成为主管全村公众事务的大公家组织。按照这种权力结构的定制，在大公家的统属下设立两名乡约。即将大村上半村四会与下半村四会分成两组，每年两组各推出一名乡约，也就是各会每隔四年应推出一名乡约，小村二会不推。而分牌的会这项推选工作便落到牌上，不分牌的会落到会上，最后实际上按门户轮流。

乡约除主管全村一切事务外，还要承担两项任务：一是上粮，亦即完粮纳税；二是伕役，包括修沟补路与差徭役。所谓修沟补路，就是修建通往滇池号称海沟的沟渠时要征用民伕。办法是先期丈量出所修沟渠长度，然后按会分派所应承担段距,再在会内按户平均摊派。以后再发展为各户按产业多少分甲、乙、丙、丁四等摊派,丁等一伏等于甲等四伏,意即产业多者多派,产业少者少派。所谓差徭,就是遇有"大人"亦即政府官吏过境,要提供伙役为其服务。全村的两名乡约,一个留在地方招呼,一个常去呈贡县城打听,遇有差徭赶回村连夜派伏。据说直到光绪十年(1884年),才由云南省城的"抚台"即巡抚潘鼎新下令取消这项差徭,自然这并不意味着其他差徭的豁免或者革除。

乡约承担差徭需有各项支出。虽然大宗款项的支出乡约可按户摊派,小项开支便得另外想法贴补。除小村二会没有公产也不派充乡约外,在大村八会,一般分牌的会以牌上公产贴补,不分牌的会则以会上公产贴补。此外乡约还有杂项开支要另加津贴。按照规定,海宝山地面虽归私人所有,每年所产茅草却归公作为乡约津贴。外加每年给予二千小钱作为个人津贴,可用以购米四斗。

在传统的基层地方权力结构中,公家与会牌的组织并未完全定形,与安村在大公家下面分成会牌或会下无牌并在乡约下设有管事协助处理事务不同,河村就不是在大公家下面分成会牌,而是以大公家与小公家并立,分设有大管事与小管事,他们各自会同乡约履行着不同的职能。除大公家的大管事协助乡约处理全村事务外,在小公家下面,则分成头、二、三、四共四个会,并由小管事负责管理会上事务,会下不再分牌。此外,河村的会也不一定有固定的会址,如二会便没有会址,每遇开会便在本村茶馆举行。

二 公产

作为基层地方权力结构的安村,大村八会各自占有部分田地,作为自己的公产。其中,有的会公产较多,如最大的地藏寺与土主庙各有公产二百余工(每工约相当0.88市亩),最小的清真寺只有公产八十余工。这些公产有的包括会下分牌的部分,如土主庙就是这样。此外,大公家也有四百亩左右的公产。总计全村共有八九百亩的公产。

公产最初主要来源于各路的冲积田,这是与位于滇池边缘、各河注入滇池入口处的逐渐淤积以及湖面日益缩小紧密联系在一起的。

在安村大佛寺,乾隆四十一年(1776年)立下的一块石碑有如下的

记载:

> 需广学立户绅士乡耆为请照勒石永远遵守事。
>
> 安江公田总记:安江呈贡县一隅,义学本有曾公祥设立于本村之大佛寺,……但□□四十余里,伕役来往,不无拮据,合村捐款,制买淤泥河尾,报垦请照,分于九寺收息。前有不敷粮额,官为代纳者,请查明抵消之。随于梁王河尾之荒滩.请领二十亩,遵照官分,九寺赔补垦种。至于所征之田粮数,一柱分为九柱,未免输纳不均。
>
> 父老绅士公议:淤泥河尾,梁王河尾,所垦粮数,照每寺轮护之年,公共戛为完纳。学田一柱,仍归义学上纳。合勺收升之弊既除,倬食德者知有小利。
>
> 乾隆四十一年新正上浣

上面的记载,是借义学的创设,说明安村的淤泥河与梁王河都各有冲积田,淤泥河尾的冲积田未载明亩数,梁王河尾的荒滩亦即冲积田则载明二十亩。碑文中所说淤泥河尾,报垦请照,分于九寺收息;梁王河尾所垦粮数,照每寺轮护之年,公共戛为完纳,说明两地冲积田都已收为公产。至于碑文中所说的九寺,是在前述八寺之外加上玉皇阁,但是通常所指的大村八会不包括玉皇阁。

公产的次要来源在于私人的捐献。下面的碑文就记载了这样的事实:

安江村公田碑记

> 呈贡离城三十里许,有村名曰安江,始有吴姓者居之,又名大吴垒。元初隶呈贡千户所,及至元中置归化县,而吴垒附焉。至康熙圣主登极之七年,裁归化并于呈贡,而呈贡之差徭派及安江,自此始矣。且呈贡路当孔道,差徭分为十门,安江应归化北门差徭之事。……当盛明之时,人户殷盛。……雇请贫者,则负载担当。……头人之苛索,势所不免。有僧海润者,本村玉皇阁住持僧,为村人纪氏子,目睹其事,而极知其弊,心殊悯焉。于是谋及村中绅士耆老共议,春则酿其麦,冬则酿其稻,遇可籴之时,出而粜之焉,易银生息,收而藏诸。如是者数岁,积□得白金五十两,置买公田一分,秋粮一斗五升,尽□公田。……每岁租粒,除纳粮条公□外,剩者作阖村差徭之

费，可谓盛举矣。盖自此之后，村人之安居者，斯无骚扰之公差、科索之头人。……

呈贡县正堂加三级□□□撰文

所有田粮，并录于后：

一、阎村备价银五十两，置得曹扬田一分，秋粮一斗五升。

二、原有陈会安置办二斗田，辟淤出荒田壹分，村人培置，尽作门差公田。

三、公粮豆麦，积得银三十六两，借村人，按月行利二分收息，以应门差。

四、募化海宝山园林坟茔草木，得银十九两，已借村人，照前行利。

五、曹扬于康熙六十一年六月二十六施田一段，……永免门差，任其培植。

雍正八年立

上引碑文表明：玉皇阁住持僧纪氏子置得的曹扬田一分，秋粮一斗五升，加上陈会安置办的二斗田，辟淤出荒田壹分，这时都移作公田，以应门差之费。这就不只是前引碑文所载的冲积田作为公田，还加上了私人的捐献。

公产的第三项来源是绝户田的归公。按照父系继承的传统，田产称为祖业，只能由父系尊亲属按父死子继的原则给卑亲属。绝户就是在直系卑亲属中没有合法的男性继承人，有女无子者均是绝户。因为女儿要嫁给外姓，没有在本姓内继承父系田产的权利，传给女儿就意味着田归外姓，因而要受到族人的干涉。在安村大佛寺，清乾隆二十八年（1763 年）立下的石碑记载了如下的事实：

绝户田壹分，坐落清水河边，秋粮三石二斗，无人顶应，因而分归各寺输纳，世代相沿。其田下水道，阎村士庶共为。壅冲沙滩渐出，于乾隆二十八年报垦田二十八亩……仍归本村九寺常住输纳。

这里记下的是一份绝户田归入各寺，实即收归全村大公家公产的事实。所说的这份田下水道范围内冲出的沙滩，表明滇池水位日益下降淤积

067

地递增的事实，因而在乾隆二十八年得以报垦二十八亩。

在安村城隍庙，另有一块光绪十年（1884 年）立下的石碑记载了如下的事实：

邑始于元代，而庙盖于明初。自吴垄祈官设而庙斯有焉。曾与地藏寺以红山产业发生争执，后与九会绅耆踏勘立石。

施主王　施松山一块　施田壹分七合　银陆两　田壹坵四升
壹坵一斗　海肥一百五十索　三两　一坵粮一升
六两　山一分　豆升四合　垦田一分　二亩五分
九升八合三勺　田一分九斗　田五分　山地一坵
五升八合

光绪十年立

这里记下的是另一份绝户产业归入会牌的事实。所说的施主王即绝嗣户。归牌亦即归入城隍庙会的某牌。这里列举了归牌产业的若干项目。它与前面一份绝户田归入大公家不同。至于为什么归牌，上述碑文提到一种情况，就是有的绝户亲属之人来争立嗣，小公家无力压住，遂将此产归入大公家。但这份绝户产业归牌时没有发生这种情况，城隍庙也不在大村八会的范围。

除冲积田、捐献田与绝户田之外，公产还有其他的来源。按照嘉庆八年（1803 年）的碑记，安村还有如下项目的公产，这就是前面曾经提及的经会牌公产：

乾隆五十九年阖村士庶重集款，公产列后：
一、经会田三工。
二、原有秧田一分。
三、买得李姓田。
四、捌寺每寺借过会内钱三十千文，每寺每年纳租米三斗。
五、社长田壹坵，计五工，又壹坵二工半。此二柱田原系贴补社长，日后社长复兴，仍旧归还。
六、魏家沟塘一个，归入经。
所有捐积功德钱文，赎回合村公田一坵，价三十九两；又赎回一坦，价七两五钱。

嘉庆八年 岁任癸亥正月立

上引碑文，表明清嘉庆年间安村公产有不同的名目。其中经会田、原有秧田、社长田以及赎回合村公田，应包括本村原来几种不同来源的公产。另外还有买得李姓田以及归入经的魏家沟塘，当系原有私产新归入公的部分。表明直到嘉庆年间，公产仍有进一步的扩大。

虽然嘉庆年间的一碑文列举了安村这样一些公产，到了清朝末年与民国初年，公家与会牌的公产却处在日益支绌的局面，只得依靠典当或出卖公田予以解决。如 1946 年修建学校需资，计无所出，大公家只得典当田地一部分。各会因为开支增加，四十年代以来都在卖田。在拥有公产的大村八会中，卖得最多的是五谷寺与龙王寺。即使卖得最少的土主庙，也卖掉了十多工田地。

尽管清末民初以来公产不断出卖，新入会者的捐献却使公产不断有所补充。凡属新从外村迁入本村的人，如不加入某个会牌，大家不会认他是本村人，并且加入某个会牌后就不能更换。那些新入会牌的人，照列先要捐献田地给公家，即一般每户捐献七工田地。有关事宜应与准备加入某个会牌的负责人商议，具体问题可以讨价还价。由于会牌组织并非严密，有的地方新迁入户为了逃避责任，也可以不加入。如河村有个龚铁匠一户便是如此。

三　职能

拥有公产的大公家与会牌履行着一定的职能。这就是对当地群众来说，要承办教育、水利建设及一切所谓"地方自治"事项；对上级政府来说，则要承办田赋、兵役等一类负担。这种职能主要通过乡约所承担的任务予以体现。乡约之外设有管事。当时的乡约会同管事主办一切。对当地群众来说，教育以及水利建设摆在突出重要的地位。据 1945 年制定的《呈贡县安江镇水利生产合作社业务计划书》所述：位于"东有梁王山"的安村，"根据本村下层螺丝壳之研究，若干年前仍属海底，乃逐渐淤积而成之。其层厚亦不过三数尺，极易漏水，又乏堰塘设置。平时既不能加以蓄水，预防万一。一旦天久不雨，万亩田地，则无法耕种"。在这种情况下，民国二年（1913 年）本村缙绅秦梓繁，就发起筹组"水龙公司"，拟以招股的方式购置抽水机，从滇池抽水灌溉本村田地。后来感到"以公司组织办理地方水利，性质不合，难期进展"，民国二十七年（1938 年）被称为"陈处长"的陈吉庭"退休返梓"，会同有关方面，于三十年（1941 年）将水龙公司改组为水利生产合作社，并按照计划，于原有两部抽水机之外，再添置七十五匹马力及三十五匹马力抽水机各一部，"前者装置于机房，后者则轮流转水，提高水位，如此则业务区域内不感乏水之虞"。

此外，在业务计划书内列举了堰塘、分水沟、闸坝涵洞之建筑，森林之培置，技术人员之培养诸项。

安村重视教育已有相当长时期的历史，前述清乾隆四十一年所立之碑刻，就有本村绅士乡耆为"广学立户"请照勒石。清光绪三十三年（1907 年），在本村绅士秦梓繁主持下开办高小与初小两级学校，至 1947 年已有四十一年的历史。上述水利生产合作社的业务计划书，也列出合作教育之推进一项，内称拟于五个年度农闲之期，分别举办讲习会各一期，每天二小时，以一个月为度；同时拟于民国三十六年（1947 年）举办小学一所，暂收学生五十名，三十七年再收十名。虽当时尚在筹办之中。可以概见教育在人民心目中的地位。然而本村农民，至少须有三十工亩田地以上的产业，别无嗜好，才有可能送子弟一名继小学毕业后去昆明上中学。至于衣食不周的贫苦农民，教育只是难以充饥的画饼。

在公家与会牌履行的职能中，对上级政府来说，最为重要的首先是承办田赋亦即向人民征派钱粮，这是公家与会牌最沉重的负担。民国二十四年（1935 年）征收县级公粮，安村所在的中卫乡就须缴付谷子五百石，按时价约合三百万元。当时谷未收齐。到四个月后上交时，竟须付出七百四十万元即外加四百四十万元的利息。民国三十五年（1946 年）二月，为请求政府减免钱粮一项，由安村领头绅士陈吉庭出面招待前往省城昆明请愿的县绅十余人及省田赋处有关人士，向昆明某金铺借现款一百二十五万元，拖欠至当年十一月归还时，本息即达三百万元之多。

在对上级政府承办的负担中，最受群众怨恨的是兵役的征派，由此激发的矛盾也最尖锐。以龙街乡河村的腰湾、黄家庄、山尾巴三小村为例，1937 年抗日战争开始后，腰湾、山尾巴各已出丁二十名，黄家庄则仅出七名，因此发生争执，议定抽签解决。结果黄家庄中签，理应出丁。然而该村代表人李某因曾任乡长，家资富有，买通关系，以老弱加以搪塞，未能合格，时腰湾村民杨小村当场揭露，说李某的儿子、侄子均合格，理应服兵役，遭李怨恨，竟而暗中约人开会，阴谋将杨弄死。

安村于 1915 年成立了乡规会，由本村绅士秦梓繁、秦凤池、张大池与水利生产合作社一道发起，目的为调解地方一切是非口角。遇有典当田产，均须加盖乡规会会章，否则无效。而由乡规会分别按所得百分之零点五与百分之一收费，以用作地方公益事项。这就缓解了乡约与管事在这方面的负担。在这种情况下，一段时期内维持着较好的村风。加之会上有公产，每年除粮草派款外，如有剩余，就用来贴补会众，保持着敬重长辈，瓜熟送瓜、果熟送果的传统。及至 1938 年抗日战争开始以后，随着云南的日趋开放，村风也有重大的改变，有事送礼、无事不管的风气也日益流行。

四 绅士的权力

在考察呈贡基层地方权力结构的过程中，必须注意考察隐藏在公职人员即乡约、管事之后的权力。这就是绅士的权力。过去凡地方一切征粮、派款、伕役都不会找到他们头上，而地方一切权力却由他们掌握。比如安村绅士陈处长，就是这样一个在当地很有势力的人物。

陈处长曾经在滇军队里担任过上校军需处长，他的社会关系较广。如安村兴办水利时曾通过陈处长向县合作社毕经理贷款，后来又由陈致函请求缓期偿还，极大地缓解了安村在经济上筹措的困难。又如陈处长和当时呈贡县的县长倪之桢也有往来，为了杜绝安村三百余人抽大烟每月九百余万元的耗费，陈曾致函倪县长请予严禁，但格于当时社会恶势力的滋长，县长束手无策。尽管禁烟一事未成功，陈却因此使自己获得了公正的名声。

安村一切大小公事都须取决于陈，这充分体现了陈卸任回乡作绅士后的活动能量。陈曾对笔者自陈本村之人好赌，他在闻到风声后，亲自出面抓赌，1945～1947 年笔者来村调查期间已予以禁绝。

在安村，从清咸丰至光绪年间声势最为显赫的绅士还是马军门父子。父亲马军门本名忠，字培芝，生于清嘉庆二十五年（1820 年），死于光绪二十一年（1895 年）。有兄弟三人，本人居长。当时家境匮乏，全家只有十二工田地。马忠本人自幼未读过多少书，至三十多岁时，曾参加当地哥老会，为太岁。马忠有六个儿子。长子幼年早逝，次子马柱后来成为二军门。

1856 年，杜文秀率众在蒙化起义后，活跃于云南西部，攻克大理，旗帜尚白，宣布遥奉太平天国号令。马忠所在的呈贡虽地属东部，也深受杜文秀影响。马忠本人于同治元年（1862 年）左右到海口，召集了一些回民，与马如龙（原名马宪）一道打着白旗，成为杜文秀部，并与马榕联合，杀了被称为"老爷爷"的回族教主。当时"老爷爷"被汉人请去保省城，马忠曾隶于其下，随同前往。时值形势的发展不利于起义军，马忠阴谋背叛，指使他的第二子马柱伺机进入"老爷爷"卧室，（当时此人正睡在床上，呼之不应）马柱拔出床边利刃直刺其胸腹，老爷爷立时气绝。衙内大乱，马柱趁机逃出，将砍得的头颅送至清军邀功。及至杜文秀于同治六年（1867 年）率众围攻昆明，马忠已与马如龙联合，改打黄旗，向清军投降，到代理云南布政使岑毓英麾下，成为参将，与杜部展开战斗。当杜文秀于同治十二年（1873 年）失败，在大理被杀后，马忠以参与平回有功，被授予鹤丽镇总兵。

光绪年间，马忠又到洱镇办了傣族刀土司的案子。当时刀土司辖有云南南部思茅、普洱等地，号称九江王。当土司去世时，其弟陆顺篡夺乃兄本应传与其子的职位。马忠及时将陆顺诱杀，稳定了当地的局势。

在安村人的传说中，马军门的权势最为突出地表现在两件事上。第一是少报钱粮。光绪十二年（1886 年），地方举办田地清丈。当上级政府派来的清丈员到达安村时，马军门传出话说："你们要好好的丈量，否则我要扎了你们的猪脚！"清丈员害怕了，清丈工作做得很马虎。比如本为三亩田只报作二亩，本为上熟田，报作新垦田（按：当时规定新垦田无粮）。从光绪十二年至民国二十一年（1932 年）再次清丈前，安村田粮只有八十多石谷子。外村如中卫乡广济村，亩数只有安村的一半，却需缴纳九十多石谷子。1932 年再次清丈得到纠正之后，广济村的田粮只有安村的一半。第二是修建玉皇阁。在云南回民起义期间，安村玉皇阁于咸丰七年（1857年）被毁，迄未修复。到了马军门声势鼎盛的时候，他命人到晋宁地界的淤泥河西岸砍下柏树数百株，由当地自行送来，分文未付；而玉皇阁旁侧小阁所用的白果树材，则系自玉溪强夺来的旧料，只稍加油漆。可是同治十三年（1874 年）玉皇阁修复后，其旁新立下一块石碑，公然载明马忠父子在重修玉皇阁中曾经捐助了二千四百两银子，实际只是他曾经命人强伐了晋宁地界的数百株柏树并夺取了别人的白果树料。

马军门还从多方面显示自己的权势和富有。每年阴历正月十六，他命人在村里扎了许多形形色色的花灯，并将自己家里值钱的东西公开陈列，任人参观；凡前往其家者，都以松子、糖果招待。

尽管马军门如此作威作福，子女却多不肖，爱抽大烟。他们任意挥霍，把家产卖光，到了1946年，其后人已完全破产。

附：

呈贡县安江镇水利生产合作社业务计划书
（一九四六至一九五〇年）

（一）绪言

本村形势之恶劣，于第一次五年计划中，已经分别详述。根据本村下层螺丝壳之研究，若干年前仍属海底，乃逐渐淤积而成之。其层原亦不过三数尺，极易漏水，又乏堰塘设置。平时既不能加以蓄水，预防万一。一旦天久不雨，万亩田地，则无法耕种。东有梁王山、有梁王河过本境。因河流狭小，不足以导其水源。每遇山洪暴发，全村极时竟成泽国，如同秋风落叶，一扫尽尽。为害于本村者，莫如以上述两者为尤甚。民二缙绅秦公梓繁有见及此，特发起筹组水龙公司，藉资灌溉。赵兰浦、秦凤池诸先生负责经营，多年辛苦，终以技术不曾得入，几致失败。民国九年，陈吉庭、余明、张道生诸人商请秦公梓繁同意，另聘工程师招增新股，重事修改。民十一年始沾水利之效。但以公司组织办理地方水利性质不合，难期进展，江河日下，几于破产。民二十七年，陈吉庭先生退休返梓，睹此惨状，如不改进，难望奏功。乃于三十年商同前社会部合作事业管理局呈贡实验区，将水龙公司改组为本社。并得省库杨经理之协助，与各同仁惨淡经营，始有今日之基础也。本社自成立以来，迄今已届五年。对于一切设施，已粗具规模。因数年来遭受物价波动，预计应举办事业，如纺织厂、子弟学校、医药卫生等等，均不能如愿实施。兹就实际情形，以及今后工作推进顺利效率起见，再拟定五年计划（一九四六年至一九五〇年）而为事业之目标。

（二）业务区域之扩充

本社原定业务区域，为安江、古城、腰湾三村、大围、郎家尾。第一、二年因采办海口煤炭，其质过劣，每开水三五小时即需停止，排除煤渣。不惟浪费时间，其水量亦微。虽有两部机器同时并用，然对原定灌溉区域内水量供给，不无遗憾之处。该两年仅灌溉四千工亩。最后二年鉴于往年复辙，数度研究，改用木柴，结果成效最大，不但水量充足，日夜可开，无须停顿。故该两年灌溉田亩，较第一、二两年几增加二分之一。

本社为今受益社员之要求，业务区域势必加以扩充，兹就实际情形将进度表列于后。

灌溉区域五年进度表

旧有数	一九四六年			一九四七年			一九四八年			一九四九年			一九五〇年			备考
	增加数	地点	合计	增加数	地点	合计	增加数	地点	合计	增加数	地点	合计	增加数	地点	合计	以亩计算
4100	200	仓后首	4300	600	孙家嘴	4900	400	大围	5300	1000	孙家嘴	6300	1000	三家村	7300	每亩二工

（三）抽水机之添置

原有两部抽水机，照第四年之使用，已发挥其最大效能，如业务区域再加扩充，非另添置不可。以所拟灌溉亩数，再添置七十五匹马力及三十五匹马力各一部，提高水位。如此则全业务区域内不感乏水之虞也。

（四）堰塘之修筑

业务区域内，需水之期，大致不相上下，仅靠机器，日夜源源供给，实有顾此失彼之势。不惟对受益田亩，不能预计给水；且于收获上，影响亦大。如利用蓄水池，事先储蓄水量，以便各处需水时，同时加以开放，不但纠纷可望免除，灌溉田亩亦大为增加也。截至去年止，所完成之堰塘，大小已达九处，分布于大围山、后首、腰湾官田、仓后者。其容量可供给三千余亩面积之灌溉。今业务区域，既已扩大，其蓄水池自必随之添设；拟于第一年建筑一个于九路田，第二年建筑一个于孙家嘴，第三年建筑一个于南冲河之东北岸，第四年建筑一个于郎家尾，第五年建筑一个于大围堰塘。五个又可供给三千余亩之灌溉。

（五）分水沟之建筑

分水沟已筑上下两道，依其地形已环绕各处。今后为便利灌溉计，应添分水沟。扩充业务区域内，沟道基础毫无，势必重新建筑，故其工程较大。兹就实际情况开列于后：

建筑新旧沟道进度表

年份 区域	一九四六年	一九四七年	一九四八年	一九四九年	一九五〇年
旧有区域	15 丈	15 丈	20 丈	20 丈	25 丈
扩充区域	150 丈	150 丈	250 丈	350 丈	400 丈

（六）闸坝涵洞之建筑

旧有分水沟之闸坝与涵洞。因本社应举办事项过繁，均未能如预期办理。仅建筑者有闸坝共十座（大闸两座、中、小闸二十八座）、涵洞二十五座。在此五年计划中，因旧有分水沟之延长，扩充业务区域，新沟道应筑闸坝与涵洞不下数十起。兹就各沟道所需拟定进度表列于后：

年份 区域	一九四六年		一九四七年		一九四八年		一九四九年		一九五〇年	
	闸坝	涵洞	闸坝	涵洞	闸坝	涵洞	闸坝	涵洞	闸坝	涵洞
旧有区域	4	2	3	4	5	2	1	3	2	4
扩充区域	5	3	5	4	6	7	9	5	1	4

（七）森林之培置

查本社附近虽产煤炭，其质甚劣，不堪应用。因可利用海口电力。然距离较远，又隔水面，其设备之巨，自非本社力量所能举力。根据最近两年来利用木柴，结果效力甚大，不过每年消耗数量在一百四五十万斤，以附近所有燃料木柴，亦不过仅供数年之需。今后为永久计，培植树木。实为稳固本社重要工作之一。预计每年种树尤加利一万株，五年后则五万株，每株以二百斤计，每年耗一百四五十万斤燃料，亦不过六七千株，足够应用。如此一面种植，一面砍伐，五年后则不感燃料缺乏之憾矣！

（八）技术人员之培养

本社开水期间仅两月，因属短期性质，故对于技师之聘请，最属不易。为奠定水久基础。于民国三十一年选定社员子弟陈建明、王思礼，保送中央机械厂训练，今已期满归来。该两员尚欠纯熟，本期开水后，再送他厂深造。关于技工方面之一训练，本社亦未疏忽。均采用分别方式，加以指导，俾成熟手。并随时选送社员优秀子弟，继续保送学习，俾免聘用技术人员之困难也。

（九）合作教育之推进

为灌输社员合作常识，及社员子弟读书起见，拟于五个年度农暇之期，呈请主管机关，派员协助，分别举办讲习会各一期。每天二小时，以一个月为度。由校方发给纸张笔墨及讲义。目的则使一般社员提高读书情绪，灌输一般智识，而免闲荡无事，流入歧途。关于社员子弟方面，本社早有计划，成立子弟学校二所，以供一般贫穷子弟社员有读书机会。终因局势关系，迟至于今，尚未实现。今战事已告结束，正属百业待兴之期，本社拟于三十六年举办小学一所，暂收学生五十名，三十七年再收五十名。以后三个年度，再尽量设法扩充校舍与设备，俾能使所有社员子弟，均有求学机会。在校毕业后，如成绩最佳，因家庭无力深造者，拟由本社酌给津贴，并全数供给，但其人数不得超过二十名。

（十）社员之福利

就目前情形，对于社员福利而应举办者，有两点不可迟缓，一是环境卫生及医药，二是利用农暇使其增加生产。前者本省数年来已在办理中，可惜限于人力财力，不够充实。今后对于环境卫生应先加注意，一切病痛莫不由此起。而年分四期（三月一期），务期最后一月举办清洁比赛（其办法另订之）。另外由社聘请技师一人，常川驻此，办理医务。后者本社已曾顾及，终未实现。查本社社员每逢冬暇之季，大多无所事事。本社拟采用家庭生产小手工业方式，购买棉纱及织机。每户可领一部，或二户合领一部均可（视人事多寡而定）。五日来社领纱缴布各一次。收集布后，由社方统筹运往省城或附近街场出售。所得利益，除提出少数作教育参观外，余皆按各社员织布多寡而分配。本年内可实现。容交通便利后，再设法向外购买小型机器，择定地点集中生产，使其达到可为附设工厂之目的。

苗族品质的商榷[*]

苗族是我国西南边疆的一大宗族，其主要分布地是贵州东起湘西、西至缅甸，南至越南，北至川南，亦往往有之。论其史实，学者常由《诗·角弓》的"如蛮如髦"及《书·牧誓》中的髳人髳髦相通，证为今之苗族。其后如汉之武陵蛮，六朝时之荆雍州蛮，唐宋时之蛮猫，实即元明及今诸苗瑶之祖。至今日汉人与苗族或壤地相接，或渊居杂处，同化通婚，事例俱在，而苗族文化所受汉人之影响，更为有目共睹。可惜过去汉人因格于"种族中心"的思想，复以语言风俗之不同，执政者不以推行边教为重，不能从彼族培植优秀人才。且因其简陋之生活习惯，相沿成习，养成轻视心理。复以地理上的阻隔，对其原有文化复识亦少加研究。远的且不说，即至元明清三朝，政府锐意经营西南，汉人逐渐移居腹地，在政治军事财赋上虽有莫大兴革，形成今日的规模，但于苗族之生活习惯，特别是有关人口品质方面，完全没有具体的叙述和描写，有则光怪陆离，惟恐其不荒奇异诞，动人视听，与事实相去甚远，且多辗转抄袭，陈陈相因。这一方面固因当时社会与学术思想，受空间与时间的限制，不能多所发挥；另一方面也表示一般流官疆吏，对苗情颇为隔膜，道听途说，少有实地考察调查。如有清一代，记载贵州苗族较详者，最早当为康熙时雷雯之《黔书》，及陆次云之《峒溪纤志》，前者列述贵州苗蛮三十六种，后者则范围较广，自及滇桂诸省之记载。二书所记，虽有少数系自行采辑，但泰半系兼兼明嘉靖时田汝成之《炎徼纪闻》，此书当为记载苗蛮诸族较早而详者。其后出各书，则又多以前书为本。如乾隆二十九年纂修之《大清一统志贵州统部》，所记苗蛮全系抄自《黔书》。而约当雍乾间之《黔苗图说》，所志八十二种苗蛮，亦不过就《黔书》扩大，此后乾隆初年之《贵州通志》、

---

* 原载《自由论坛》1944 年第二卷第五期，后收入胡庆钧《汉村与苗乡——从 20 世纪前期滇东汉村与川南苗乡看传统中国》一书（天津古籍出版社，2006）。

《檀萃之说蛮》，道光时李宗昉之《黔记》，及罗绕典之《黔南职方记略》，均各辟专章，记苗蛮事，而皆与《黔苗图说》大同小异。如《黔苗图说》记西苗有谓："性情质朴，畏法少讼。"《贵州通志》与《黔南职方记略》均作："性情质实，畏法少争讼。"但《黔记》则改作："性情朴实，畏法不讼。"由少讼变为不讼，似无若何理由，但已失去原记之真实性。又如《黔苗图说》记鸦雀苗云：

> 鸦雀苗在贵阳府属，女子白布镶胸前及两膀，裙亦如之，故名鸦雀。居高山种杂粮为食，亲死择山顶为吉，语似雀音，缘事在官，惟听乡耆评之。

此记《贵州通志》缺，《黔南职方记略》所述亦简，惟《黔记》则云：

> 鸦雀苗在贵阳属，女子以白布镶胸袖裙边。最喜居山，种粮为食。亲死择高山为佳壤，其言语似雀声，故名鸦雀苗也。有事时在官，惟听乡老之言。

由行文的语气，我们可以完全看出，这一条是以前条为蓝本的。这类抄袭的例子很多，我们不必一一举述。但自己既未增加材料，又不便一字不遗地照录，总得换换新花样，谁知一不当心倒走了样。于是"镶胸前及两膀，裙亦如之"走成了"镶胸袖裙边"。原来的取名鸦雀是因其服饰，雀音并不一定是指鸦雀，这里却自出心裁，认为所称鸦雀是因其言语了。笔者在叙永也曾调查了一种鸦雀苗，可以证明前记是实。果如《黔记》所说，则前人总称"苗语"为"鸟言"，岂不都变成鸦雀苗了吗？

但是我们要讨论苗族的品质问题，自得明白今昔之异见，而欲知前人的记载，仍不能不求诸上述各书。诸书中《黔苗图说》既能采撷前书之要，又为后来各书所本。且原书为写本，附有彩图，阅者自能获得较明确之概念，故可以为代表。惟原书之"苗"系从广义，包括今日之台掸、藏缅、苗瑶三系。这里仅就其中之纯苗族，摘取有关品质部分，表列如下：

名称	品性	分布地点
花苗	性戆畏法，俗陋力勤，孟春跳月，日暮则偕所私	大定、安顺、遵义、贵阳等
青苗	性情犷悍，今亦驯良	黔西、镇宁、修文、贵筑等州县
黑苗	性悍好斗，雍正十三年禁革。孟春择地为笙场，男女跳舞为欢	都匀、八寨、丹江、镇远、清江、黎平、古州
东苗	循礼法，畏官长，急公好义	贵筑、修文、龙里、清平、清镇、广顺
夭苗	女子及笄，构竹楼野处，未婚男子吹笙诱之苟合。性情柔顺勤俭，贫而不盗，多读书应试	平越府
九股苗	地广族繁，性最悍	兴隆、凯里
紫姜苗	轻生善斗，得仇人辄生啖其肉，在平越州者，多入行伍读书考试，不识为苗	黄平州、清华县丹江厅等处
阳洞罗汉苗	日以香水沃发，最洁	黎平府
克孟牯羊苗	男女躧笙而偶，生子后方以财礼聘之	广顺州
九名九姓苗	性狡悍，多假捏姓名	独山州
爷头苗	性喜斗	贵州下游、古州一带
八寨黑苗	性剽悍，于旷野处建马郎房，至晚，未婚男女相聚欢饮	都匀府
清江黑苗	春日晴和，为携酒马岗，男女唱合，欢者饮牛角酒，暮则随而奔之	清江
黑山苗	惰耕，以掳掠为事	台拱、清江、古州之属
黑生苗	性情凶恶，访至富户所居，则持长枪镖利刃劫之。雍正十三年征服，今皆守法	清平境内
高坡苗	婚由苟合，自行择配	又名顶扳苗，平远黔西二州
葫鹿苗	性情凶恶，不务农业，聚党偷窃田谷，近亦守法	定番州等
西溪苗	未婚男女相聚戏谑，欢者约饮于旷野，影舞苟合，随而奔之	天柱县
车寨苗	未婚者择平壤之所为月场，男弦女歌，声古州，音清美，情浓者自为婚配，名曰跑月	古州
生苗	勤耕织，多野性	镇远府、台拱、凯里、黄平等处

续表

名称	品性	分布地点
黑脚苗	性犷悍，成群抢劫	清江、台拱
谷蔺苗	性剽悍，出带镖弩，诸苗皆畏	定番、广顺
红苗	性好争斗	安化、铜仁、松桃、遵义等。见《黔南职方记略》
楼居黑苗	性刚而憨	八寨、丹江。见《黔记》

以上列举纯苗二十四种，主要的材料是采自《黔苗图说》，自然，此书所记纯苗尚不止此。其中有若干未提及品质，我们便省略了。但《黔苗图说》也包括不全，如《黔书》记白苗有谓"性戆而厉"，为前者所未采。可是我们也不必搜集完全。因为如"性戆而厉"，"性悍好斗"，"性刚而戆"等字句，实际的意义是相差不多的。

其次，诸书所记材料还有若干出入，如《黔苗图说》记东苗为"循礼法，畏官长，急公好义"。《峒溪歼志》则作"性悍"。前者记西苗为"性情质朴"，后者则作"尚勇好斗"。可见此类描写并无绝对标准，阅者亦不必强同。他若湘西滇东诸苗的记载，如乾嘉时严如煜的《苗防备览》，续《云南通志》的《南蛮志》，所记亦不离"戆""犷"等字眼，这里不必一一列举。

西人方面，自一八九五年 C. Eridgman 将《黔苗图说》译成英文以后，苗族始逐渐为外人所注目，后来著述，引用本书者甚多。如 S. Williams 之 *The Middle Kingdom*，G. W. Clark 之 *Kuei-chow and Yun-nam Provinces*，及 E. et Oredus 之 *L. Empire Du Miliecu* 等书，均曾述及。此外，旅行家与传道士，在我国西南腹地实地考察，撰成报告者亦甚多。举其著者，如一八六一年 W. Ioconert 之 *On the Miaotze or Aborigines of China*，一九一一年 S. R. Clark 之 *Among the Tripes in Southwest China*，均记载详尽，影响欧洲学术界不小。并法人之著作，大多涉及迹南及云南之边族，对苗族少有叙述，兹不征引。

我们检阅清代后期西人对苗族之著述，虽较同时代国人之著作真正之民族学报告，相去甚远。如克拉克所著《中国西南部族》中云：

我们有许多理由相信，苗族是较汉人好讼的……几乎所有的争论是由土地或其妇人引起。他们承认婚姻关系的存在，但不如汉人那般观察严密。苗女人是有较多的自由，且较中国妇人为不守规矩，他们有许多婚姻都是互相爱慕的结合。

苗民中亦有当匪的，但是根据我们的判断：苗族是不难治的。他们并不是捣乱分子。若能听其自生自灭，或予以适当的处理，将不致发生任何麻烦。

在贵州所有的苗族中，黑苗是最睿智而最自信的；在许多方面，他们似乎可以与附近的汉族农民比，纵不完全相等，也近于相等。他们中间大多数的道德是低落的，其中有些不可衡量的是低于汉人。关于黑苗和花苗我们知道得最多。这或者是两个极端——黑，是最好的，西部和西北部的花苗与大花苗是最坏的。（二七页至三五页）

作者是在清平安顺一带传道的教士，他写此书时在当地已经住了二十多年，这些描写自然不能不说是事实的观察，看起来也很近情理。可是我们若细加分析：便发现作者也犯了个大毛病，便是好以苗族与汉人比，而且不自觉地站在汉人及传道士的立场来批评苗族。如说苗女人不守规矩，原文 unconventional 意即违背习俗的规定。我们不知道这里所谓的习俗是指谁的。婚前性自由本是苗族的习惯，他们照习惯行事，怎能以不守规矩目之呢。其次，作者说大多数苗族的道德是堕落的，不知作者对道德一名究作何解释，一时代有一时代的道德标准，一民族有一民族的道德标准，苗族的行为须合乎他们自己的标准，以任何其他民族的标准来比衡都是不适当的。又如视黑苗与花苗为两极端，也许因为作者在黑苗中住得很久，对他们持有好感，这种好坏的观念也是作者自己的标准，并不能描写正确的事实。美国人类学大师鲍亚士（F. Boas）说得好："吾人在初民中观察一种现象，以为其背理者，乃由我们观察未能洞达入微，在不同种族不同环境等种种条件之下，研究其心理活动显示于思想与行为者，屏除去其自己本人所有之观察与情绪，而尽可能以其所研究之人之心为心，而后才能获得正确之解释。"

自然，我们以现代民族学的观点来责备前期的作者，这是不公允的，但是我们必须指出：至少在四十年以前，所有关乎苗族的文字或报告，无论是出乎中国人或西方人的手笔，都不自觉地以文明人的身份来对待苗族。由文化落伍的表象，而怀疑到他们的品质，这是一种很自然的趋势。换句话说，大多数的作者对于苗族都有一种轻视的心理，这种心理作用显然支配着一般汉人的生活态度。至于造成这种轻视态度的原因，可得而列举者如下：

一、苗族生活态度之歧异：苗族是一个山居民族，有许多山居民族的倔强特性，这是为爱好平和的汉民族所惮畏的。故前人记载，多用"犷悍"、"愚戆"、"刚狠"等类字眼。且相形之下，苗族尤较汉人为生活散漫而不重清高，因而常使人作"五十步笑百步"的讥讽。

二、苗族社会价值标准之不同：苗族婚前性自由的习惯，是为看重贞操观念的汉人所轻视的，Spollend 在 *In Un-known China* 书中第一七一页有云："中国西部边民的性关系与汉人相去甚远，前者不重床帏和闺阃，事实上他们到了另外一个极端，男女自由交接，言谈无拘束，大批的部族混杂在一起，终归有淫僻而不道德的行为。汉人轻视边族的一个理由，是因为后者只顾实际的需要，公开的不讲道德……"前人记载中，亦常有"暮则随而奔之"，"影舞苟会"等字句，及有关跳月与马郎房的记载，字里行间，甚有卫道嘲讪之意。

三、槃弧犬种与化虎传说：明清而后，国人每以苗族概称西南边族。因此今日已可确指为瑶族传说祖先起源的槃弧故事，谓高辛氏女配其弧犬所传之后裔，过去常概指苗蛮。按此传说最早始于应劭之《风俗通义》，其后征引甚多。《后汉书·南蛮传》且进谓当时之武陵蛮，即今苗瑶之祖。宋朱辅公作《溪蛮丛笑》，赵钱序列五溪之蛮为五[①]，即猫、獞、獠、犷、犵、犵，且谓皆槃弧种，其所以皆从犭旁者，纯出轻视心理，而此项传说亦为原因之一。至所谓化虎的传说，最早当始于《淮南子·俶真篇》："昔公牛哀转病也，七日化为虎……"过去在汉人社会中亦有相当势力。但清代笔记如《谈虎》、《虎荟》诸书，每多涉及西南边族化虎之说，其中又以苗族为多，且有"变婆"之说。陈继儒《虎荟》云："贵州平越山寨苗民，有妇年可六十余，丙戌秋日入山，迷不能归，掇食山中螃蟹充饥，不觉遍体生毛，变形如野人，与虎交合……或时化为美妇，不知者近之，辄为所抱持，以爪破胸饮血，人呼为变婆。"刘锡蕃《岭表记蛮》载桂北苗民亦有"变婆"事。D. C. Craham 所谓查之川南珙县苗，与笔者调查之叙永苗，均有"男死变虎，女死变野人婆"之说。他如广南苗民有变毛之说，凡此皆荒诞不经，而苗族又皆坚信之，使相邻的汉人一则惮畏，一则

---

① 此处原文如此，但后面接着列举了六个族称，可能存在错误。

鄙薄。

四、文人学士的宣传：方志及私家著述，作者常喜舞文弄墨，把苗蛮尽量诋毁一番，才算动人视听。阅者亦不能不为之张目结舌，动魄惊心，如《炎徼纪闻》记苗有云："其俗各以其学自相沿袭，大抵惯技猜祸。绝礼让而昧彝伦！惟利所在，不顾廉耻，喜则人，怒则兽，睚眦之隙，遂至杀人！被杀之家，举族为仇，必报当而后已，否则亲戚亦断断助之，即抗到不悔。谚云：苗家仇，九世休。其言不可居解也。"

此外，类似的说法还很多，兹不征引。

五、种族中心的思想：人类社会为了区别"我群"（we group）与"他群"（they group），天然的养成轻视异族的观念和习惯，及依附着此种心理作用的制度与禁忌。今日欧洲种族武断论的造端，如"德意志民族高于一切"的观点，亦可视为满足此种心理愿望。这种"种族中心"的思想，自然存在于汉族与苗族中，发生一种互相排斥的力量。但自历经叛乱征伐之后，及文化表象的相对优劣观念，使若干苗族在与汉人接触之后，渐觉事事不如汉人，因而排汉转为畏汉，且有成为"自卑情结"的征象。

在过去，大多数作者自觉的，或者不自觉的，多少带着上述轻视苗族的心理，他们的著作自不免武断的色彩或鄙夷的成分，不合新时代之需要。自一八三九年巴黎民族学社成立，民族学说在西洋逐渐发展。清末民初，因严复郭沫若诸人之间接介绍，此学逐渐传入中国，其后正式民族学之译作渐多，国人亦有往英法诸国专攻此学者，赖彼等归国后之传播介绍，民族学乃成为吾国学术界之新兴学科之一。迄今派别众多，无论是历史重造派、功能派以至体相派，都在求以新的观点，或详尽的描写文化形态，或注重解释，因而关于苗族之调查研究，乃得别开新面。

一九〇〇年日本人鸟居龙藏旅行我国西南各省，而以贵州苗族为主要对象，成《苗族调查报告》一书。此书虽然有若干缺点，但显然成为研究苗族之划时代著作。迄至民国二十二年①，凌纯声先生等又赴湘西调查苗族，其后撰成《湘西苗族调查报告》一书，交商务印书馆出版，惜稿成而商务港厂陷敌，此书遂不得与世人相见。凌先生为我国民族学有数权威，本书之价值当可想见。二十八年②以来，大夏大学社会研究部在吴泽霖先

---

① 1933 年。

② 1939 年。

生主持之下，于贵州分区进行苗夷调查，甚有成绩。吴先生为国内社会学名家，其所撰关于苗族之短篇论文，多精辟之见解，现该部已将研究成绩，辑成《贵州苗夷社会研究》、《贵州苗夷歌谣》（陈国钧著）、《苗胞影荟》等书，由贵阳文通书局出版。川南苗族，则有华西大学西人格维汉（D. C. Craham）氏，以珙县一带苗族为主要对象，撰成《川苗的风俗》及《川苗的仪式》二文，发表于华西边疆研究学会杂志第九卷上。三十一年[①]冬，笔者亦随中央研究院芮逸夫先生前往川南叙永一带调查苗族，报告刻在整理中。而芮先生研究苗族有年，尤推此中巨擘。云南方面，则有艺专岑家梧之《嵩明花苗调查》。此外体质人类学家吴定良先生曾数度至贵州西北及西部测量苗族体质，语言学者李方桂先生及张焜先生亦曾于三十年[②]至贵州调查苗夷语言，均有珍贵之收获。

但是关于苗族品质方面，因须牵涉至遗传学、心理学、社会学、地理学诸科，范围太广，问题复杂，故诸家均抱宁缺勿滥的宗旨，鲜予讨论。本文于纠正前人之失之余，亦因材料缺乏，不能详加分析，此处仅能提出一二要点，试加解说。

人口品质可以从两个方面来讨论：一是遗传，一是环境，二者孰为重要，这是一个聚讼纷纭的问题，我们在此不能讨论。多少年来，苗族的居处简陋，文化不启，风俗习惯，多仍保持其旧，少有改革。这究竟是什么原因？要解答这个问题，先得明白苗族所处的环境。《炎徼纪闻》论苗事有云：

> 诸苗所居，必深山僻谷，生而不见外事，故其俗不移。无公家更赋之给，故其民惰。漫土无疆，果蓏虫蚁食物常足，故皆呰窳偷生，而止积聚。不通文字，绝先王礼义之教，故枝柱淫夫，与鸟兽同归，亦可悯也。

本书成于明嘉靖年间，当时西南腹地一带的汉人尚少，生齿不繁，苗族可借土地的生产力，自由取给。政府既不向他们征取田赋，亦少有其他的负担，所以当时苗族的经济情况，是能够自给自足的。但因受山地环境

---

① 1942 年。
② 1941 年。

的限制，"绝先王礼义之教"。时至今日，情形便完全不同。我们知道：云贵高原诸苗族居住地带，海拔平均在一二千公尺以上，本是地质学上所谓石灰岩的分布区域，不毛之地独多，偶然也有页岩分布，便成为梯田所在，可是土壤既薄，范围又相狭，土地利用很受限制。自过庶的汉人向西南腹地移徙，与苗族发生生存竞争，而汉人常挟其较优的生产技术与制成品，与苗族交易粉农产物，逐渐吸收苗族的农业余资，进一步攫取他们的土地权，于是苗族大多降为佃农，生计日蹙。大抵目前贵州苗族的分布区域，以东南路土地较肥沃，水田较多，食粮以糯稻为主。西北路地更贫瘠，山多田少，居民多种包谷杂粮，以之为主要粮食。但即在东南路，据吴泽霖先生调查一种短裙黑苗的结果，描写他们的生活状况是："他们所处的地方，四面受着汉人的包围，耕地的扩充，几属不可能，但千百年来人口自然的繁殖，使每家的平均耕种面积逐渐削小……绝大多数的苗夷仅能维持最低限度的经济生活。他们终年到头，克勤克俭，仅能维持一饱！"可见生计不足之一斑。至在西北路方面，我们尚未看见关于经济生活的描写，但笔者在川滇黔交界地带（叙永境）苗区调查的结果，得知当地苗族的经济情况，大致可分上中下三级：上级为自耕农，约占总数百分之五；中级为佃农（包括略有土地权的半自耕农），约占总数的百分之七五；下级为没有田地的佃户，约占总数百分之二十。上级的生活水准能够维持，中下级都在水平线以下。至于古蔺的苗族，百分之九十以上全是佃农，尚不及叙永。因叙蔺一带毗连贵州西北部，且同为种包谷杂粮的山地带，经济情况彼此相去不远。其他如格维汉调查的珙县苗，经济生活亦甚不佳。刘锡蕃《岭表记蛮》亦谓："予入苗山，所见小儿无裤者，十居其二；卧榻无衾枕者，十居其六；衣服褴褛者，十居其九；需卖子女者，其事尤寻常！"刘氏又谓："蛮民之男妇老稚，实无异于地主豪劣家庭以外之奴隶！"由以上的叙述，我们可以说：大多数的苗族都患着土地饥饿症，深感生计之不足，换一句话说，他们的自然环境太坏，当然要影响到文化成绩。

除了自然环境之外，还有一个便是社会环境。所谓"社会环境"就是民风（folkways）。民风须视其利用价值，能否配合空间与时间的需要，为社会谋福利，因而含有褒贬的意思。凡适合大众需要的，便受褒奖，违反大众意旨的，便受惩罚，这就是德型（mores）。因此苗族的民风与德型，与他们在文化上取得的成就是大有关系的。如他们重视刺绣，所以刺绣工艺有高度的发展。但是我们要指出：这种褒贬的观念是民风本识发展出来的，而非汉人所能左右，虽然他们可受汉人的影响，所以汉人也不应为之钦定价值标准。如苗族婚前性自由的习惯，在与汉人邻近地区，有逐渐矫改的趋势，这显然是受了重贞操观念的汉人的影响。但我们若以此斥责苗族，认为性自由是道德堕落，实在大可不必。又如叙永一带的苗族先进分子，愿意修改他们的繁琐婚丧礼节，这种观念若能在民风中发生力量，促其改进，自然便有效用。但如果没有这种需要，便由政府贸然出布告禁止，大概不会发生多少效率。苗族的民风配合山地环境，偏于保守。他们没有文字，因此缺少了一件知识积累和学习的工具，为了获取较复杂和高深的知识，只能接受汉人的教育，所以教育程度的高下，亦可作为测量苗族品质的指针。在这方面，苗族显然是很吃惊的。现在贵州苗夷教育，除威宁石门坎因得教会多年经营之功，比较有成绩外，其他地区，据陈国钧氏调查报告，可知其略：“前清末年后，接近汉人而居的苗夷民，始请汉人在寨中设塾馆教学，虽使苗夷民略识汉字者稍多，唯其内容腐败，贻害不浅，自传教士入苗夷区后，创立教会，开办学校，于是奉教苗夷乃得受学，由教会资助而得受高等教育者颇不乏人……至民国二十四年[①]，蒋委员长以政府领袖亲驾贵州，且鉴于苗夷民知识太低，欲使倾心向化，须由学校教育着手。翌年中央才下令注意苗夷教育，规定年拨巨款资助。同年开办省立青岩乡村师范学校，但该校学生却非全是苗夷子弟，十之六七系汉人冒充。又在二十五年[②]，杨森驻军安顺，曾在该地军队进行苗夷教育，设立小学校三所，稍有成效。未久杨军奉令开拔前方，学校遂告停顿。此外，省府复在贵阳、黄平、荔波、台拱、威宁、安南、关岭、丹江、水城、定番、罗甸、八寨等十二县，定苗夷民之集中地，先后设立省立初级小学一所，其他各县短期小学，亦令重收苗夷子弟施教，贵州苗夷教育由是粗具规模，但苗夷民散布地区辽阔，杯水车薪，仍旧感到不敷。”至于叙永苗族的教育程度，据笔者调查一四六家七七三人的结果，受过学校教育与私塾教育满一年以上者共一五四人，其中最高者有初小毕业生四人，高小毕业生二人，私塾满八年者二人，十年者一人，但都文理不通，白字连篇，常识尤为缺乏，其余可以概见。惟广西自二十二年[③]春对边族施行

----

① 1935 年。
② 1936 年。
③ 1935 年。

特种教育以来，成效颇著，至三十年①初中心学校有三十七所，基础学校有六百二十七所，凡边族所在之处，都已普遍设校了。

其次，我们要讨论到苗族的遗传质方面，这是一个很大的题目，现在没有充分的材料，不能详细讨论。大致说来，苗族与中国南人同属南蒙古利亚种，体质方面应相去不远。以身体特点来说，苗族除身材较矮，眼色较淡，蒙古褶不显著外，其余均与汉人相似。吴定良先生列举四种统计数字，即身长坐高之比值、头指数、面指数、鼻指数等等，苗汉均极相近，可作为二族在血统上融和之证明。体力方面，苗族因居处简陋，医药极为缺乏，受自然选择较严，一部分体质较弱的分子先被淘汰，留下的多是些健壮的分子，且极少染有鸦片恶习，故一般健康应较汉人为优。但花柳病等类似的传染症，因性自由的习惯，或相当猖獗。生命力方面，因饮食多陋，操劳过度，苗族之平均寿年纵不比汉族低，但也不至比汉族高。至生育与死亡的数目，据陈国钧先生调查统计安顺、钟山、都江、三合、下江、榕江、永从等地一七〇个四十五岁以上苗夷妇女的结果，共生男女一〇三三人，平均每一苗夷妇女生六、〇强；但生后死亡之男女计五一九人，占生育总数百分之五〇、二强。又笔者调查叙永苗族七七三人，杨汉先生调查珙县苗族五一四人，生育率为千分之四十四，死亡率为千分之三十八，由此可见一般苗族的生育与死亡均大，至少不下于汉人，这也可以说是生命力的浪费，要影响到他们的遗传质。

上面我曾提到自然选择，这的确是一个变化多端而又不可忽视的势力，它不仅有汰弱留强的能力，而且能影响到生命胚质。达尔文谓："生活状态能直接影响于身体构造之发达，且其效力能及于遗传。"达氏又言："凡分布甚广之物种，较之分布区域有制限之物种，更易变异。"我们知道，就民族迁徙的情况来说，苗族差不多是一个最早定居于高原地带的民族，千百年来，没有多大的变更，因此而引起的自然选择，一定是顺着地理条件发展的，结果一则使苗族人口造成一种同一性，而少变异的品质。所谓"高山苗"的分布，虽有生存优势的关键，适应能力也是重要的因素。倘若下山迁居平原地带，往往难与新环境取得调适。在另一方面，高山地带往往缺乏某种生活必需素，而影响到身体的发育。如贵州下江县的生苗，因食物中缺乏碘质，而有鹅头症，这种病症在西南边疆颇多，如滇

---

① 1941年。

东、桂北诸地，亦往往有之。

使品质趋于同一的另一个原因是：近亲婚配。我们知道：苗族是行族内婚制的。一个族团与另一族团便不通婚。因此嫁去娶来，总是这几门老亲戚，舅表婚与姑表婚很多，都是血统上的近亲，结果遗传下来的总是些小范围的性质相近的旺质，守成有余，生发力不足。自然，为假定一个血统高贵品质优异的种族，如高宝奴与张伯伦所谓的亚利安人与条顿族，纯种婚或近亲婚是有利的，可是许多主张异族间通婚的人，会提出许多有利的事实，如费雪尔发现波尔人与霍典特人交配之子嗣，差不多较任何亲族之体格强大，沙比罗氏在比特康岛英国人与波里尼西亚人的杂种里也发现同样的现象，因为异民族之融合交配，其结果可有多种，虽然在短期内也许要发生不调谐的现象，但数代以后，终较同族所能发生者为新奇而不平凡。亨丁多顿说："中国历史上大多数开创帝业的人，不是纯为异族，便是鞑靼与华种混合的血族。"五胡乱华之后百数十年间，中华民族来了一次大同化，融合了匈奴、鲜卑、乌桓、氏、羌及拓拔魏诸族，然后有盛唐之治，而李唐的世系便掺有胡人的血统，这可说是第一期。其后经唐、宋、元至于明，又掺入突厥、回纥、吐蕃、诸荒、契丹、金人、元人等之血液，而宋、明的开国规模均得力于同化诸族，这可说是第二期。自满清开国后，满族渐被同化，而西南诸苗夷亦在开始同化之中，迄今尚未终了。因诸族内婚壁垒较严，同化亦较困难。我们为走笔到此；为民族未来前途计，不禁高呼加速完成第三期的同化。

第三个影响苗族人口品质的势力是战争的选择。战争的选择本来是个不容易讨论的题目，但大抵以正面的居多，即淘汰了人口中品质优异的分子。这种选择如果是打平手，还不至发生大批诛杀的现象，使人口的质与量都遭受严重的损失，特别见之于所谓征伐叛乱的战争，被征服者往往一蹶不振。清代的征苗战争最大者有三次：一次是雍正十三年至乾隆元年的征贵州清江台拱苗，一次是乾隆六十年至嘉庆元年的征黔东湘西苗，一次是咸丰五年至同治四年的复征台拱苗。这三次中又以第一次的战事最烈，杀戮最多。萧一山《清代通史》曾记其事云："乾隆元年，增兵分八路，围其逋逃于丹江、古州、都匀、台拱县之森林，所谓牛皮大箐是也……自四月至五月，将士冒险搜剿，斩获万余，其饥饿蹶陨而死者，不可计数。六月复乘胜搜剿熟苗凡焚千二百二十四寨，赦三百八十八寨，斩俘数万，获兵仗无算。"（看该书中卷九十四页）

由这一段简短的记载，可见当初损失之重，所以像《黔苗图说》、《贵州通志》、《黔记》等以后记苗蛮事者，都给这次战乱留下一道痕迹。如前举《黔苗图说》有下列三条：

> 青苗：性情犷悍，今亦驯良。
> 黑苗：性情好斗，雍正十三年禁革。
> 黑生苗：性情凶恶……雍正十三年征服，今皆守法。

《贵州通志》记花苗亦谓："自剿抚后，始皆归化。"

以上是见于记载的，在原记者的目的无非是显显"皇朝"的兵威，可是这寥寥数字中，不知描尽了人间多少反优生的悲剧！我们现在旅行苗疆中，总觉得大多数苗民是最柔顺而畏事的，那实在是一批孑遗。他们在兵威胁迫官府压制之下，很自然地养成一种忧郁的性格，鸟居龙藏于此曾有所论列：

> 苗族之性格如何？一言以蔽之曰：阴郁沉静。欲知此种性格，可就其容貌或表现于外部之音乐、色彩及花纹等而观察得之。据余所见，第一可注意者即为"容貌"，显示彼等极其阴郁。其次为"音乐"，如于"苗族之笙"中所详述者，乐器避用铜锣、皮鼓等喧嚣之乐器，而用沉静之笙或笛，又如衣服之色彩亦颇阴郁。（厅族调查报告译本二六一页）

这种阴郁沉静的性格，往往与悲观的心理发生相连的关系，益以经济生活的拮据，不免"人穷志短"，缺乏决心和远见。但是据我们的观察：苗族确有许多优良的特性，如毅力、勇敢、耐性等均甚强，且诚实，重然诺，服从性大，决非旧志中"犷"、"悍"几个字所能代表。这个我们可以列举在叙永调查的几件事，借资证明。以测量言：在叙永苗区中，打匪出名的几乎都是苗族。因为他们处丛山中，多有自幼习田猎，且健步善攀援。以毅力与耐性言：苗族多不怕困顿，忍苦茹辛，其例不胜枚举。以诚实言：西人之在我国西南传教者，尝谓苗族为最诚实之民族。在苗区调查旅行，可见道不拾遗之事。以服从言：叙永汉人常谓"苗子一条心"，意即团结服从。而与人交往，守信不渝，甚重然诺。至前人谓苗族"性戆"，这是完全没有根据的，因为这是内涵的智力问题，现在只有智力测验勉强可以描写，单凭观察和印象是不能决定的。且此类观察，亦因人而异。在旧志中，也不乏称赞的描写，如严如熤《苗防备览》有云：

> 苗性善记，惧有忘则结于绳，为契卷刻木以为信口；近设苗学，问亦有知命童子入学，日负杂粮数升，就师傅授句读，默记而归，其中亦甚有聪俊者。因所晓而遂为解说，久则渐通晓文义，贤有司善育而时教之，文风著而苗习自无不改者矣。

严氏，清乾嘉人，曾屯防湘西苗疆多年，他这几句话自然是根据事实的描写。他教我们"善育而时教之"，表示问题并不复杂，只要注重教育。故近第四届边疆教育会议召开于陪都，教育部宣称"过去边疆教育以研究调查为主，今则已发展至切实推行之阶段"。大会并通过骆美奂氏的一个缜密而周备的边教推行方案，意谓中央各机关以后推行边教，步骤须取得一致，如教部在某地成立一所学校，事后要与有关各部会署会商决定，按照实际的需要，同时成立党部、卫生站、农牧场、兽医站、文化驿站、简报所、邮局、电局等。行见以生边疆教育，将日趋发展，而苗族亦将发挥彼等潜伏的能力，有更卓越的表现，我们且拭目以俟之。

恋爱·婚姻·家庭[*]

近些日子来，在北平的报上我们可以时常看到有关情杀的新闻。这些情杀案的主角包括社会上各阶层的分子。情杀的范围有翁公杀媳的，也有男女相恋同时自杀的。情杀的方式可以从菜刀到氰化钾。这些现象的层出不穷，显然不是偶然的原因，而是触及到一个基本的问题，便是有关恋爱、婚姻、家庭的看法，以及他们如何能够配合的问题。

发生情杀的原因不外两种，一是爱情的发展不能达到婚姻的关系，一是爱情的发展妨碍了原有的婚姻关系。不能达到婚姻关系而自杀的，好比五月初袁有润和徐征翔一对小情人的自杀（这是根据我自己的推断，报上的描写和分析还不够清楚）。妨碍了原有的婚姻关系的，是丈夫持刀杀奸夫，翁公杀媳之类。

什么是造成这些情杀案的条件？是人性的乖戾？还是道德的沦衰？从老一辈人的感情里，我们显然不能获得问题的解答。要了解其中的症结，我们只有从当前的社会情境里去分析全部的事实，我们的分析可以从恋爱开始。

恋爱，这是一个近几十年来才由西洋输入的观念。恋爱所根据的是男女相爱的感情，说中国传统社会里没有男女私情，这自然不是事实。可是现在的恋爱观在传统社会里不受尊重，而且遭到严禁，却是很明显的。婚礼中的"女家三日不举乐"是一个悲壮的调子，"夫妇相敬如宾"而不及如何相爱，也描写了传统社会对于婚姻关系有其独特的看法。

这不尊重感情的事实可以造成婚姻关系，婚姻显然是为了获得家庭生活的手段。父母之命，媒妁之言，制定好的社会规律强迫你来接受。新娘做了红轿，仪式化地哭哭啼啼，吹吹打打地到了男家，便可以百年好合。

---

* 原载《观察》1948 年第四卷第十八期。

以现在崇尚恋爱自由的观点去看，这真是一件滑天下之大稽的事。然而以当时人的眼光来看，这才是一件名正言顺的明媒正娶，人们在这种方式下得到了稳定的家庭生活。

在这种传统伦理意识下养成的家庭生活，只希望世代绵续维持不断，婚姻关系能够照常进行。上一辈结了婚，下一辈照样结婚，组成了家庭，目的就算达到，父母可以了却一件心愿，至于配偶是不是怨偶，可以不必管它，大家这样能够相互容忍，相安无事便得了。可是社会为了维持这种勉强结合的关系不能不制定许多礼俗和规范，加上道德伦理的价值，把这些易动感情的年轻人，像金箍咒一样一层一层的把他们套住。在父系父权的家族社会，男尊女卑，这层枷锁尤其套到了妇女的身上，好比"好女不侍二夫"、"饿死事小，失节事大"，以及三从四德一类的有关女性贞操的看法，约束了女性，也就减少了男子活动的机会。对于男性方面，社会给他的约束要宽些，好比嫖妓、纳妾之类是被公开容许的，可是这种放宽有一个限度，这限度就做到"朋友之妻不可戏"为止。现在的民法多少还根据这一点，制定了有夫之妇或者有妇之夫与人通奸必须处刑的条文。

在这种传统家庭出来的子女，他们接受了西洋的思想，要来谈恋爱自由了。可是他们的谈情说爱还不可能不受传统意识的支配，因为他们的父母还是传统社会的人物，这传统还不时要出来作祟。一对青年男女在开始恋爱的阶段，往往有许多不必要的矜持与顾虑，几分做作，几分不自然。因为他们交友的圈子不大，自己对于交友的经验是陌生的。遇上一个异性的朋友，一方面要珍重这不太容易获得的机会，另一方面也就有许多拉长了的想法，这里就表现出受了传统的拖累。做父母的如果要坚持传统，他们就要提出反对。比较"开通"的父母，总还喜欢自己以监护人的地位一片好心肠，时常去向子女提供意见。如果这监护真是客观到专为儿女打算，监护也许有它的旁观者清的好处。然而事实上，监护者往往主观的作用很强，不知不觉受传统的支配，揆诸"好女不侍二夫"的古训。现在时代虽然变了，让儿子特别是女儿在外面乱交朋友还是不可以的。既然交上了朋友，最好就让他确定下来，女儿的第一个朋友就是未来的女婿！

把他们的朋友关系虚拟成未来的夫妇，一个青年男女所得到的恋爱自由只是名义上的，事实上他们已经丧失了交友的自由，没有交友的自由就没有了恋爱的自由。从父母方面来看，他这种监护是很有理由的，因为他怕社会上面亲朋戚友的讥笑。亲朋戚友维持了这个观念就给男女双方加重了责任的观念。恋爱而有责任，这责任是道义的，不能随便拉倒，拉倒了就有损儿女的名誉，丢了父母的面子，这就自然引到了结婚的道路。我们知道有多少奉命恋爱的青年男女闹了多年的恋爱，感情也不容易维持，然后为了上述的理由，害怕社会的制裁，还不能不结婚。

把恋爱和婚姻联系起来，这是一件可悲的事，因为恋爱与婚姻的性质根本就不相同。恋爱是人类感情的自由发泄，尽管恋爱的方式要受社会的规定，男女相爱是一件生物的事实，它的本身包含了法的意义。恋爱是一种情感累积的过程，这累积的过程是充分的发展，他可以不考虑对方的一切，这就是不讲条件，为恋爱而恋爱，这种"爱情至上"的感情，在十六七岁的少年男女情窦初开的时候，碰上了机会就很容易发生。好比双双服毒自杀的十六岁少女徐征翔，生前写给十八岁的男友袁有润的情书，有这样的话：

你知道我现在认识的人中，比你功课好的也有，比你漂亮的也有，比你兴致好的也有，比你有地位的也有，然而在这一些人中我没有找到我爱的人。虽然有时候说起他们来我也称赞一两句好，却从来未爱过一个人，因为我总觉得有了你，我什么都不需要了。（三十七年①五月八日北平各报）

徐与袁的同时自杀，是这种感情遇到阻力后的必然结果，根据报上的记载，这阻力可能来自女方的父母方面。自然，自杀是恋爱史上动人的一幕，这是小说家最好的材料，也是电影上最紧张的场面。人是喜欢刺激的，小说电影在这方面进了不善良教育的功用，喜欢看电影小说的人也最喜欢歌颂这种"恋爱至上"式的感情，可是事实上恋爱的热度真能这样历久不衰，经得住时间的考验吗？回答也许是一个否定。一般的看法认为恋爱的发展有一个顶点，过了顶点感情就要下坡。我们现在不必来证实这个说法，可是热情的不容易长久维持，自有其社会的原因。

从社会的观点上来看人性，任何人不会是十全十美的，也就不会是全能的。不是全能的人也和别人一样，甚至有不如别人的地方，迟早会被对方发现。为恋爱，人可以爱对方的缺点，可是缺点若牵连到社会的事实就要发生阻力了。阻力的发生是要考虑对方的条件，因为恋爱的发展到了议

---

① 1948 年。

婚。婚姻是件社会的事实，谈恋爱可以不谈条件，婚姻就必须要考虑条件了。这条件第一是经济基础，做丈夫的总得有职，他的职业即使不能够顾到妻子，至少要管住他自己。丈夫的职业机会，决定于他目前的教育程度，或者可能受教育的程度。这就须得客观的考虑，这考虑往往会影响到感情。原来似乎不用考虑的问题现在要提出来了，多考虑的一方就会引起对方的猜忌与怀疑。我们看到许多男女朋友在结婚前的阶段，极容易发生冲突与争执，大部分就基于这一类的原因。如果男女双方不愿考虑，最关心他们的父母可能在旁边看得很清楚，他们可能以为自己的子女错爱了一个人。趁在初期的时候就希望他们闹翻，把女儿拘禁了几天，不许她和男朋友往来，甚至加以责骂。然而他们不知道自己的女儿和别人正发展到恋爱的高潮，压制不但不能生效，反而激动了一对情人的情绪，做父母的不了解子女的心理，压力加大，爱情就容易闹成悲剧！

不论是父母的意见或者是亲戚朋友的批评，问题是在把爱情看得太严重，也就是把恋爱与结婚联系起来的弊病。我在前面曾经说过，恋爱与结婚完全是两回事，恋爱是可以不必从婚姻里面去完成的，关于这一点我想在这里面有所引申。

我认为遗憾的是一般社会舆论对于这件事情并没有比较健全的看法，在报纸上关于情杀案的记载里，标题和描写都不自觉地把恋爱与婚姻看作一回事，认为已有婚姻关系的人不应当再与别人发生感情，很有点世道人心不古的样子，好比奸夫淫妇的字眼，翁公杀媳的事件有个报纸的标题是"老畜生刀斩儿媳"。我不否认报纸是有教化人心的功用的，教化的作用在维持善良风俗，问题是在什么是善良风俗，善良风俗如何维持的问题。

假如善良风俗能够维持，自然有一种潜移默化的力量使奸淫的事件不致发生，或者减少奸淫的事件。情杀案的层出不穷，必然有其不能维持的原因，这就是对于善良风俗的内容应当有所考虑和修改，我以为善良风俗的要点是在不妨碍社会秩序的原则之上的。

在不妨碍社会秩序的原则上，不同的社会标准产生了不同的社会行为，可以获致相同的结果。社会标准便是道德，不同社会的社会行为是一个变数，道德的价值观念是相对的，要点是在得到社会的承认，作为社会的准绳。

社会承认与个人私情是不一定能够契洽的，社会为了贯彻它的任务，有许多地方故意与私情为难。宋儒所提倡的天理克制人欲，就具有这一种的作用。在重贞操的原则下，一个配偶除了对方外，不可能再被允许把感情寄托在别人的身上。特别是传统的社会里，对于妇女的看法便坚持了这个原则。男子虽则可以娶妾，妾妇的地位与待遇上和大妇有着很大的相差，未始不是一个补救。在现代社会里，新式的恋爱关系就发展成一种占领对方的心理，这是我的朋友，别人可动不得，如果谁敢动了，就可能引起很大的纠纷，不追别人特别是熟人的朋友成为相互厮守的道义。男的必须对女的忠心，否则女的必定向男的"示威"！

这一种看法是很不健全的，无论是占领对方的心理或者从一而终的古训，在传统的农业社会里还能够维持，因为农业社会只需秉着继承儒家而来的道德标准，这标准是齐一的，人与人的往来接触也远不如现代都市的频繁。到了现代都市，人与人接触的频繁显示社交必须公开，所谓社交公开不是形式的，而是感情的，从人性的观点看去，社交公开实有其理论的基础。

一个结了婚的人，特别是多年的夫妻，无论他们如何相爱，大家总可开始了解感情并不是可以完全从对方得到满足的，传统社会里边有"老婆是别人的好"的谚语。清人笔记里也有"妻不如妾，妾不如婢，婢不如偷，偷得着不如偷不着"的说法，这描写出一种心理上的状态，一个人在感情上是想换换口味的，喜新厌旧，人之常情，丈夫如此，太太亦然。

传统社会在这方面是尽量压抑的，谁的太太和别人有了往来，她就被认为不守妇道，左邻右舍开始议论了，于是丈夫认为有损他的面子，持了刀去捉奸，一刀砍下去！这不是丈夫的暴戾，而是代表着社会的制裁！

从传统社会到现代社会，男女授受不亲的古训既已被事实所打破，对社会关系的看法就不能再依据传统的道德标准，到处采取关门主义了。道德标准是可以放宽的，问题是放宽到什么程度？

我以为这标准可以放宽到一对情人或夫妇容许对方有异性朋友的地步，这就是要打破占领对方的心理。因为既然社交公开是一件事实，有夫之妇与有妇之夫可被允许与异性接触，感情是难免要发生的，这种感情应当被尊重。不过为了避免引起社会的混乱，顾及现在的道德标准，双方均应守住一点，这一点还可援引一句老话："发乎情，止乎礼！"一对情人，一对夫妇，对于第三者都应当有这点容忍的精神，这样可以防止许多的凶杀或自杀。

我提出不妨碍社会秩序是有其特殊意义的，如果双方一定坚持占领对方的心理，甚至舆论也来支持，感情被封锁了。于是或者偷偷摸摸，闹成奸杀；或者率性挣脱藩篱，闹成离婚，结果反而引起社会秩序的不安与混乱。

放宽的尺度是可以被社会容许的，道德标准本来是相对的，如果我们举边疆民族来做个比较，就可以了然了。无论在西南边疆的苗夷或者北部蒙古的游牧部落，他们的社会秩序是安定的，没有像我们这种时常闹情杀的惨剧。在贵州的苗民中，男女是有婚前性自由的，这便是一个未婚男子或未婚女子，都可以经过自由恋爱的阶段，用竞争的原则选择配偶，他们把这个叫做"摇马郎"。社会尽量给他们的自由，父母不采取干涉的态度，一个村落里面往往特建一座"公房"，作为青年男女自由恋爱的场所，他们所得到的自由包括婚前性自由在里面。马学良先生调查云南武定的倮倮，知道一个二十四岁的男子，曾与六十五个女子发生过性关系；一个二十七岁的男子，曾与七十四个女子发生过性关系。在大多数的边疆社会里，个人的情感可以尽量地得到发泄。在贵州的苗民中，婚前性自由甚至可以延长到婚后。一个青年女郎在结婚之后，即刻可以回到娘家，丈夫需得上岳家去工作，这算服务。新嫁娘在这时候还享有自由交友的权利，直到第一个婴儿怀孕，才去婆家生育，从这时候起，交友自由有了限制，这叫做"坐家"。

即使在"坐家"的时间，男女双方并没有被剥夺交异性朋友的自由，我在四川叙永调查苗族时，就曾经目睹他们异性往来没有拘束的情绪。没有做作，没有扭捏作态，大家公开坦白，情杀案又如何发生？

我举边疆民族做例子，并不是要故意来欣赏他们这种近乎放纵的自由，因为性自由也有它的流弊，性病的流行便是一个。我要指出来的是：他们这种无拘无束的感情，究竟比我们这种拉紧了的要好得多。我们今天既然要谈社交公开，道德标准也不能再墨守成法。虽然直到现在，最健全的男女婚姻关系究竟如何安排，我们还是找不出答案。我们的重点是男女婚姻关系在达成种族的绵续，以求得社会结构的完整。只要无损于这个前提，社会对于个人的私情不应约束过严，约束过严并不能够求得社会的安定，反而得出相反的结果。

把男女社交的圈子放宽，把恋爱与婚姻不看作有必然的相关，把健全的家庭生活重点放在防止社会秩序的紊乱与求得社会的完整，这是我们的新伦理观，给恋爱婚姻与家庭一个新的配搭。

感情·利害·团体[*]

　　人类社会建立在团体生活的基础上，社会生活也就是团体生活。从家庭到民族，从村落组织到省县地方团体，我们可以看见一个人分别参加在许多不同的团体里，他们的行为得受团体规律的约束。构成团体的动力有两种：一是感情联系，一是利害关系。感情和利害交织于不同的团体生活中，其发展的次序也各不相同。从一个家庭团体来说，我们可以说是感情占先的。异性之间的相爱，婚姻的结合，在现代崇尚恋爱自由的趋势下，总可以说是从感情开始，或者以感情为基础的。然而既成为家庭团体后，其中就不能不说存在有利害关系。苏秦穷困潦倒回家的时候，"妻不以为夫，嫂不以为叔"！因为穷而使夫妻反目的事很多。可是当苏秦拜相之后，就变成"妻侧目而视，侧耳而听，嫂蛇形而前"了。可是若在我们通常所谓事业团体，基于兴趣的结合，许多并不见得相识的个人在共同目的下联系起来，除了其中少数的主持人先有人事因缘，这些集首一堂的陌生人可以说是先有利害关系。可是他们相处日久后，也自然发生一种人与人之间交往的感情。

　　感情和利害关系交织于团体生活中，这就是说一个团体的结合不只是单凭一方面的，单凭感情不能组织成团体而保持久远，原来感情的基础是很脆弱的。可是在另一方面，单有利害关系也不能够协调团体中间个人的行为。如果在一个团体里面，大家只以利害相见，大概不会相处得很调和。一个团体组织中的个人如果失去了感情的维系，相互反目，这个团体也必致趋于瓦解。

　　可是在一个团体里面，感情和利害并不见得完全是对等的，有的团体感情的因素占强，有的团体利害关系的因素占强，我们似乎可以用这个重

---

　　* 原载《新路周刊》1948 年第二卷第六期。

点的不同作为城乡的分割。有人说：都市社区团体的结合是基于兴趣，农村社区的结合是基于情谊。这就是说：前者的结合是基于利害，后者的结合是基于感情。对于这种说法，我承认是各有其主要的因素，而并非全然排斥了相对的一面。事实上谁也明白，都市人的结合不能说其中没有感情，正如说农民的结合不能说没有利害关系一样。造成这种偏重的分别我们大致可以说：都市团体的结合是许多陌生人的相集，其中免不了先谈利害，而农村团体是熟人集会的场所，融融泄泄，其中自然少不了桑梓的情谊。

从上面的分割里我们大概可以多少了解感情和利害的性质，我们这里所谓感情是指一种内发的冲动，表现与外表的行为，它的性质是心理的。人有七情六欲，也有许多表示感情的方法，感情的表达依靠一定的沟通体系，这沟通体系是依据一些象征符号，好比语言、文字、姿势等作为沟通的桥梁的。我们可以说语言和文字的基本作用是表达感情的工具。文字是语言的记录，语言是一连串的有意义的声音，从高级动物的嘶叫到婴儿的哭喊，这种声调的颤动就描写出感情的趋同。在人类高级的创作里，文学是盛情的结晶，"至情乃有至文"，小说的成功就在能够引起读者的共鸣或者同感。从共鸣或者同感里，我们可以了解感情的付予，是同样可以获得感情的回报的，这就是所谓感情联系，它是一根无形的带子，可以联系起无数颗同情的心！

利害关系在这里是指经济上的一定给予与取得，它的性质是社会的。利害关系的产生是基于人的自我意识，自我是人类的天性，但他的表现却产生在人与人的对待关系里面，因此利害关系发生在人与人的交往上，这种交往是基于共同的兴趣的。兴趣的存在就是只看到利害关系的一面，"利之所致，从之者如趋市"。日常生活里我们可以看到利害的场合，这里面就必然产生竞争。如果今天市场上某个商号里有一个比较大的便宜可占，即刻这家商号就挤满了抢购的人们，当平价米低于市价的时候，它永远成为芸芸众生抢购的对象！

在个人的对待关系中，感情和利害是处于互相冲突的局面。从利害关系来说：我们可以说他是损人利己的自私行为。人为了要生存，是不可能不自私的，自私的结果是对自己有利，往往就有损于他人。抢平价米的人捷足先登，没有抢到的人只有望门兴叹。事实上抢到的人占了便宜，没有抢到的人，只好转买商米，就像受了损失。可是感情的联系不是这样，感情的发展是忘我的，可以产生一种损己利人的行为。一个人情之所钟，可以赴汤蹈火，在所不辞。慈母之善保赤子，十月怀胎，两年襁褓，哺乳的辛勤，提携的周到，动辄废寝忘食，而无怨言，这种损己利人的行为完全是受着感情的支配。在情场里，我们也常可以见到为爱情而牺牲的故事。如果对象双方都可以为对方牺牲，我们就可以看到他们的恋爱已经发展到最高潮。儿女的孝顺父母，割股疗亲，臣民的报效国家，忠孝一类的字眼，都是感情的至高表现。

在个人的对待关系里面，利害关系虽然是损人利己的，可是一进入团体生活里面，就逼着要改变它的性质，否则团体就无法维持。在团体生活里面，我们所谓利害关系不再是损人利己的，而是利人也利己的，这就是付予和受给的原则（Give and Take）。我得了人家多少东西，便得以相等的数量付予人家。近代西洋社会团体的权利与义务观念就是从利害关系里产生出来的。权利是指个人在团体中应获得的部分，又是指个人应当为团体捐献自己能力的部分。权利与义务的关系是存在于团体内个人相互之间的，这是一个公平的原则。在西洋社会里面团体中的个人遵照这套原则行事，就养成了他们法治的精神。

在中国社会里面，我们并不是没有团体，可是我们团体的组成比较上不是从利害关系出发，而是从感情出发的。中国还是乡土社会，这原是乡土社会的特色。感情的联系进入到团体生活里面，若是每个人都能表现损己利人的行为，这种感情自然是团体生活所最需要的。可事实上感情是从接触里产生出来的，一个人接触的范围有限，势必根据亲疏远近，使感情发生差距上的分别。这差序的分别就是我们传统上所说的人伦，"伦也，水文相次有伦理也"，费孝通先生解释说这是从自己推出去的和自己发生社会关系的那一群人里所发生的一轮轮波纹的差序。这种社会关系我不妨把它当成这里所提出的感情联系。虽然感情与社会关系是两回事，感情的浓淡并不一定与社会关系的远近恰相配合，可是从差序里面产生的感情必定有浓淡亲疏的分别。因此我们有"为亲者讳"。从一个人自己推出去，渐次而及诸远，感情的远近决定了态度的亲疏。这是中国社会的基本特质，因此在我们的团体里面，事实上不可能做到一视同仁，而是在一个大团体里面，众多的人各自根据自己的特殊关系发展成许多小团体、小组织。这小组织有的根源于裙带关系，有的根源于同一出身和亲戚情谊，凡是可以拉上一层关系的，多少都染了一层感情的色彩。

人伦观念显然是从家庭里面出来，父子一伦是居首的，在只包括亲子两代一类的基本家庭小团体里面，它已经无可再分，可是从家庭往外推，到了家庭以外的团体组织里面，由于差序的关系已发生了感情上的亲疏远近，这可以称之为差序的感情。很明显这种感情与家庭以外的团体生活是并不适合的。在中国人的传统观念里，我们总喜欢讲私情，忽视公谊。在私情的推展上，自家喂的狼狗，没有肉吃就比门外一个穷人没有饭吃重要。感情的性质虽然是损己利人的，但是由于接触的限制，往外推的功夫做得不够，他所顾到的只是一个小圈子，进入到团体生活里面，就难免发生偏爱的毛病。真正的西洋社会权利义务分得很明显的团体不能产生，只落得"一盘散沙"的绰号。在我们的军队里，军官及其眷属过着很享乐的生活，士兵可以穷得没有衣穿没有饭吃。这差别待遇也是沿袭中国传统人伦关系往外推的差序，是不能为西洋带兵长官所了解的。西洋人所重视的权利义务关系，每个士兵都有它自己的一份，纪律排斥了私情，任何军官都不能利用职务上的关系，肥他自己的亲党及其同僚，而忽视全体士兵的福利。一视同仁的态度就是对于团体的感情，这种感情也可以说是齐一的感情。我认为权利义务的划分清楚，并不是说其中没有感情，而是不讲差序的感情或者不讲私情，公而忘私是需要极大的感情的，这就是我在本文开头所提到的感情利害关系的交织。权利义务关系已经不单是讲利害的，而是一种公平对待的感情。

前几年我们听到有关中国派往印缅远征军的一个故事，史迪威有次发了一批钱给远征军的长官，叫他分给全军作战有功的官兵。后来史氏召集远征军训话，当他问到一个有功的士兵是否领到钱时，这位士兵瞠目莫知所对，原来他根本就没有见到这玩意儿。于是史氏质问带兵的中国长官，这位长官也默然无词，因为他已经把钱分给连长以上的官佐了。这次远征军在东北的惨败，据说就是因为带兵的官长发了横财而不愿打仗的缘故。我们只要对这种横财稍加分析，就可以发现中饱的数字是根据军官职务的高低发生差等的。在一个师里面，普遍是师长最有钱，其次是旅长，再次是团长、营长，以此类推，愈推愈远，排列在差序里面的人物就可获得自己的那一部分。

近代中国民主运动的失败，我以为就发生在中国传统社会关系的特质上。在我们当朝的国民党里，派系的林立是众所共见的事实，派系之间的纠纷往往摧毁了党内团结的力量。以一个人为首，多少人根据不同的差序感情的联系，环集在他的周围，他们又各自发展出自己推出去的小团体，他们只知维护自己的既得利益，其结果就必然忽视全体党员尤其全国人民的利益。在今天的局面下，我们可以尝到从这种关系里所产生出来的恶果。

差序的感情或者私情在家庭一类的小团体里面还不至于发生困难，进入到扩大的团体里面就难于维持。所谓扩大的团体是指家庭以外的组织，在这类组织里面，如果谈私情，只会使团体发生分化，很难使得团体之类的个人彼此推诚相与，甚至损毁了团体精神，使团体名存实亡。只有齐一的感情才能进入扩大的团体里面，这就是对于团体的感情，也就是我在本文开头提到的，它是构成团体的动力，它与利害关系交织于团体生活中，消除了基于利害关系所引起的冲突，维系了团体内个人的亲密和力量。大家尊重团体，热爱团体，因此，可以为团体忍耐牺牲，这可以说是一种团体精神。近代西洋社会团体的发达，权利义务划分秩序的井然，就因为他们具有这种团体精神。可是在中国传统社会里面，我们只知道有家族，讲人伦，重差序，其结果就是缺乏这种团体精神。这种精神的缺乏，我认为是因为中国社会团体的组成是由感情到利害的，根据人伦差序所产生的感情，本就有浓淡轻重之别，这分别表现在从行为上面推出来的利害关系就不是权利义务的划分，而是轩轾或者差别的待遇。如果这种差序关系不能维持，或者个人不愿意接受差序的支配，很容易弄成争权夺利的冲突。另一方面近代西洋社会团体的组成是从利害到感情的，他们先考虑了利害关系，于是，产生了权利义务的平衡，这种平衡不是大家争权夺利，而是一套已经安排好的秩序规则，在这个规则下彼此舒然，洋溢着安然相处的感情。从这里我们可以了解到：构成团体的两项动力，感情和利害并不是互相冲突，而是它们如何能够配合的问题。

费孝通及其研究工作[*]

　　简历：清宣统二年（一九一〇）生于江苏吴江城。民二十二年（一九三三）燕京大学毕业，民二十四年（一九三五）清华研究院毕业，人类学博士。民二十七年至三十四年（一九三八——一九四五），云南大学教授。其中一九四四——一九四五年曾赴美讲学一年，民三十四年至今，清华大学教授，其中一九四七赴英讲学。

　　一个年纪刚到三十八岁的中年学生，在社会人类学的岗位上努力了十年，享到了如许的盛名，获得了很高的国际声誉，这不能不说是近代中国学术史上一件罕见的事。多少人喜欢把罕见的事归之于机会或偶然，然而偶然解释不了费孝通先生。这盛名或声誉是基于他的卓越才能与科学训练，这种训练表现在他的研究工作上。

　　提起费先生的研究工作，让我们沉浸在过去的一段记忆里，回到十年以前的时代。抗日战争开始的第二年，一个新从英国伦敦大学学成归国的青年，携带着简单的行装，悄然地飞临西南的山城——昆明，接受了云南大学的聘约。毫无疑问，这个时候的费先生除了见知于他的师友和故旧外，在一般人的心目中是陌生的。费先生一到云南，便看上了这块地方，他看上的并不只是因为这地方的风光绮丽和气候温和，而是这是理想的一块儿社会学研究的新园地。和他刚在英国交完卷的博士论文——江苏太湖附近的一个村落调查报告相比，云南农村代表了另一种类型。于是他向禄丰县的一个村落进军，经过两三年的实地调查与分析研究获得的结论印证了他的假设。他写了一本研究报告名字叫做《禄村农田》，在这本书的序言里，他写下了如此的话：

　　＊　原载《观察》1948 年第四卷第二十三、二十四期。

　　我在本书中要提出来观察的主题是现代工商业发达过程中农村社区所发生的变迁……就是土地制度中所发生的变迁。禄村和江村正代表着两种形式，江村是靠近都市的农村，深受现代工商业的影响。而禄村则还是在开始受现代工商业影响的初期。在禄村，我们可以看到一个差不多完全以农业为主，重生产事业的内地农村结构。

　　这种工作就叫做社区研究，没有人想到这工作会开始了一个新页。费先生自己当时也不敢太乐观，因为他所受的是人类学的训练。人类学的工作过去一向偏重在初民社会方面，所处理的是比较朴素的文化事实。然而现在他却大胆地，也就是在他的老师马林诺夫斯基的期望之下，继续在《江村经济》之后，向比较复杂的还不能脱离传统的农村社区作一个方法论上的尝试。这尝试无疑获得了意外的成功，它奠定了费先生今天实地研究和理论的基础，也开创了中国社区研究的先河。在费先生之前社区研究只是西洋社会人类学者所努力过的成果，在中国还只有概念性的介绍，可是这个概念就凭借费先生的卓越天资和严谨的科学训练，获得了实证和辉煌的成绩。

　　在这项研究工作开始的时候，费先生在云南大学创立了一个研究机构，这机构的名字便叫做魁阁。魁阁就是魁星阁，"魁星点状元"，谁都知道这是旧日科场学子获取功名的绮梦，魁星阁的兴建就是希望这地方多出几个科场人才。在云南农村比较大的村落和市镇里，出过科场人才的地方都有这种魁星阁的兴建。费先生的魁阁在古城村，就在呈贡县城的南门外，这是一座有八个角的阁亭，上下三层。最上的一层是魁星老爷的神像，费先生在他的英文著作里曾把它描写成"Monkey-Like God"，在魁星老爷的旁边，一张书桌横窗摆着，终日埋头工作的便是费孝通先生。这是一间三丈见方的斗室，如果同时有三个来客，在这上面就转不过身来。三层楼下，也便是阁楼的第二层，四面窗户两两相对，每个窗户面前各摆着两张桌子，在这里工作的便是他的三位忠实伙伴。最下一层，便是阁楼的底层一张大圆桌当门摆着，这是他们的餐室，厨房在室内的左侧。这简陋的设备也是战时的一般景色。就在这简陋的设备里面，五六年来三四个人成天锲而不舍地工作，每个人都获得了预期的成绩。这些成绩好比《易村手工业》（张之毅著）、《昆厂劳工》（史国衡著）、《摆夷的摆》（田汝康著）等，都已经交由商务印书馆出版，引起了同类工作者的共同爱好。

一位伙伴曾经和我说起他加入魁阁工作的经过:"当我在联大快要毕业的那一年,我才认识了费孝通先生,他是到联大来代课的,立刻我对他的讲授感到特殊的兴趣,于是我决定跟随他做研究,这是我加入魁阁的简单动机。"

像这样的伙伴可以描写出他对研究工作的认识和毫不敷衍的态度。在费先生领导之下,魁阁的工作表现出一种新的优良的作风,这种新的作风具体的见之于四个方面:

第一是自由研究的风气。费先生是一个人类学者,社会人类学本身便是一种综合的科学,它所处理的题材广泛到文化的各方面。费先生是马林诺夫斯基的学生,马氏在人类学的领域里是以功能派的方法见称的。所谓功能派是看重文化的功能分析,认为一物的重要不在形式而在它的功能,这功能便是它在人类活动体系中所处的地位。从这个观念出发,费先生在许多方面的发展,显然已经超出马氏之外,他对于研究工作的重心,虽然有一连串的计划,可是对研究的题材并不加以严格的限制。他鼓励每一个人去创造或者发掘,而且完全根据个人的兴趣,不强迫他们去做自己没有兴趣的工作。

第二是尊重个人的表现。在国内的学术界里一种不太好的风气,是前辈的学者或者领导者往往以泰斗自居,忽视青年人研究的成果,青年人穷年累月的研究所得甚至不能用自己的名字发表。有的学者更荒谬到把公家的材料秘为私藏,独家经营,俨然"只此一家,别无分店"的样子。这一点费先生就给他打破了,他鼓励青年朋友自己研究,自己思考,自己发表,以磨练自己的身手。而他永远极诚恳地站在旁边,指导他们,帮助他们,从诱导思想到改正写作,他期望别人成功,认为就是自己的成功。

第三是公开的辩论。在研究室里面最难得的是公开辩论的风气,有些自命为权威的学者认为自己的权威是不能动摇的,因此他们往往在主观上拒绝来自任何方面的批评,甚至有的人认为批评是对他的严重侮辱,可是魁阁在这一方面一反以往的传统。他们认为研究工作的集思广益是见之于Seminar班上,这是一个讨论会。当一个研究工作者选定了自己所要研究的问题,他就提出自己的研究方法和意见或者已经得到的成果公开征求别人的意见,每个人可以尽量申述自己的看法,不必忌讳给对方以忠实的批评。有时他们可以为一个问题争得面红耳赤,虽然费先生身居领导的地位,可是他也一样接受青年朋友的批评。

第四是伙伴精神。参加魁阁工作的人，每个人都是这团体里的忠实伙伴，他们有同休戚共甘苦的精神。由于经费的困难，魁阁没有事务人员，从管理公款到购买文具，从写铜版字到用油印机，都是自己动手。费先生在这里就表现出了高度的工作效率，他写得一笔很好的铜板字，魁阁所出版的油印报告都是他们自己动手写自己印的。在如此艰难的物质条件下，也就靠着这种伙伴精神才使他们的工作能够继续进行。

在这种新的作风之下，每一位参加研究工作的个人都表现了自己的成就，三十三年①，费先生把研究工作的一部分翻译成英文译本，一本是 *Earthbound China*（费孝通、张子毅合著），由芝加哥大学出版。一本是 *China Enters the Machine Age*（史国衡著），由哈佛大学出版。这两本书都获得了英美读者的好评。书店老板常常觅集了许多的书评，从美国邮寄到中国来。

从农业到手工业，或者是工厂里的劳工，魁阁所表现的工作成绩在这一时期大体偏重在经济方面。一直到三十四年②秋天，一部分伙伴离开了魁阁，史国衡先生去了美国，田汝康先生去了英国，研究室也由呈贡迁移到昆明，工作又开始了一个新的方向。

这时内战刚刚开始，国人经过了八年抗战的苦难又得重新接受一个新的磨折，反战的情绪是很高的，这种情形下，由于朋友的怂恿与支持，费先生出来主办《时代评论》，很快的获得了读者的爱好，销路一天比一天增加，成为当时西南的一个重要刊物。费先生的时论也受到广大青年学生的欢迎，他被政府当局视为民主领袖。

三十五年③暑假，李公朴与闻一多两先生连续被政府当局密谋暗杀，民主运动受到严重的打击。费先生在愤怒的情绪下悄然离开了昆明，接受英国文化协会的邀约，去英国讲了三个月的学。三十六年④年初又重返清华园，在清华大学任教。

回到清华园的一年多来，费先生在授课之余，又重新开始他的研究工作。他自己是"文不离手，手不离书"的。在这一年多来他写过不少的文章，辑印过好几本集子。其中已经出版的有《重返英伦》（《大公报》）、

---

① 1943 年。
② 1949 年。
③ 1946 年。
④ 1947 年。

《工党一年》（与史靖合译，生活书店）、《美国人性格》（生活书店）、《乡土中国》（观察社）、《乡土重建》（观察社），还有一本《中国社会结构》等书。

这些著作代表费先生一个新的研究方向，这便是偏重于社会结构的分析，他仍旧运用功能研究的方法来实地分析中国传统社会的特质。我在前面曾经说过，功能派的研究方法是注重一种以制度为单位的文化的功能，看它适应社会需要的哪一方面。一种传统制度在传统社会里是有它的作用的，研究者的任务旨在观察与分析。费先生以这种态度来分析中国的传统社会结构，特别是绅士地主阶层，曾经引起读者的讨论。有人以为他在维护传统，其实无论就费先生写作的动机或者文字所能表达的词义上面，我知道他并没有要维护什么人的利益，可是因为文字并不能够完全表达他自己的意见，由于个人的修养与所用词汇的不尽相同，甚至可能表达出读者认为相反的意见，这往往就是引起辩论的根源。

自然费先生有他的立场，这是社会学者的共同立场，社会学者希望人类社会建立在合理的和谐秩序上面。可是今天中国正处在社会解组的过程中，新旧文化的不能协调，两代之间的矛盾与冲突，城乡的对立，绅士与农民之间的仇恨日益加深，为了争取广大人民的利益，使青年朋友逐渐养成了一种反传统的态度。一个社会学者在这种场合下就可能走上时代的尖端，招来了各方面的误会，我们知道社会学在中国不为一般人所熟悉，有些人认为社会学者就是信奉社会主义的人，换句话说，便是共产党。可是在另一方面，一般从事社会改革工作的人又以社会学者并不参加实际社会改革运动而感到失望与怀疑。

我们自然不反对社会改革，然而基于分工的原则，我们所期望于社会学者的还是忠实于他自己的岗位科学研究，利用这个千载难逢的机会，仔细分析观察当前的事实。只要他不违反人民的利益，或者做某一路的帮闲与帮凶，就无惧于任何方面的曲解误会。

附费先生重要著译：

一、花篮瑶社会组织（一九三六，广西省政府研究专刊）

二、*Peasant Life in China*，1939（Keyan Paul，London. 有日译本）

三、禄村农田（一九四三，商务）

四、鸡足朝山记（一九四三，昆明生活导报）

五、*Earthbound China*（1944，Chicago Press，Chicago）

六、民主、宪法、人权（一九四六，生活）

七、初访美国（一九四六，生活）

八、内地农村（一九四六，生活）

九、生育制度（一九四七，商务）

十、重访英伦（一九四七，大公报）

十一、美国人性格（一九四七，生活）

十二、乡土中国（一九四八，观察社）

十三、乡土重建（一九四八，观察社）

此外，尚有译述《社会变迁》（W. F. Ogburn 原著）、《文化论》（B. Malinowsky 原著）、《人文类型》（R. Firth 原著）、《工党一年》（J. E. D. Hall 原著）等书，及《人情与邦交》等。

胡庆钧（1918 – 2015）著述年表

1940 年

《宜山杂忆》，《今日评论》1940 年第三卷第十期。

1944 年

《苗族品质的商榷》，《自由论坛》1944 年第二卷第五期。
《川南苗乡纪行（一）》，《中央周刊》1944 年第六卷第三十六期。
《川南苗乡纪行（二）》，《中央周刊》1944 年第六卷第三十七期。
《叙永苗族的生活程度》，《边政公论》1944 年第三卷第六期。
《川南叙永苗民人口调查》，《边政公论》1944 年第三卷第十二期。
《吉蒲赛人的流浪生涯》，《读书通讯》1944 年第八十八期。

1946 年

《民族问题的认识》，《民主周刊》1946 年第三卷第四期。
《沉痛的民族问题》，《清真铎报》1946 年新二十一号。

1947 年

《论保长》，《观察》1947 年第三卷第十七期。后以《两种权力夹缝中的保长》为名收入费孝通、吴晗等著《皇权与绅权》（上海：观察社，1948）一书。

1948 年

《皇权·绅权·民权》，《新路周刊》1948 年第一卷第七期。
《农村绅士的合作与冲突》，《新路周刊》1948 年第一卷第十五期。

《衙门与绅士之间》，《新路周刊》1948 年第一卷第二十二期。

《感情·利害·团体》，《新路周刊》1948 年第二卷第六期。

《中国农村社会阶层的分化——绅士与农民》，《世纪评论》1948 年第三卷第十六期。

《传统农村的社会流动》，《世纪评论》1948 年第四卷第八期。

《论乡约》，《中国建设》1948 年第六卷第五期。后以《从保长到乡约》为名收入费孝通、吴晗等著《皇权与绅权》（上海：观察社，1948）一书。

《论绅权》，《大公报》1948 年 8 月 16 日。后收入费孝通、吴晗等著《皇权与绅权》（上海：观察社，1948）一书。

《恋爱·婚姻·家庭》，《观察》1948 年第四卷第十八期。

《费孝通及其研究工作》，《观察》1948 年第四卷第二十三、二十四期。

《不容忽视的边区土地问题：一个苗村的实地调查》，《边政公论》1948 年第七卷第二期。

《湘西苗族调查报告（书评)》，《边政公论》1948 年第七卷第三期。

1949 年

《关于从猿到人》，《人民日报》1949 年 7 月 11 日。

1952 年

《从雅安到西昌》，《新观察》1952 年第 4 期。

1955 年

《大凉山彝族社会概况》，收入《中国民族问题研究集刊》（第二辑）（北京：中央民族学院，1955）一书。

1956 年

《凉山彝族的奴隶制度》，《教学与研究》1956 年第 1 期。

1957 年

《再论凉山彝族的奴隶制度》，《教学与研究》1957 年第 1 期。

1959 年

《五四运动时期的资产阶级民主派》,《光明日报》1959 年 5 月 20 日。

1961 年

《民主改革以前凉山彝族的社会性质问题》,《光明日报》1961 年 5 月 10 日。

1963 年

《解放前凉山彝族社会性质研究述评》,《历史研究》1963 年第 2 期。

1964 年

《明代水西彝族的奴隶制度》,《历史研究》1964 年第 1 期。

1979 年

《关于奴隶制度下的普遍奴隶与农奴制问题》,《思想战线》1979 年第 6 期。

1980 年

《元初未设过罗罗斯土官宣慰使吗?——与杜玉亭同志商榷》,《民族研究》1980 年第 5 期。

《宋代彝族先民地区奴隶制度的繁荣发展》,《思想战线》1980 年第 5 期。

1981 年

《明清彝族社会史论丛》,上海:上海人民出版社,1981。

《东蛮考释》,《思想战线》1981 年第 5 期。

《一定要保住四川盆地这个"天府之国"》,《人民日报》1981 年 9 月 5 日。

1983 年

《郭沫若与凉山彝族奴隶制研究》,《学术月刊》1983 年第 7 期。

1984 年

《从民族学资料看令人深思的经济消耗竞赛现象》，《思想战线》1984
年第 1 期。

1985 年

《婚姻、家庭和家庭群体组织》，《民族译丛》1985 年第 1 期。

《凉山彝族社会性质讨论中的几个主要问题》，《思想战线》1985 年第
3 期。

《从我国民族学资料看父权奴隶制到奴隶占有制的演变》，《中国社会
科学》1985 年第 1 期。

《凉山彝族奴隶制社会形态》，北京：中国社会科学出版社，1985。

1987 年

《关于奴隶制研究中的一些问题——兼答易谋远同志》，《贵州民族研
究》1987 年第 3 期。

1988 年

《奴隶制是否人类社会一个独立发展阶段》，《云南社会科学》1988 年
第 1 期。

《奴隶制研究的几个问题》，《思想战线》1988 年第 2 期。

1989 年

《奴隶占有制是人类社会历史发展的必然》，《史学理论》1989 年第
4 期。

1990 年

《以历史唯物主义为基础建立我国民族学理论体系》，收入《民族学研
究》（第九辑）（北京：民族出版社，1990）一书。

1991 年

《王政时代是否存在军事民主制质疑——从萨宾王死因探讨王政初期

的罗马社会》，《世界史研究动态》1991 年第 7 期。

《罗马王政后期的塞尔维乌斯改革》，《云南社会科学》1991 年第
6 期。

1992 年

《罗马王政时代贵族与平民之间的保护关系与通婚问题》，《云南社会
科学》1992 年第 3 期。

1993 年

《罗马王政时代贵族与平民的分化及其源始》，《思想战线》1993 年第
3 期。

《日耳曼人没有经过奴隶社会吗？从塔西佗著作及有关资料看日耳曼
社会》，《史学理论研究》1993 年第 2 期。

1995 年

《奴隶与农奴纠葛的由来与发展》，《世界历史》1995 年第 6 期。

《早期奴隶制社会比较研究》，北京：中国社会科学出版社，1996。

2001 年

《从蓝田乡约到呈贡乡约》，《云南社会科学》2001 年第 3 期。

2006 年

《汉村与苗乡——从 20 世纪前期滇东汉村与川南苗乡看传统中国》，
天津：天津古籍出版社，2006。

谷苞

谷苞先生简介

董辉虎

谷苞，20世纪中国著名的社会学家、人类学家、民族学家。1916年，谷苞出生于甘肃省兰州市，1935年考入清华大学外语系。1937年"卢沟桥事变"后，日军侵占北平，谷苞被迫中断学业，辗转回到了兰州老家，在兰州开展抗日宣传活动。1939年谷苞前往昆明，并在西南联合大学复学，转入社会学系学习。

1941年谷苞从西南联合大学社会学系毕业后，在清华大学国情普查研究所任助教一职，不久加入云南大学社会学研究室，即"魁阁"，在费孝通先生指导下进行了三年多的社会学研究工作。1941年到1942年，谷苞前往云南省呈贡县化城镇进行调查，云南大学社会学系油印出版了调查成果《化城村乡的传统组织》一书，该书部分内容后又以《云南田赋征实与农民负担》《村落与保的编制》《传统的乡村行政制度——一个社区行政的实地研究》等单篇发表于《新经济》《自由论坛》等刊物。

1944年，谷苞离开昆明，任教于甘肃学院（兰州大学前身），负责讲授社会学与民族学课程。1946年，谷苞前往甘肃洮河流域的卓尼县和白龙江流域的迭部县进行调查，后发表《卓尼番区的土司制度》《饥寒中的富丽》《为筹边者忧》等文章。1948年，谷苞前往甘肃山丹、秦安和会宁等地进行调查，发表了《河西：农民的地狱》《河西农村的崩溃》等文章。1949年8月，谷苞加入中国人民解放军二兵团政治部，随部队于10月到达新疆乌鲁木齐。在中共中央新疆分局研究室任研究员期间，谷苞前往南疆维吾尔族农村和北疆哈萨克族、蒙古族牧区开展社会调查，撰写了《莎车县四区四乡调查》《阿克苏县第一区第五乡调查》等调查报告。

1956年后，谷苞先后任中科院新疆分院副院长、新疆社会科学院院长、中国民族学会副会长、新疆史学会会长等职。1987年以来，新疆人民出版社相继出版了谷苞的《古代新疆的音乐舞蹈与古代社会》《新疆历史人物》《民族研究文选》《新疆历史与社会》，兰州大学出版社出版了《民族研究文选》（二）（三）（四）等著作。

2012 年 2 月 5 日，谷苞在兰州逝世，享年 96 岁。

云南田赋征实与农民负担[*]

一 征实前的云南田赋

现下云南境内主要的县份，均已清丈完竣，其未办理清丈者，仅是一些粮担较少、夷民众多的区域。本省办理清丈创始于民国十八年[①]，唯大规模有计划的全省分期清丈，则在民国二十年[②]开始。以前，省内各县田赋征收的情形至为紊乱，非特负担的轻重有失公允，即田赋的名称也繁杂，如云南省农林调查所载，在清丈前省内开远、玉溪两县田赋的名称有三种，马龙县有四种，至禄丰县则竟有八种之多。自清丈以后，即废除了以前的各种征收办法。根据当时田地价格的高低，分别定入三等九则，均照统一的税则征收，至是全省田赋始由紊乱庞杂而进于整齐划一。

本文欲以成工县[③]为例说明近十年来云南省田赋征收的实际情形，虽所言仅限于一县，然全省情形既系划一，故举一例亦可代表其余。成工县系于民国二十年办理清丈，二十一年[④]清丈完毕，便开始遵照云南省财政厅征收耕地税章程征收。在征收实物以前，即由民国二十一年至二十九年，本省田赋的征收，可以很显然地分为两个时期：由二十一年至二十八年为征收滇币时期，在此时期的田赋征收均以现金为准，现金一元等于旧滇票五元，等于国币五角；二十九年为征收国币时期，复修正以前税则，将滇币改征国币。兹分述如下：

---

* 原载《新经济》（半月刊）1941 年第六卷第十一期，后收入谷苞《民族研究文选》（四）一书（兰州大学出版社，2007）。

① 1929 年。
② 1931 年。
③ 即呈贡县。
④ 1932 年。

A. 征收滇币时期——征收滇币时期前后共有八年，其征收的办法，系完全遵照云南财政厅征收耕地税章程，兹将该章程对于三等九则的划分及划分的标准与税则列表如后。

第一表　云南省田地等则评定的标准及税则表

等则名称	评定等则的标准（每亩所值现金数）	税则（现金）
上等上则	在一百五十元以上者	三角
上等中则	一百二十元以上不满一百五十元者	二角四分
上等下则	九十元以上不满一百二十元者	一角八分
中等上则	七十元以上不满九十元者	一角四分
中等中则	五十五元以上不满七十元者	一角一分
中等下则	四十元以上不满五十五元者	八分
下等上则	二十五元以上不满四十元者	五分
下等中则	十五元以上不满二十五元者	三分
下等下则	不满十五元者	一分

上表所列税则仅田地正赋，并未将附加计算在内。清丈后开征的第一年即二十一年无附加，由二十二年至二十七年六年中，团务附加为正赋的倍半，即原来正赋为一元者，附加一元五角。至二十八年除正赋增加一倍外，团务附加仍为正赋原额的倍半，另外又附加乡公所自治经费倍半，即较二十二年至二十七年，正赋与附加均增加一倍。

从上表里我们可以看到两个要点。第一，关于等则划分的标准，系完全根据地价，此法之施用，显然有下列诸种困难：（1）田地的转移向极迟缓，在评定等则时很难判断其真正的价格，难免不发生过与不及的现象；（2）省内各地田地买卖的需求不一，实际上应列入同等则之田地，因需求的不同田价就有轩轾，以故虽同样之田地在甲、乙两地即定入不同的等则，自然难称公允；（3）以地价规定等则，按等则抽收田赋，是否各等则的田价税则与农产的利润成适当的比例，乡人对税则的烦言，很能表示其尚未达完善的境界。第二，关于税则的厘定，上等田地每亩每降低一则，即递减六分，即上上则田赋为现金三角（即上等上则之简称，以下同此），上中则为二角四分，上下则为一角八分。中等田地每亩每降低一则，其田赋即递减三分，即中上则一角四分，中中则一角一分，中下则八分。至于下等田地每降低一则，其田赋即递减二分，即下上则五分，下中则三分，下下则一分。是故上、中、下三等田地田赋之递减率之比为 6:3:2，至于上、中、下三等田地田赋负担之比例为 24:11:3，意即上等田地田赋之负担 2.19 倍于中等田地，8 倍于下等田地。至于两极端上上则与下下则之比则值为 30:1，即上上则田赋之负担 30 倍于下下则。此种负担上悬殊的差异，究竟合理与否，笔者不敢妄下断语，唯一般农夫对此种现象多表示不能满意，乡下人常好拿耕地税的多寡表示个人的贫富。有一次，我在某村保公所翻阅耕地归户册，发现在我身旁的两位乡下朋友，甲的耕地税为现金五元五角左右，乙的则为七元左右，从表面看起来好像乙的田产较为富有，实际上甲的田产几倍于乙者，因为甲的田产多为下等，故耕地税虽少而实际上却较为富有。

  B. 征收国币时期——云南田赋征收国币仅民国二十九年一年，由滇币改征国币。我们觉得有三点应该特别注意：（1）税则的增加；（2）各等则税则的增加并非按照同一的比例，应知各等则间田赋的负担，在比例上顿起了变化；（3）在征收滇币时期除二十一年外，附加均为正赋的一倍半，自改征国币后正赋虽提高，附加却大为减轻，仅有 3% 的中心小学开办费，而且此种附加并非全省普遍皆有，故在下表并未列入，亦毋庸详述。至于（1）、（2）两点之详情如下表所示：

第二表 由滇币改征国币田赋增加情形表①

等则	征收滇币数（现金元）	征收国币数（法币元）	征国币后正赋增加倍数		将附加计入后增加倍数	
			二十一年至二十七年	二十八年	二十一年至二十七年	二十八年
上上则	〇·三〇	一·五〇	一〇	五	四·二	二
上中则	〇·二四	一·二〇	一〇	五	四	二
上下则	〇·一八	〇·九〇	一〇	五	四	二
中上则	〇·一四	〇·七〇	一〇	五	四	二
中中则	〇·一一	〇·六〇	一一	五·五	四·三五	二·一八
中下则	〇·〇八	〇·四〇	一〇	五	四	二
下上则	〇·〇五	〇·三〇	一二	六	四·八	二·四
下中则	〇·〇三	〇·二〇	一三·三	六·七	五·二	二·六
下下则	〇·〇一	〇·一〇	二〇	一〇	八·〇	四

---

  ① 本表数据与下文存在出于。但出于保持文稿原貌的考虑，未做修改。

由滇币改征国币后，税则的增加是一个明显的事实，若只算正赋不计附加，改征国币后较之二十一年至二十七年，最高者为下下则计增加二十倍，下中则增加十三·三倍，下上则增加十二倍，中中则增加十一倍，余均增加十倍。改征国币后，较之二十八年其增加倍数各等则均恰为二十一年至二十七年倍数之半，若将附加与正赋合并计算，则改征国币后较之二十一年至二十七年，下下则增高八倍，下中则、下上则、中中则增加五·二，四·八，四·三五倍不等，余均增加四倍，与二十八年相较，其增加倍数亦为二十一年至二十七年倍数之半。即下下则增加四倍，下中则、下上则、中中则为二·六，二·四，二·一六倍不等，余五则均增加二倍。

总之，由滇币改征国币后，税则已有普遍的增加，唯此种增加并非依照同一的比例，其增加在比例上系以下等田地为重。此种增加的结果，使各等则田赋负担的距离趋于缩短，在征收滇币时期同面积上上则与下下则田赋负担的比例为30∶1，而在改征国币后其比例变为15∶1，二者田赋负担的距离缩短了一半。笔者上文中曾言，在征收滇币时期，各等则田赋负担似太悬殊，改征国币后将其距离缩短，考其用意，或即是为了补救这个缺点。

二　田赋征实与农民负担

依照中央规定，田赋征实系依二十九年耕地税正赋与附加，每元国币征收稻谷二公斗。云南实际情形与此稍有出入，一则二十九年云南始由滇币改征国币，并无通行全省的附加，成工县虽有中心小学开办费附加百分之三，因系一县单独措置，故征实时并未计入；二则中央规定每元国币征收稻谷二公斗，本省经呈准中央，实际仅征收原额的百分之六十，即每元国币征收稻谷一公斗二升。依此标准折算，则上上则每亩应纳稻谷一公斗八升，上中则一公斗四升四合，上下则一公斗八合，中中则七升二合，中下则四升八合，下上则三升六合，下中则二升四合，下下则一升二合，其折算系依国币，故各等则间田赋负担的比例仍如征收国币时期。征实后将应纳的稻谷数依照新谷登场时的价格折合为钱数，以与征收滇币及国币时期比较，则较征收滇币时期钱数增高了六六，四[①]倍，（如依目前市价则两种倍数均再须加倍，）然此种增加并不足以说明农民负担相对地加重，亦

---

① 即66.4。本文存在"六六，四"（66.4）与"二·六"（2.6）两种小数表示方式。

不足以表示农民负担的真实情况。欲计算田赋负担的真实情况，比较可靠的方法，则是将征实前正赋与附加的钱数，折算为稻谷，以与征实后应征稻谷的数目相比较。笔者在应用此方法时，先调查成工县最近十年来的米价，此种米价均系新登场时价格，所以然者一则为求划一，再则此时米价的变动较少。唯征实系征谷而非征米，笔者又按照三十年每斗米与稻谷价格的比例为120∶54，再将米折合为谷，以作比较由二十一年至二十八年米的平均价格，每成工升为旧滇币九元三角八分，折合国币六角三分八厘，二十九年的米价每成工升为国币六元，三十年每成工升为国币十二元（成工升一升折合公升六升九勺八抄）。由二十一至二十八年，田赋正额与附加的负担平均各等则每亩为现金一角二分七厘，折合国币六分四厘，依各年平均价格，可购稻谷升二合二勺，折合公升一升三合一抄。现在既然我们晓得上、中、下各等则的田地，征实后每亩平均应纳稻谷公升七升八合七勺，则以十三合四勺一抄除七升八合七勺得五，八七，意即田赋改征实物后成工县农民的负担较诸征收滇币时期增高了五，七八①倍。又二十九年田赋征收国币时期各等则平均每亩田赋的负担为国币六角五分五厘，若以当时的市价购买稻谷，可得成工升二合二勺九抄，折合公升一升三合九勺六抄，以之除七升八合七勺则得五，六四，意即田赋改征实物后较诸征收国币时期增高了五，六四倍。在这里我们可以看出，由滇币改征国币，在衰面钱数上各等则田赋增加了好几倍，但是农民实际的负担并无重大的变化。

现在我们既然明白了征实以后较诸征收滇币时期，增高了五、八七倍，较诸征收国币时期增高了五，六四倍，然而这样的负担，究竟占农田生产的百分之几，明白了这点才可以明白农民负担的实际情况，所以至关重要。成工县农田作物均为两伐，上伐大多数为蚕豆，下伐为稻谷。兹以此两种作物为准分别计算上、中、下三等田地之收获数量，及征实所占收获量的百分比详如下表。

第三表　田赋征实占每亩全年总量收获的百分比表

田地等级	下伐收入谷数（公斗）	上伐收入谷数（公斗）	蚕豆折合谷数（公斗）	总收入（公斗）	征实占总收获百分比
上	四八·七八	四八·七八	五四·一九	一〇二·九七	一·四〇

① 原文如此，但根据上下文，应为"五，八七"，即5.87。

续表

田地等级	下伐收入谷数（公斗）	上伐收入谷数（公斗）	蚕豆折合谷数（公斗）	总收入（公斗）	征实占总收获百分比
中	四二·六九	三六·五九	四〇·六六	八三·三五	〇·八二
下	三〇·四九	一八·二九	二〇·三二	五〇·八一	〇·四七

从上表来看，田赋征实物后，云南农民的负担虽较以前加重了五倍多，但是从征实所占总收获百分比看来，并不算高，因为上等田地田赋的负担仅及总收获的百分之一，四五，中等田地只占百分之〇，八二，下等田地只占百分之〇，四七，上、中、下三等田地之平均负担则只百分之〇，九，而且笔者所调查的成工县某区还是比较缺水的区域，如依费孝通先生在省内禄丰县的调查，其农田的生产要比成工县高出一倍，其田赋对总收获的百分比亦可减低一半，至于张之毅先生在易门县的调查，则与成工县的情形大致仿佛。吴景超先生在《新经济》六卷一期《田赋改征实物》一文中告诉我们，四川省田赋征实后农民负担约占农田生产的二十分之一，如此说来，则云南的负担似乎仅及四川省的五分之一了。

三　额外的负担

上文所述，成工县田赋负担尚不及农田生产的百分之一，然实际上农民的负担，却超过此数，这种负担我们统名之曰额外的负担。

A. 加征——在法令上省府规定，根据二十九年的田赋每元国币征收稻谷一公斗二升，然而在实际上大多数村子征收时均超过此数。田赋征实的法定机构，在县为县田赋管理处，县以下则联合两三个乡镇成立经征分处，人民直接向经征分处缴纳稻谷。本县虽每乡均设有经征分处，然实际上并未负经收的责任，实际的经收者则为各村的保长及经征员，以故各村各自为政，弊端百出。本来耕地税一元国币，缴成工升二升谷子尚有余数，但是据我所知许多村子竟收到二升五合，较之原额多出四分之一，然而保长与经征员何以竟敢公然加征呢？这也并不是没有原因：第一，成工县所属各村田赋若按耕地归户册依法征收，绝难征足额数，因为"错乱岔花"的缘故，往往将一块田地划入了甲、乙两村，在两村的归户册上均有其田赋，变成了一块田地两重田赋的现象，实际上地主只出一份，于是另一份田赋落了空。第二，成工县属各村大致均有公产，如田地、山林等，此种公产田赋，向由全村分担，譬如在我所调查的甲村共有耕地税四百二十七元，此种"错乱岔花"与公产负担计十元余，约为耕地税的四十五分之七。乙村耕地税共为三百三十七元，"错乱岔花"与公产的负担计七元四角，约为耕地税的四十五分之一，经征人员如不加征，则势难收足定额，变通办法只有加征。一经加征，便变成了保长与经征员浮收舞弊的根据。

B. 加凑——每块田地耕地税的金额，往往很少是整数，按照乡间的惯例，为了计算上的方便，见有厘数即加凑为分，如乙村有一农民计有田地十四丘，其中有一丘为中中则计一亩五厘，

按一亩五厘应纳之田赋金额为现金一角八分九厘，即加凑为二角。此种数目粗看起来似乎无关紧要，但对于农民的负担实际上有相当的加重，该农民有十四丘，便须加凑十四次，至十四丘之田赋加为总数时又须加凑一次，至收谷子时尾数如为三四合即加凑为半升，如为八九合即加凑为一升，故如凑数的次数便等于田地的丘数加二，十四丘田地便须加凑十六次。如依实数该农民耕地税的现金总额为三元二角四分六厘，一经加凑则变成了三元三角六分，二者相差为现金一角一分四厘，即凑数较实数多出了 3.5%。至于该农民耕地税的国币数理应依照耕地面积计算，应为国币十六元三角八分，但是该村系依现金凑数折算国币，于是该农民的耕地税便变为了十七元二角四分九厘，较实际上应有的负担加多了八角六分九厘，意即该农民的负担在加凑下加重了 5.3%。

C. 折合——上文已屡次提到，云南在征实前田赋的征收有两个时期，即征收滇币时期与征收国币时期。征收滇币时期计有八年，而征收国币只有二十九年一年，在各村耕地归户册上，田赋的金额只记载现金，并无国币与稻谷的数目。于是改征实物后，便须经过一番折合手续，其一般村子折合的办法，系根据用滇币改征国币后各等则田赋增加的倍数，乘原来现金的额数，即得国币数（详见第二表，各等则增加的倍数系政府所公布），然后再按一元国币征收稻谷一公斗二升的标准，折合为谷数。然而成工县通用的升斗，并非公斗而系成工升，故又须将公斗折合为成工升，在这套复杂的折合系统里，吃亏的自然是农民。兹以乙村某农民为例，该农民应有之耕地税为国币十六元三角八分，应纳稻谷一公石五合六勺，唯按照乙村的折算应纳国币十七元二角四分九厘，乙村每元国币征收稻谷成工升二升三合，折合公升一斗四升另三抄，较之应纳稻谷多纳四公斗五升四合，

即较应有的负担加重了 23%。以上各数字均为笔者以乙村之归户册为根据，用乡间流行之惯例所计算。实际的数目尚不止此，乙村某农民多纳的谷子四公斗五升四合四勺，只折合成工升七升四合五勺。实际上该农民却付出了成工升九升谷子，折合公升五公斗四升八合八勺，占应纳总数 35.8%，意即在加征、加凑与折合下，该农民的额外负担，占应有负担的三分之一强。

村落与保的编制[*]

我国农家大部分都是聚村而居，每个农民们聚居的村落，均自成为一个关系甚为紧密的社区。安土重迁的观念与农田收入的微薄，是农民们宁肯忍受经济生活的困苦，而不愿，同时也无力离开自己的本土，去另觅新的发展。土地与他们的关系，就如同土地与他们手植的作物的关系一样。父而子，子而孙，这样一代代的传了下来，一代代的又被土地紧紧拉住，一生一世被关在一个小天地里来讨求生活。因此深厚的历史传统，使这些世代居住在一起的农家，大家彼此间都披上了一套同族、亲属、乡党、友谊等的关系。他们都主要是以农为生，农田操作有时忙，有时闲，闲时大家都无事，忙时各家专靠自己的力量，往往又忙不过来，于是互助的需要便很大，这情形表现得最清楚的，便是在乡村中流行的换工制度。伦理的关系与互助的需要，处处加深彼此间的亲密程度。既然一个村落由这种关系的许多农家组合而成，大家生活在一起便有许多关于公共的事务，例如水沟水塘道路桥梁的兴建修理与保管，村学的兴办与神灵的祀奉以及村内秩序的维持与政令的推行。为了推行这些公共的事务，便需要一个负责的机构。据笔者个人和许多位同事的调查，在云南境内是一种颇为普遍的村铺或村牌的组织，来担当这种任务。有一定的人选负责公共事务的推行，并且有一定的公产作为推行这些事物的费用。因此，我们认为一个村落，并不是在一地彼此漠不相关的许多农家，而实在是一个关系甚为密切的生活团体。

保的编制依照二十五年^①国府公布的县自治法，是"十户为甲，十甲为保"，依照二十八年^②所公布的新县制，则是"保之编制以十甲为原则，

---

* 原载《新经济》（半月刊）1942 年第七卷第十二期。

① 1936 年。

② 1939 年。

不得少于六甲多于十五甲"，"甲之编制以十户为原则，不得少于六户多于十五户"。因此，我们看出保的编制有两个特点：（一）以户数为依据；（二）在可能范围内力求整齐划一。如果农家住所分布的情形，都像散漫的遍布在天空中的星斗一样，而且彼此在生活上也没有特别的关联，那么问题便很简单，想编成怎样都可以做到，可是我们已经说过，我国农村大部分都是聚村而居，每个村落都形成了一个地缘性的生活团体，保的编制使生活团体的村与行政单位的保处处碰头，由于水利土壤地势以及历史等的关系，使各村落居住的农村家众寡悬殊，大的村落可以多到数百户至千余户，而小的村落则仅数十户乃至数户，由于村落的大小过分轩轾在法定的限度内，实际上做不到一村一保的地步，有些村落编为一保户数不够，有些村落编为一保又嫌太多，于是村保之间便发生了一个极其复杂的关系，使保的构成产生了下列五种类型：（一）一村单一构成一保；（二）两个以上独立的小村联合成一保；（三）一大村及其子村联合构成一保；（四）一大村编为一保户数太多，编为两保又感不足，于是便编为了一保零几甲，将所余几甲并入他村另组一保；（五）一大村分编为两个以上的保。

这五种形态的保，并不是逻辑上可能的推论，而是根据笔者在云南省呈贡县的实地调查。第一种形态的保，在区划上保与村落是合二为一的，保的编制只不过在村落的旧组织上加上了一件外衣，所以村保之间的问题最少。第二种形态的保是由两个以上的村落组合成，这种形态的保，本身具有行政上与经济上的两重困难，在行政方面最先便碰到保长人选的产生问题。保长如果由某一个村落选出，则其他的村落便要出面反对。集合各村村民在一起开会选举或由各村轮流选举，则事实上又做不到。纵或可以做得到，困难依旧存在，因为在时间上村落的由来已久，而现行保甲制度的推行则仅十几个年头，先入为主，在一般村人的心目中对保的热忱自然比较对村落为冷淡，而且自从编查保甲以来，保的编制的本身又曾经过数度的巨变。编在一保的各村，地域上的隔离与传统的势力使行政上增加许多困难。如果保长是甲村人。在甲村推行保政自然比较容易，如果到乙村去推行，便有许多的隔阂，使他处处要感觉棘手了。

呈贡县为了解决这种困难，便产生了一套变通的办法。笔者曾经调查过的某乡共有十三保，其中有三保是由两个独立的村落构成，选举保长时由较大的一村选出一正保长，由较小的一村选出一副保长，这样一来，则每个法定的保便变成了两个实际活动的保，正副保长每人独当一村，分疆而治，彼此互不侵犯。十三保中有两个保均系由三个独立的村落构成，选举保长时由其中最大的一村选出一正保长，余二村均各选出一副保长。这种保便有三个保长，变成了三国分治的局面。乡公所对付这种类型的保，一有事故便直接与各村的保长办理交涉，因为只同正保长交涉，则正保长又需转达各村的副保长一次，一转手之劳，就会贻误要公。而且由正保长转达各村的副保长，又未必能够使各村的副保长接受。这种形态的保，村保之间形成了合而复分的局面，除了上述行政上的原因外，还有一个经济上的原因，便是公产与负担的问题。各村有各村的公产多寡不等，保没有能力对之加以统筹。保既然没有能力把握各村的公产，便没有能力能够替传统的机构举办全保的自治事务。比如依照法规上的规定，各保应举办保国民学校，但是这种形态的保并没有这种能力，保国民学校在甲村，乙村的人不愿意，设在乙村，甲村的人又不愿意，自然难得希望各村分担学款，其结局便是一个村落一所学校。再从负担上讲起来，保内各村财富与壮丁的数目各不相同，以往为了负担分配的问题，各村间纠葛时起，为了免除此种不时发生的纠葛，于是对于兵役与捐税负担的标准，各村间均定有一定的比例而且都在乡公所立了案。虽然如此，争端仍在所难免。时人多主张以经济的关系加强保甲机构。在此处经济的关系，却反使保的编制多了一重保障。

第三种形态的保，它与第二种形态的保所发生的问题大致仿佛，唯有一点很不相同，在这种形态的保里，大村与子村间的户数众寡悬殊，依惯例只有大村可以选举保长，保长的人选子村无权过问，由大村选出的保长常依势在负担上欺凌子村。保内各村间敌视的心情，以这种形态的保表现得最为深刻。

第四种形态的保，在某乡十三村中有两保是属于此种形态，这两保是由甲乙两村组合而成，甲村有十八甲，乙村有八甲（均十五户为一甲）。甲村自编为一保外尚余三甲，将所余三甲划归乙村另编一保，保长各村各选，与保无关，甲村编余的三甲，它虽与乙村同属一保，但在平时它与乙村毫无关系，只有在临时摊款与兵役的负担上替乙村分担一部。甲村的水利公产与集会，它都有权参与。而乙村的人不能问津甲村的事，同时它也不过问乙村的事。这三甲的人与乙村在负担上有一个适当的比例，因为有甲村做后盾，还不致吃亏，所以两村间利害的关系与第三种形态的保不同。

至于第五种形态的保，与以上的四种形态有一很大的差别，以上四种形态都是一个保包括一个或一个以上的村落，而此种形态的保则是一个村落包括两个以上的保。在呈贡县有一个最大的村落共有七百六十多户，经编成四保，所以在这个村落里共有正副保长八人，各保均不能做到分疆而治，实际全村等于一个大保，编为四保选出八个保长是由于法规上的限制。保的编制把全村化为了四部，全村公共活动如祭神，公共利益如工程水利等，却又使四保在实际活动上变成了一个大保。而推行这个大保保政的保长，并不是选出来装点门面的八位保长，实际的权柄却操在其中一两个人的手里。

上述五种形态的保，除了第一种形态的保以外，其余四种形态的保，法定的保长是一回事，实际活动的行政单位又是一回事，法定与实际的不相符合，全是由于村落从中作梗。第二三四种形态的保，是以一个法定的行政单位来集合一个以上的地缘性的生活团体，第五种形态的保则是以两个以上的行政单位来划分开一个地缘性的生活团体，这两种企图，根据我们的观察，并没有完成，更没有达到增进行政效率的目的。为了行政组织上的相当整齐划一，我们不惜将各别的村落东拼西凑，或者将一个村落手脚肢解，以冀保的编制相当的整齐划一，合乎法律上的规定。然而各别的村落组成的保，在实际的活动中它们又偷偷的分了家，由一个村落划分出来的两个以上的保，在实际活动中又暗暗的实行姘度。依常识的判断，合而复分与分而复合真不如当初干脆就不分不和，反可省却一番手脚，分而复合据我们所见还没有什么大影响，我们不愿多费笔墨。至于合而复分的事实，有它实际上的困难，我们已于上文论及，既然明知道合拢不起来，为什么硬要合在一起，然后又束手听其分离？究竟要何苦多此一举？

这问题就我想可分为两个方面来讲，一方面有许多户数过少的村落，非与他村联和自然无法单独编为一保，这种过小村落的联合组保，困难自然是在所难免。但这是出于事实上的无可奈何，我们认为也值得在忍受中去谋克服，因为一个良好的政治制度的推行，并不仅在于它能全部迁就各别的政治环境，同时也要有一个远大的政治理想，为了这个政治理想的实现而忍受一时的苦痛，自然也无可非议。另外一方面，本来有许多较大的村落，当初就不应该与他村联合组保。依照新县制的规定，甲的编制可以有六户至十五户，保的编制可以有六甲到十五甲。因此在理论上，最大的保可以拥有二百二十五户，最小的保则可仅有三十户。这中间的伸缩性不能说是不大，在这种规定下我们看见许多村落真不必与他村联合，便可单独组保，为保甲制度消去无限磨难。其所以不这样做的缘故，主要是由于负责推行保甲制度的人，他们误将行政单位与负担单位混为一谈，他们有一个错误的观念，很想将各保划为一个负担能力大致相等的单位，以便在兵役及捐税的摊派上，责令各保等量负担，手续较为简便。这样一来在人民方面也都希望自己所属的保尽可能编大，在负担上才不致吃亏。由二十五年公布的县自治法中的"十甲为保"，到二十八年公布的新县制中规定的"保之编制以十甲为原则"，在立法上这是一个极大的改革，如果我们能充分利用这个改革，我们便可使保甲制度免却许多磨难，熟知立法者的美意竟为执行者的无知摧毁殆尽。保是一个行政上的单位，不应使它与负担单位混为一谈。因为保的编制主要的依据是户数，户数相同的保并不一定有相同的财富，也不一定有相同的壮丁，所以对于捐税与兵役的负担，断不能令其同样的担负，何况每个保的户数绝难达到相同的地步。明乎此，行政单位与负担单位应划分开来，乃是一个极其明显的道理，分开后保甲制度中行政区划的问题，便可少受许多苦恼。

　　总结起我的话来，现行保甲制度的推行，在行政区划的划分上，使村保之间，排演着离合的悲剧。这幕悲剧的演出，是种因于村落的大小悬殊，做不到一村一保的地步，这固然是无法完全避免的，但是又因为误将行政单位与负担单位混为一谈，于是更加添了许多不必有的困难，因此为了健全保甲机构，我们认为这是一个急待调整的问题。

传统的乡村行政制度

——一个社区行政的实地研究 *

一 导言

民国三十年^①的秋季，因为担任呈贡县一部分的调查工作，常在乡间往来，而且又常住在各处的乡公所和保公所里，地方行政的形形色色，耳接目击，不容许我不加注意。我曾在书本、杂志以及各种法规汇编上看过不少关于保甲制度的规定、记载和讨论，可是在我眼底下表现的种种，却似乎另外是一套。也许就是出于这种好奇心，我时常拉着乡下的朋友闲谈这些问题。愈谈愈感到这问题的重要，认为值得加以研究一番。这年冬天，我加入了云南大学社会学研究室，得到实地调查的机会。从这年十二月起到翌年三月止，我有三个月住在呈贡县三十二个村落进行这项工作。

我很快的发现，我最初的印象并不完全正确。自从政府编制保甲之后，地方行政的基层结构的确有了很多新的建树。现在的形式，和编制保甲制度以前的传统形式有不少特别之处，但是我们若认为事实上的机构一切都适合法令上的规定，却又不然。法令所规定的保甲只决定了改变传统形式的方向，它并没有付诸实施，这一点原是可以想象得到的。保甲编制在呈贡县是始于民国二十年^②，到现在还不过十年。短短的岁月自不能完全改变深埋在人民习惯里的传统制度。现有的机构是一个新旧交错的机构。

---

* 原载《自由论坛》1947 年第一卷第五、六期合刊，后收入谷苞《民族研究文选》（三）一书（兰州大学出版社，2005）。

① 1941 年。

② 1931 年。

我们若肯耐心分析一下这新旧交错的机构，就不难发现为什么有些部分可以很快的接受了新的编制，为什么有些部分不过是旧瓶里装新酒，又为什么有些部分新的法令几年毫不生效。这些正是一个有心推行新制度的人所应当知道的事实，因为只有明白了这些事实，我们才能发现怎样才能有效的把法定的制度在事实上实行出来。也许从这些事实中我们也可以见到一些不易或不值得一定要坚持新制度的地方，不如逐步修改和补充我们的法令为是。我根据这一点把现在的实地调查所得的材料写成这篇论文。

在我所调查的三十二个村落中，有一种传统的组织叫做村铺或村牌。除呈贡县外，昆明、徵江、晋宁等县都有此种组织。所以可以断言在云南境内，它一定是相当普遍的。我所调查的村落虽然包括着三十二个村落，因其传统的组织，现象大致相同，所以我便决定以其中的一个村落——化城村为代表，加以叙述。其所不论便是在未编保甲以前传统组织的内幕及其活动的情形。至于此种传统组织对于现有保甲新制的推行，它有若何影响，因限于篇幅，只有留给另文讨论了。

二 传统的公共团体

在未讲化城村传统的行政制度以前，让我对于村落的一般性质先加以简单的分析。在野外随便一个地方，只要我们站在高岗上瞭望，一丛丛星罗棋布的农家就会进入我们的眼帘，对于每一丛农家居住的所在，人们叫它"村落"。我国农家大都是聚村而居的，安土重迁的观念与农田收入的微薄，使农民宁肯忍受经济的困苦，而不愿同时也无法离开自己的本土，去另谋新的发展。他们与土地的关系，就如同他们手植的作物与土地的关系一样，父而子，子而孙，一代代的传了下来，一代代又被土地紧紧拴住，永远地关在一个小天地里讨求生活。因此深厚的历史传统，使这些世代居住在一起的农家，大家彼此间产生了一套亲属、同族、乡党等的社会关系，成了一个关系甚为密切的社区。

对于一个社区，我们可以从经济、教育、宗教等各方面去研究。本文研究的只是其中的一方面——行政问题。上面我们已经说过，村落是一个关系甚为密切的农业社区，许多农家生活在一起，当然便有许多属于公共的事务。这些公共的事务，有些是出自上级政府的命令，但主要是由于本社区人民的共同需要。究竟这些公共事务的项目是些什么呢？由一个怎样的机构来担当？谁来推动这个机构？凡此种种都属于我们研究的范围。研究一个社区的行政问题，与研究其他社会问题确有若干不同的地方。研究行政问题时，我们的对象为公共事务，第一是以整个社区为其区域的，第二是以全村居民为其范围的，第三是以共同的利益为其目的的。因此，我们在形式上是整个社区的调查。虽然在事实上我们所调查的，研究的，不过是社区生活的一个方面。

A. 大公家，化城村的公共组织，当地人称为"大公家"。揆诸近代地方行政的原理，既然是一个地方的公共组织，必有一定的区域，但是大公家显然不合于这种观念。

大公家不全是一个地域的组织。它的区域虽以本村为主，却超出了本村的地界。村界是很清楚的，在未清丈以前，化城村和其他的村落一样，与邻村已有很清楚的界线。水沟、大石、树木等常是各村分界的标记。自从民国二十一年①呈贡县举办清丈以后，村落的四界有村图可考，较前更为清楚了。村落的地界很清楚，但是大公家的区域却与村落的地界不一致。

大公家是一个村落内最大的公共组织，它的组成分子是村落以内的铺民，它管辖的范围包括：（一）村落以内一切的居民；（二）在村落的地界内有田地的人；（三）子村的居民，大公家的区域是超出村落的。

铺是村落的分区，化城村有四个铺：上铺、中铺、白邑铺和仓登铺。上铺共有八十一铺户，中铺共有三十三铺户，白邑铺共有三十二铺户，仓登铺共有一百一十一铺户。铺民以个人的地位参加大公家的活动是很少的，是故所谓铺民通常多以铺户为单位表出的。以户为地方组织的单位是我国普遍的传统。

铺民与村民不同。可称为铺民的村民有两种条件，一为世袭，一为加入。大部分的人由第一种条件得到铺民的身份。所谓世袭，就是铺籍的传授。根据出生的权利，祖先属于某铺，子孙便永远属于这铺。在本村居住而想脱离原来所属的铺，加入别的铺，是习俗所不允许的。多少年来从没有发生过这类的事。而且迁出外村的铺户，一旦搬回村来，这户人家便仍属于原来的铺。所谓加入，当地人称为投铺，就是外村人迁居本村以后，可以要求加入四铺之一。在未经加入之先，他有选择的自由，但是既经加

---

① 1932 年。

入之后，便不能随意更改。这个新份子加入时，并不是说句话就可以加入得了的，他得在神前"挂功劳"。这挂功劳的大小，全视申请者家庭的贫富而定，或在寺庙内置若干桌凳，或修理寺庙……

组成大公家的份子是四铺的铺民。但大公家管辖的范围并不以铺民为限。

1. 它管辖村落以内一切的居民，不论铺民或非铺民。我们已经说过，大公家是村落以内最大的公共组织，非铺民而居住在村中的人都受它的统治。化城村的居民共计二百六十六户，铺民占其中二百五十六户，其他十户尚没有铺民的身份，其中六户是商人，三户是医生，其余一户是佃户。

2. 它管辖在村落地界内有田地的外村人。我们知道，各村落对于捐税的负担，是由县政府依照各村耕地税捐作比例来摊派的。每村对于政府所摊派下来的捐税，又依照每村地界内各田主的耕地税额作比例加以摊派，他如各村内部兴修水利等费用，也是这样摊派的。那么，凡是本村地界内有田地的人都须分担了。每村地界内所有的田地，并不完全属于该村的居民，有一部分是外村人所有的；外村界内的田地也有一部分操在本村居民的手里。化城村耕地归户册与统计册上所载的耕地税共计四百六十七元，其中属于本村居民者计三百九十七元五角，分属于邻村高家庄、大营、小营、化古城、马经铺等村者计二十九元五角。在高家庄等五村中，也有属于化城村居民的田地。由于各村居民田地所有权时常超出他们所在村的地界，大公家的行政区域因之也超出了村落的界限。

3. 它管辖的对象，除了住在邻村而在本村地界内有土地所有权的人以外，尚有子村的居民。子村原来是由大村的佃户组织成的，在未编保甲以前，化城村有三个子村。自从编制保甲以后，一个子村脱离了，现总共只余两个，这两个子村的居民仍然受化城村大公家的管辖。在未编保甲之前，三个子村与县政府不发生直接的联系，一切上级政府委办事项均由化城村大公家处理。例如子村的田赋，县政府临时摊派下来的捐税服役，三个子村的居民均须听从化城村大公家的调度。住在邻村而在本村地界内有田地的人与子村居民，虽然同样受化城村大公家的管辖，但是二者间却有很大的不同。邻村居民在本村地界内有田地的，只有财力的负担，受化城村大公家的管辖；而子村的居民则除了财力的负担外，尚有人力的负担。化城村与其子村的关系，在本章第五节中将有详细的描写。

在上面所讲过的四种人中间，只有铺民为大公家的组成份子。大公家的行政人员，只能从铺民中产生，其余的三种人是无权问津的。大公家一切活动均由铺民参与，其余三种人只有服从的义务。

　　B. 小公家是铺的公共组织，铺是村的分区。小公家是大公家下的行政组织，化城村有四个铺，故有四个小公家。小公家的组成份子是铺民，铺民的资格我在上节里已经提到。小公家所做的事（下节里还要提到）比大公家更为切合人民的日常生活，所以铺民间的团结也比较强。在人民的意识中，小公家也更为亲切，他们甚至以神灵来象征这种组织。化城村的四铺，每铺都有一个专祀的神灵，上铺是大佛老爷，中铺是天王老爷，白邑铺是帝释老爷，仓登铺是土主老爷。每个神灵都有一个庙宇，这庙宇也就是同铺人民聚会之所，每年有定期的祭礼。全体铺民认为，他们的命运就操在他们所供奉的神灵手上。铺民是神灵的子民。铺民的团体意识就这样地在共同的信仰中表现了出来。小公家就靠了这样的意识，成为这地方农民所维持着的最基本和最亲密的公共组织。

　　小公家份子间联系的亲密和团结的坚强，使他们感觉到他们之间似乎已超过了单纯的地缘结合。我已说过，铺民并不一定属于同一宗族，但是在他们的共同活动中，却常常带着一些亲属联系的意味。最显著的就是在一个绝嗣的铺民死亡时，小公家不但负有办理丧事之责，而且死者和他祖先的牌位都要放在小公家的庙里去，按年祭礼，使他家香火世世不绝。小公家负担了人民心目中最重要的亲属的责任。我在呈贡的另一个村落，见到小公家的庙内供奉着六姓的祖宗牌位，全体铺民共同祭祀，似一所联合的家祠。氏族的组织和小公家的组织这样的结合，使我们很难说铺这个团体究竟是发生在地缘基础上还是血缘基础上了。

三　传统的公务

　　A. 大公家的公务。大公家的公务可以分为两类：一为上级政府委办的公务，一为本村的公务。上级政府委办的公务除征收田赋外，还有捐税、公役的摊派等。大公家主要的公务，是本村自身的公务。大公家的公务主要有下列各种。

　　1. 水利的管理。水利的管理是大公家一件主要的公务。化城乡所属的三十二个村落，大抵都是地多田少。地是旱地，田是水田。本地人将农田依水的来源分为三种，即龙潭田、塘源田与雷响田。龙潭田的灌溉靠泉水；塘源田靠人工修筑的水塘；雷响田则靠天雨。所谓"三年两不栽"者，即靠天雨的雷响田，三年里有两年栽不下秧去。化城村田地的比例是三比七，化城村通龙潭的水沟被山洪冲毁，早已不能利用，所以化城村的田只有塘源田与雷响田二种。一遇旱年，雷响田便栽不下秧，于是唯一的水塘"敦化塘"，便成了全村人民的生命线。这个水塘可以灌溉四千多工田（每工田约合一亩）。假若没有这个水塘，凭这块地皮便养不活全村二百几十户人家。因此，水塘的管理便极端重要了。关于修理水塘的费用，一向均由大公家收入项下支付。水塘的开放、关闭与水沟的清理、巡查，则由水长二人负责。水长的人选，系由大公家公开招标，由本村铺民中中标者担任。中标后便负有管理水利的责任。每替村人泡一工田，即依照大公家的规定收费若干。依三十年的情形，水长二人系以二百元中标，每替村人泡一工田，可得六角钱的报酬。待本村地界内的田泡完后，如有余水，水长可卖给外村，通常定为一工田给米一升作报酬。但是如果本村的田还没有泡完，便将水偷卖给外村，水长便要受处罚。同时，水长向"花户"每工田收费数目，不得超过大公家的规定。如发现浮收情事，也要受罚。关于水的管理，虽然是大公家招标办理的，大公家对于中标的水长，却时时处于监督与指挥的地位。

2. 调解。调解就是村人发生争执时，由当事人双方或一方请求大公家的大管事予以调解。大公家的大管事接到调解的请求后，便定时传齐当事人双方，先由当事人双方申诉理由，然后决定解决的办法。调解的地点，普通都在茶铺里，也有在当事人家中举行的。后一种的情节大致比较严重，请求调解者须办饭招待，费用颇大。乡下所谓调解与现行司法制度中的调解，意义甚不相同。在现行司法制度中所规定的调解，只限于民事案件，刑事案件则是不允许调解的。至于大公家所主持的调解，则不管民刑案件，一概受理。它的办法是折衷；精神为妥协。对于一件案件的处理，并不是为明是非，伸曲直，只是为了却一番事。同时判断的根据并不是法律，而是习俗。

3. 警戒。每当冬季，尤其是旧历年关，常是盗贼最多的时候。村内居民轮流打更守夜以为警戒。这事由大公家负责主持，每夜由村东与村西各派十户担任。如发现有逃避与偷懒的，便要处罚。

4. 办理学校。本村小学的办理，从经费的筹划到教师的聘请，一向均由大公家负责。

5. 神灵的祀奉。旧历三月十八日的祭龙会，五月十三日的关圣会，以及六月二十四日的牛王会，都是属于全村的集会，会首由各小公家选派，大公家处于指导的地位。祭龙会的费用，大公家拨有专款，以作津贴。

6. 财务的管理。大公家既有许多公务，由于这些公务的推行，便少不了若干费用开支。关于这些费用的筹集、保管、开支，统属于一村财务的管理。化城村大公家的公田，每年可得租米十一石六斗六升（公升），此外尚有租、水塘招标、牛草地等收入。一切公务的费用，均由这几项收入开支，万一不足时，始向村民摊派。公产的收益既为开支的源泉，因之公产的管理与公产收益的经收、保管、开支，便很重要了。

B. 小公家的公务。小公家不负推行上级政府委办事项之责，所以它的任务，只限于推行铺的公共事务。小公家主要的公共事务有下列各项。

1. 香灯会。香灯会可以说是各小公家最重要的公共活动。化城村各小公家香灯会的会期，由旧历正月十三日起至十八日止，每小公家香灯会的会期两三日不等。在举行香灯会以前，所有租种小公家田地的佃户及租住小公家铺面的房客，须将租米及房租悉数缴清，以备办会。如越期不缴，便有被停租的危险。各小公家举行香灯会时，所属铺民每户均由家长一人参加宴会，每日两餐。关于宴会的费用，就民国三十一年[①]的情形来说：中铺因为户数少，租米多，所以不向铺民摊款；上铺向每铺户收费三元；至于其他两铺因为租米少，经济情形较为困难，小公家只担负猪肉和米，其他费用均由铺民摊派，大致每户十元左右。

正月十三日是化城村香灯会开始的日子。全村绅士和管事手捧香盘，去邻村大营迎接祖师老爷。这个客神非请不可，若不请来，据说要发生灾难。十几年前，本村和大营失和，未曾迎接祖师老爷来参加香灯会，该年就发生了瘟疫，死了许多人，真是件巧事。祖师老爷快进村子的时候，本铺的神灵出村恭迎，城隍老爷则在村子边等着。城隍老爷是不出村的，一出村据说小鬼们便要出来作乱了。六神会齐后，绕村一周，然后抬入上铺的庙里——大佛寺。在大佛寺内，六神的座次是这样的：最上是祖师老爷，次是城隍老爷，三是中铺的天王老爷，四是白邑铺的帝释老爷，五是仓登铺的土主老爷，末座是做东的上铺的大佛老爷。接着是由中铺、白邑铺、仓登铺办会。办会的那一铺的神灵在自己庙里做东，坐末位。上述神

---

① 1942 年。

灵的位次正代表化城村各个铺的地位。宴会中除了神灵参加外，大公家的行政人员和各铺的职员，也被请在庙里一番痛饮。

香灯会的事务由会首负责，会首是由各小公家的铺民轮流担任。人数依各小公家的惯例，数人至十数人不等。会首的任务是购办什物，布置会场，邀请客人等。

香灯会的目的，约有四点：（一）祈求神灵保佑；（二）铺民聚餐；（三）财务的清理；（四）各小公家联络情感。

2. 铺民的出生、死亡与婚嫁登记：每个铺民生命中的许多重大的事故，如出生、死亡、婚姻等，依照传统的习俗，被认为与其他铺民有很大的关系的。先就出生来说。一个婴儿的出生，须经过一番类似于近代之人事登记的手续，当地人称为"上酒"。男孩子上酒是强迫性的，女孩则可以听便。上酒的仪式，在婴孩出生的第二年的香灯会里举行，如果孩子是正月初旬出生的，则当年就得上酒，不许待诸来年。所谓上酒，就是在小公家所供奉的神灵前献一瓶酒，重量由一两斤至三四斤不等；为女孩上酒，则一小盆①已足。生女孩不上酒，别人不关心。生男孩而不上酒，不但要受舆论的制裁，而且孩子的父亲（或其他家长），在举行香灯会时还要丧失吃酒的权利。可是这种事在化城村从来没有发生过。三十一年旧历正月里，我曾参加过他们的香灯会。一天，在宴会席上有一位年老的绅士告诉我说："蒙土主老爷保佑，我们仓登铺的人口在四铺中是最兴旺的了，每年至少总有七八家人上酒。"言下一副得意的神色，充分表示了这位老人对于人丁的关怀。他还告诉我说，一个已婚男子，对于小公家有生儿育女的义务，如果结了婚很久不生育，或者仅生女孩而无男孩的话，他须请求年高德劭、子孙满堂的人，在举行香灯会时，在神前以木棍打他的屁股，以示惩戒。被打者并在神前发愿，求神保佑生个男孩，一定多多上酒。据说化城村的邻村大营，近几年来连续有这样的事情发生，有位姓席的农民，一连被打了两三年，他曾同我一起吃过菜，迄今尚无后嗣，大概还得挨打。

其次可以一述铺民的丧事。如果某家死了人，铺民便要花上几天时间。俗语有"门前有块青石板，家家有事都来喊"。第一步是请道士开路，接着要办"开丧饭"，主人请客，招待小公家的职员、同族和亲友。请客

---

① 原文为"盆"，疑为"盅"。

的用意是要这些客人来办理丧事。在宴会席上这些客人决定下列几件事：
（1）依照主人的家计，估计丧事的费用。若是现款不足，并代谋如何典田卖地。这些客人因为花的不是自己的钱，每每乐于慷他人之慨，把预算定得很大。本地有句俗语说："死人不吃饭，家当去一半！"约在七八年前，有人与棺材匠串通舞弊，被主人告到县政府，县政府布告禁止外人干涉丧事，此风始为稍杀。（2）决定发引即请客的日期、应请的客人，推定负责人去购棺材、雇亭子（抬棺材的设备）、买猪、请厨师等。

到了发引那天，主人在墙上贴上榜文，榜上载有许多职务和担任这些职务的人名。主要的职务例如：（1）鸿书大宾；（2）总理事务；（3）经收奠仪；（4）司书登记；（5）务外照应；（6）天厨造饭；（7）支摆桌凳；（8）拿托菜盘；（9）下馔；（10）司菜巡酒；（11）巡添汤饭；（12）收洗碗筷；（13）搬柴运水。上述许多职务中，第（1）项到第（5）项由亲友及本村人士担任，第（8）项到第（13）项均由死者所属的小公家的铺民担任，掩埋棺材也是由小公家中年轻的份子出任。丧事的宴会并不在死者的家里举行，而是在死者小公家的寺庙里举行，庙内备有公用的锅灶桌凳等物，可以取用。如果死者没有子嗣或亲属，则丧事的料理完全由小公家负责。办完丧事之后，如果死者尚有余产，便充作小公家的公产，死者一宗的香火亦由小公家负责供奉。

一个铺民的死亡，要使全小公家兴师动众。同时一个铺民的嫁娶，也有类似的情形发生。由此可见一个铺民的出生、死亡、嫁娶，不仅是当事人的私事，而是牵涉整个小公家的公事。就出生来说，生了孩子要上酒，不生孩子要被打屁股。就死亡来说，一家死了人，小公家的铺民要动员起来忙上好几天，个人的生活与公共的生活几乎是打成一片了。

3. 财务的管理。化城村四个小公家均拥有大量公产，一切公务的开支均取给于此，它主要的开支：（1）支付香灯会费用；（2）协助本村学款；（3）支付小额的政府捐税。

四 传统的行政机构

A. 大管事。大公家是全村最大的公共组织，推行大公家公务的人员叫做大管事。在上节中所列举的许多大公家的公务，便是由大管事负责推行的。在一般乡下人讲到大管事的时候，有两种意义：它是推行大公家公务的行政机构，也是推动这个机构的人物。化城村的大公家共有大管事三人。大管事的职权主要有下列各项：（1）财务的处理；（2）村民争执的调解；（3）惩罚违犯村规的村民；（4）主持全村的公共集会；（5）推行上级政府委办事项。化城村的三个大管事，握有上列五项职权。马姓大管事在财务方面专管本村学款部分；钱姓大管事不负财务方面的责任。对于其余四项职权的行使，三个大管事常采取协议的方式。实际参加协议的人并不只三个大管事，另外尚有绅士及各小公家的小管事，不过直接付诸行动的全为三个大管事。村民争执的调解，马、钱两大管事可以单独作最后的决定。其余四项须李姓大管事在场始能作最后的决定。

大管事是怎样产生的呢？大管事并没有一定的任期。新的大管事的产生，一定得旧的大管事死亡或退休。当有空缺的时候，退休的大管事、在职的大管事，或本村的绅士提出一人，经旧有的管事与全村的绅士认可后，便产生新的大管事。但是也有例外的情形，好像现任的李大管事，他的父亲原来是本村的大管事，七八年前他先代理他父亲执行职务，时间一久，自己就无形中变成了大管事。不论大管事产生的方法如何，出任大管事的人多具有担当的资格。出任大管事的资格可以分作三点来说：

1. 学历。在前清有功名的人与目前有中学以上毕业学历的人，常是最容易得到大管事地位的。知识即权力，在这个充满了文盲的社会里更显得正确。现任三位大管事中，有两个是师范毕业，有一个是小学毕业。化城村三十岁以上的人中，中学毕业生只有四个，竟有一半作了大管事，可见学历是任大管事的重要资格之一。

2. 经历。经历也是获得做管事的途径之一。为什么经历会发生这样大的作用呢？这是由于从经历中所扩大的一套社会关系。农业限制了个人的活动，整天，甚至整年生活在一个小天地里，在一起生长的人，彼此的经历也大致相仿佛。如果我们愿意借用梭罗金社会箱一名词的话，则农业就好像是一个箱子，从事农业的人被关在小箱子里过日子，如果有一个人打出了这个小箱子，从事于一种新的职业或工作，待他回到自己的村子以后，他不但比别人多了许多新的经验与见识，同时也比别人多认识了许多人，扩大了他的社会关系的范围。若是他所新结识的人中有有势力的人物，他便可以倚仗这些有势力的人在村子里增加他的名望和地位。化城村的三个大管事中，李大管事，未当大管事之前，曾代理过呈贡县教育局长，又当过本县县立中学的教员，做了大管事以后，又做过化城乡的副乡长；钱大管事也做过十几年的小学教员；马大管事曾在昆明当过军职。

3. 年龄。年龄是生命历程中所渡过的时间。时间的本身并不重要。年龄所以重要，是由于它与人格的长成和生活经验的获得有很大关系。在乡村里办事，与其说是靠知识，毋宁说是靠经验。说到经验，那都是从失败与成功中得来的。年龄大的人所遇到的失败与成功的次数较多，因此经验也比较丰富一些。更有进者，老年人因体力衰谢，农田劳作已由其子孙继替，可以不必为生计忙碌了，他们有余暇以从事于公共的事务。此外，乡党论齿及尊敬老人等的伦理观念，也能稳固老年人在公共团体中的地位。老管事这个名词，在化城村是随处可以听到的。现任的三个大管事中，有一个将近四十岁，其余二人均在四十岁以上了。

大公家公务的推动，除了大管事以外，尚有大乡约二人。大乡约是由四个小公家轮流选派。大乡约对内受大管事的调遣，对外与县政府办理交涉。大管事和县政府并不直接发生往来。县政府有事便派班头与大乡约办理交涉，然后由大乡约请示大管事决定办法。如果违误政令，须受处罚，是由大乡约承担，与大管事无涉。大乡约因为常要和班头（衙役）交涉，稍有差池，便会被班头用铁链拴去坐监，所以他的社会地位较低。理论上说，全体村民都有充当大乡约的义务，但是真正出任大乡约的，只是村民中的一部分。在从前，有功名的人不当大乡约，自从办学校以后，中学毕业生也从来没有当过大乡约的。此外，一般生计困苦的人，习俗也认为不应该叫他们去任这职务，使他们生计发生问题。于是关于大乡约的合格人选，便是那些有财无势的人了。无财的人当不起，有势的人不愿当。乡约是个苦差！

B. 小管事。小管事为小公家的行政机构。化城村的四个小公家的小管事，人数不等；中铺有小管事三人，其他三铺各有小管事二人。小管事的职权主要有下列各项。（1）财务的管理；（2）大乡约与小乡约的派定；（3）公共集会的主持；（4）大公家公共集会中本铺代表的派定。关于各铺财务的处理，每个小公家均操在一个小管事的手里。管理上铺财务的小管事，就是大公家的李大管事；管理中铺财务的小管事，就是大公家的钱大管事；管理仓登铺财务的小管事就是大公家的马大管事。他们三个大管事是兼任小管事的。至于白邑铺的财务，则由一个姓陈的小管事任之。此人便是民国三十一年化城村的保长。除开财务的处理，其余三位小管事中职权的行使，采用协议的方式，在付诸行动之前，均须得到管理财务的小管事的同意。

　　小管事产生的方法和大管事相同。但是小管事的资格则不和大管事相同，当大管事的必须识字，而当小管事的则可不必。在现任九个小管事中，有三个是师范毕业生，三个是本村小学毕业，另外三个是不识字的。这三个不识字的小管事，一个当过排长，其余二个都是务农出身的。各铺公共事务的推行，除了小管事外，尚有小乡约。每个小公家有小乡约二人，共有八个小乡约，其中二个是兼任大公家的大乡约的，所以实际服务于小公家的只有六个小乡约。小乡约协助大乡约执行县政府的政令以外，又受本铺小管事的调遣，办理小公家的事务，如征收公田和公房的租米、房租等事。小乡约的产生，理论上是由铺民轮流担任，上面在讲大乡约时已说过轮流的困难，在小乡约也是这样，所以实际上便由小管事派定。大小乡约有一定的任期，一年一任，在旧历除夕，新旧交替。但在化城村则依特殊习俗，在五月三十日过关圣会时交替。

　　大管事与小管事均为无给职，任期也没有一定的年限，然而为什么还有人愿意出任呢？为名？这自然是不错的，但是除了为名之外，却也是有利可图的。大小公家都拥有大量的公产，这些公产既然操在管事的手中，便成了管事们牟利的渊薮。化城村的李大管事，兼任上铺的小管事，上铺有公田五十三丘，他就租种了二十几丘。公田的租额仅及私田一半，论理原含有救济穷苦者的意思。这位大管事是第一位富户，本不该租种公田，他却利用他的地位把上铺近一半的公田都租下了，同时又把自己的私田租给别人种。这样一进一出，每年可以多得十五公石左右的租米，而且据说他从来没有付过公家的租米，事实上他是占用小公家近一半的公产。这位大管事自称是书香人家，已有四代脱离了农田工作，除了出租的田之外，他雇工经营他的农场。每当农忙时候，便会听见村子里有人偷偷地在说"做夫子"。什么叫"做夫子"呢？意思是指替这大管事白做工。村里那些穷苦的小伙子，每年都得有一天为这位大管事做夫子。李大管事这样的作为，虽然大家都愤恨，但是谁也不敢出来公开反对。因为村子里有许多人都租着公家的和他私人的田地，得罪了他下年就租不着了。没有种着公田的人也想巴结他，希望租得块公田。如果得罪了他，他报复的手段辣得很，小门小户的人家谁担待得起？李大管事的生财之道，除了租种公田外，在上铺公款的支付中又从中得利。李大管事并非特例，其他的管事，本村的和别村的，大公家的和小公家的，多多少少都是和他相伯仲。天下的乌鸦真是没有白的。

至于大乡约和小乡约，任期约一年为限，原则上是由村内铺民轮流，是含有强迫性的。本村在未编制保甲以前，大乡约有给职。小乡约无给职，大乡约二人每年由大公家津贴米，呈贡斗为二斗五升，折合一公石九公斗。因之，此种报酬甚为菲薄，兼之责任甚重，无人愿当。自从编制保甲以后，大乡约的责任稍减，此种津贴亦随之取消了，于是大乡约变得只有苦处没有好处可得，更加无人愿当了。本村的大乡约尚没有发生过出顶的事。在别村里被派着乡约者，可以出钱请人顶替，在三十年一般的价格为国币三百元。

五　传统的社会势力

A.　一般的社会背景。根据国立清华大学国情普查所的报告，呈贡县人民的职业分为八类，其中农业一项占男人总数的 61.87%，占女人总数的 94.21%，其余工商等七项，只占总人口中极小的部分。化城村是一个小小的市镇，是农村集市的所在地，虽未必与全县的一般情况完全相同，但亦不会相去很远。化城村主要的谋生方式为农业，而且大部分都是自耕农与半自耕农，全村靠农业生活的人家只有一户没有田地。因为地多田少和水利的墨守成规，一般人民的生活都很困苦。本村出产的米，据村人们的估计，尚不够本村人半年的消费。不够的数目，除向外县购进来补充外，便以杂粮代替。全村人民中终年有米吃的人家不过三户。在这样的生活情况下，教育落后，全村 583 个男子中识字的只有 108 人，其中只有四个是中学毕业生，十四个中学肄业生；635 个女子中只有三个是识字的，而这三个都只有小学程度。

化城村既然以农为主，人口的流动性则很小，各农家彼此的关系甚为密切，使铺籍的传授发生了世袭的现象。一个农民的出生、婚嫁、死亡被认为是一个团体公共的事务。如果在一个比较动态的城市社会里，这现象便不会发生。因为居住在城市里的人，生命历程中变化较多，流动性较高。生长在农村的人民，绝大多数因为土地与生活的关系太密切，每一个人都好像在土地里生了根，不但不能移动，而且就被限制在这块土地上吸取生活的养料。但是农业的丰歉一方面固然靠经营，另一方面却还要决定于不可知的老天。于是神灵的崇拜，便成了很自然的事情，尤其与农业有直接关系的龙王、牛王、马祖等神，每年均有一定祀奉的日子。由于一般生活的穷困，农作的累人，教育程度的低落，稍有知识的人便能在村中大露头角，以至于武断乡曲，横行无忌。

B. 财产的影响。在这样一个经济生活困苦与教育程度低落的社区里，一般人忙于谋生，使他们无力亦无暇从事于公务的活动，这是很可以想象得到的事实。因之，读书人和有闲阶级便很容易爬到人民的头上，占据行政的机构。读书与空闲均需要一个财产的基础，上文我们曾经说过，在前清有功名的人与目前中学以上毕业的学生，常是最易得到大管事地位的人物。求功名与中学毕业，需要有钱是很显然的，尤其在近代学校教育制度之下，较科举时代更是非有钱不可。一个农家子弟要保持到中学毕业，不但他家里要花去一大笔钱，并且在求学时代，七八年的时间也不能在农田上劳作生产，若专为经济打算，是很不值得的，但是这种投资却能提高一个人的身份。至于说到空闲，更非没有钱的人所能享受，像李大管事那样能四代脱离农田劳作，就靠了他有较多田产。他可以靠租米和雇来的劳力从事生产，来维持优裕而空闲的生活，他有了空闲才能从事于村内的公共事务。化城村所有的大小管事中只有一人偶然下田，其余全属于有闲阶级。要过问村中的公务，非有相当的财产是不成的。

C. 绅士的影响。除了大小管事与大小乡约以外，还有一种人对于大小公家的公务有很大影响力量，这种人普通就叫做绅士，凡是化城村大公家的公告，在开首总是写着，经合村绅管公议，等这样。从字面上我们就可以看出，各该项事件的决定，除了大小管事以外，绅士也曾参与，实际上的情形也正复如此。

管事与绅士二者之间颇有相当的分别，大小管事均负有推动公务的责任，而绅士则没有这种责任。他们对于管事处于一种监督的地位，而且大小管事经常必须住在村里，才好办事，绅士则没有这个必要。在化城村被大家认为是绅士的共有五个人：其中一人有四十多岁，其余四个均在五十至七十岁间。这个四十多岁的绅士，现任团长职务，他所以不出任管事，一半是职务在身，不能经常住在村内；一半因为在乡人眼中看来，他的名声太大，地位太高了，不屑做区区的管事。五个中有三个是小学教师出身。一个现任邻乡中心小学校长，一个现在本村教初级小学，另一个现在已退休。三个均未出任过管事，他们不出任管事的原因，据其中两位告诉我，是由于职务在身，不便分心，情面太软怕得罪人，还有一位绅士就是现任李大管事的父亲，原来是清末的童生，曾历任区长及本村的大管事。

五位绅士中，以现任团长及李大管事的父亲势力最大，只要他们说东，别人绝不敢说西。三位小学教员出身的绅士，也有相当力量，二十九年①本县因修汽车路，李大管事曾舞弊过一两万元，村人都敢怒不敢言。三位小学教员出身的绅士便公开对李大管事提出警告，要他们清算账目，并谓如确有舞弊，便将向法院起诉。于是李大管事被吓跑了，有两三个月不敢回村，后来经人说情，才算了事。

---

① 1940 年。

谷苞（1916－2012）著述年表

1941 年

《云南田赋征实与农民负担》，《新经济》（半月刊）1941 年第六卷第十一期。

1942 年

《村落与保的编制》，《新经济》（半月刊）1942 年第七卷第十二期。

1947 年

《传统的乡村行政制度——一个社区行政的实地研究》，《自由论坛》1947 年第一卷第五、六期合刊。

《卓尼番区的土司制度》，《西北论坛》1947 年第一卷第三期。

《饥寒中的富丽》，《光杂志》1947 年第二十期期。

《为筹边者忧》，《中国边疆》1947 年第三卷第九期。

《汉人怎样的定居于卓尼番区》，《西北论坛》1947 年创刊号。

1948 年

《河西：农民的地狱》，《新路周刊》1948 年第一卷第十九期。

《河西农村的崩溃》，《新路周刊》1948 年第一卷第二十三期。

《从一个村落看河西农村的崩溃》，《兰州和平日报周刊》1948 年 11 月 15 日。

《甘肃边区问题中的民生问题》，《新甘肃》1948 年第二卷第二期。

《卓尼番区的汉番》，《中国边疆》1948 年第三卷第十一期。

1959 年

《跃进中的新疆科学研究工作》，《新疆日报》1959 年 10 月 13 日。

1961 年

《开发山区水利广辟水源，满足发展农业生产的需要》，《新疆农业科学》1961 年第 1 期。

1980 年

《古代龟兹乐的巨大贡献及其深远影响——在新疆丝绸之路学术讨论会上的发言》，《新疆史学》1980 年第 1 期。

《新疆维吾尔族族源新探》，《中国社会科学》1980 年第 6 期。

1981 年

《论充分重视和解决历史研究中的民族问题》，《新疆社会科学》1981 年第 1 期。

1982 年

《巩哈县蒙族牧区调查（一九五〇年三月)》，《新疆财经学院学报》1982 年第 2 期。

《各族人民共同的意愿》，《新疆社会科学》1982 年第 3 期。

《西凉乐与伊州乐——我国西北少数民族音乐文化与汉族音乐文化相结合的乐种》，《新疆社会科学》1982 年第 4 期。

《新疆各族人民对祖国政治经济文化的巨大贡献》，《新疆日报》1982 年 6 月 12 日。

1983 年

《奋发图强，艰苦奋斗，开创新疆社会科学研究的新局面》，《新疆社会科学》1983 年第 1 期。

《马克思主义民族观与我国的社会主义民族关系》，《新疆社会科学》1983 年第 2 期。

1984 年

《论民族与宗教》，《西北史地》1984 年第 1 期。

《为什么清朝将西域改称新疆》，《新疆社会科学》1984 年第 1 期。

《民族学研究要为加速发展少数民族地区的经济文化服务》，《民族研究动态》1984 年第 3 期。

《论西汉政府设置河西四郡的历史意义》，《新疆社会科学》1984 年第 4 期。

1985 年

《论中华民族的共同性》，《新疆社会科学》1985 年第 3 期。

《新疆各民族的科研队伍在党的培育下成长》，《新疆社会科学》1985 年第 4 期。

1986 年

《河西四郡新农业区的开辟是丝绸之路畅通的关键》，《西北史地》1986 年第 1 期。

《再论中华民族的共同性》，《新疆社会科学》1986 年第 1 期。

《旧传统和新变化——甘南藏族自治州卓尼县木耳乡的调查报告》，《新疆社会科学》1986 年第 4 期。

《论正确阐明古代匈奴游牧社会的历史地位》，收入《民族学研究》（第八辑）（北京：民族出版社，1986）。

1988 年

《需要正确理解"宗教是人民的鸦片"》，《民族研究动态》1988 年第 2 期。

《当前我国民族学研究的主要任务》，《西北民族研究》1988 年第 2 期。

1989 年

《在我国历史上有为数众多的汉人融合于少数民族》，《新疆社会科学》1989 年第 4 期。

1990 年

《一支多民族成份教学与科研队伍的贡献——祝贺西北民族学院成立四十周年》,《西北民族研究》1990 年第 1 期。

《德业文章,风范长存——读"包尔汉选集"书感》,《新疆社会科学》1990 年第 3 期。

1991 年

《对近来有关无神论的一些议论的看法》,《新疆社会经济》1991 年第 1 期。

《〈维吾尔人〉的作者伪造历史,鼓吹分裂主义思想的实质》,《新疆大学学报》(哲学社会科学版)1991 年第 3 期。

《略论我国历史上的民族关系》,《西域研究》1991 年第 4 期。

《伪造历史鼓吹民族分裂主义:评吐尔贡·阿勒玛斯的〈维吾尔人〉》,《新疆日报》1991 年 5 月 17 日。

《民族研究文选》,乌鲁木齐:新疆人民出版社,1991。

1992 年

《"新疆历史辞典"序言》,《西域研究》1992 年第 1 期。

《关于我国民族特点的一些思考》,《民族研究动态》1992 年第 2 期。

1993 年

《中华民族多元一体格局赖以形成的基本条件》,《西北民族研究》1993 年第 1 期。

《西北地区经济、文化特点与西北史研究》,《甘肃民族研究》1993 年第 4 期。

《民族都是在多元一体格局中形成和发展的:兼论有关民族融合的一些问题》,《民族研究动态》1993 年第 4 期。

1994 年

《我与少数民族地区社会调查》,《西北民族研究》1994 年第 1 期。

《一颗赤诚的中国心:纪念包尔汉同志诞辰一百周年》,《西域研究》

1993 年第 3 期。

1995 年

《关于如何正确理解炎黄子孙的探索》，《西北民族研究》1995 年第 2 期。

1997 年

《新疆各族人民对祖国历史的伟大贡献：〈新疆历史人物〉序言》，《西北民族研究》1997 年第 1 期。

《略论司马迁的民族观》，《西域研究》1997 年第 4 期。

1999 年

《"阔端与萨班凉州会谈"的读后随想》，《兰州大学学报》1999 年第 3 期。

2001 年

《一个重大问题：正确阐明历史研究中的民族关系》，《西北民族研究》2001 年第 1 期。

《关于"五千年还是一万年"的一些疑问》，《西域研究》2001 年第 2 期。

《西北各族人民对缔造祖国政治、经济、文化的伟大贡献》，《西北第二民族学院学报》（哲学社会科学版）2001 年第 3 期。

2002 年

《弘扬中华民族优秀的传统文化，弘扬爱国主义思想》，《西北民族研究》2002 年第 1 期。

2003 年

《关于西北历史文化的特点》，《兰州大学学报》2003 年第 3 期。

2004 年

《苏四十三所领导的是民族起义，而不是宗教圣战》，《西域研究》2004 年第 2 期。

《民族研究文选》（二），兰州：兰州大学出版社，2004。

2005 年

《民族研究文选》（三），兰州：兰州大学出版社，2005。

2006 年

《在费孝通老师指导下云南社会学研究室的三年学徒生活影响了我一生》，《西北民族研究》2006 年第 1 期。

2007 年

《三论中华民族的共同性》，《西北民族研究》2007 年第 1 期。
《民族研究文选》（四），兰州：兰州大学出版社，2007。

2008 年

《关于中国食物文化不断丰富的一些探源》，《西北民族研究》2008 年第 2 期。

2009 年

《新疆各族人民对祖国历史的伟大贡献》，《西北民族大学学报》（哲学社会科学版）2009 年第 5 期。

2010 年

《新疆历史与社会》，乌鲁木齐：新疆人民出版社，2010。

田汝康

田汝康先生简介

林 雷

早期的教育经历

田汝康，1916 年 5 月 16 日生于云南昆明，祖籍云南保山。其祖父是晚清秀才，在辛亥革命之后，转到师范学校管理图书，借着这样的缘故，幼时的田汝康跟随祖父阅读了大量的中英文书籍，他的学问基础就是这样打下的。[①] 田先生小学至高中的学业都在昆明的学校完成，1933 年从云南省立师范学校高中毕业后，以优异的成绩获得了北平师范大学升学的奖学金。靠着这笔奖学金和祖母的三百滇币私房钱，1935 年田汝康踏上了北平求学路，路途遥远且艰辛，从昆明到上海就耗费了二十一天时间，并且由于滇币贬值，到达上海的田汝康支付了旅馆费用后，只余两块钱，只能暂时依靠着上海同学的帮助。在上海接到北平师范大学的录取通知以及祖母的汇款后，才得以继续北上。1935～1937 年，田先生在学术氛围浓厚的北平师范大学教育心理学系度过了两年安静的读书生活。随着日本侵略军的逐渐逼近，学生们的抗日情绪高涨，田汝康和同宿舍的胡维菁参加了 1935 年"一二·九"爱国游行，游行中田汝康和其他游行者在中南海门口遭到水龙头喷射，而后又被宋哲元的部队劫杀，胡维菁受伤。1937 年"卢沟桥事变"时，北京大学生正在西郊西苑接受宋哲元组织的军训。[②] 第二天，军训解散后，返回学校的田汝康收到昆明教育厅的 60 元汇款，便当即打算

[①] 房汉佳、林韶华：《中国爱国学者田汝康教授》，砂拉越人民联合党总部研究与资料中心，2004，第 14 页。

[②] 房汉佳、林韶华：《中国爱国学者田汝康教授》，砂拉越人民联合党总部研究与资料中心，2004，第 23 页。

离开北平。由于 1935 年曾参加过西北旅行团，对路线有所了解，他提着一个小箱子就来到前门车站，乘上当时最后一班南下火车（为刘汝明将军开的专车），离开了北平。在战乱年代被迫中断学业回到昆明的田汝康，到蒙自临安中学当了一年的老师。1938 年年底，田汝康编著的《实验心理学》在北平出版，受到学术界的重视，孙国华教授就请北京大学教务长樊际昌先生邀请他回西南联大①复学。

西南联大时期

1938 年 5 月西南联大在昆明开始正式授课后，田汝康转入西南联大哲学心理学系，专业为比较（动物）心理学。当时的田汝康一方面因为生物学基础不够扎实，上课颇为吃力；另一方面需要做家教维持生计，学习时间受到影响。综合诸多因素，他便改学了儿童心理学。后来，在留英考试中，田汝康的儿童心理学一科考获满分（100 分）。② 依据西南联大当时的学科要求，田先生必须多修两门课程，于是他选修了劳工问题和社会学两门课程，起初是由吴文藻教授，后吴文藻赴重庆，就由费孝通接手。因着这样的机缘，田汝康的学术生涯便开始同社会学交织在一起。在三年级下学期，田汝康就被费孝通叫去参加他和吴文藻筹办的社会学研究工作站。于是在 1940 年田汝康作为优秀毕业生，毕业于西南联大哲学心理学系后，随即进入燕京大学与云南大学合办的社会学研究工作站，任研究助理，跟随吴文藻、费孝通先生从事社会学研究。

魁阁时期

社会学研究工作站设在昆明呈贡县魁阁，因此那段时期也被称为魁阁时期。当时在魁阁的生活条件十分艰苦，住木板楼房，没有电，只能在菜油灯下做学问，田汝康就在那个时候，变成了近视。正是这样的艰难，更加凸显了当时学者们沉心静气的治学精神。田汝康在那个时期，完成了两

---

① 1937 年，受到时事影响，诸多高校西迁，西南联合大学由国立北京大学、国立清华大学、国立南开大学组建而成，前为国立长沙临时大学，西迁至昆明后改称为国立西南联合大学。

② 房汉佳、林韶华：《中国爱国学者田汝康教授》，砂拉越人民联合党总部研究与资料中心，2004，第 45 页。

项有重要意义的社会调查。

其一是在 1940 年暑假，在赴芒市进行社会调查前，恰逢雨季未过，有一两个月空闲时间，田汝康便和史国衡一起到昆明一家纺织机械厂做调查，这是他第一次进行社会学田野调查，根据田野工作撰写了《内地女工》调查报告。关于女工的研究资料在 1942 到 1943 年发表在《中国劳动》和《妇女工作》期刊上，1944 年该调查报告以"Female Labor in Kunming Factory"为题，作为史国衡 *China Enters the Machine Age* 一书的附录由哈佛大学出版社出版，这为后来他在英国转学人类学埋下了伏笔。1946年，这篇报告在该书中文版《昆厂劳工》中同样作为附录载入。

其二是 1941 年田先生到西南边疆的芒市，即所谓的"烟瘴之乡"，在那里对云南傣族进行田野调查。田汝康在那木寨进行了将近九个月的调查，参加了那木寨的各种活动，收集了关于当地生活的大量资料，调查回来后写成《摆夷的摆》，被收入吴文藻主编的《社会学丛刊》乙集第四种，1946 年由重庆商务印书馆出版，书名改为《芒市边民的摆》。该书分析了那木寨的宗教特色、社会制度和文化制度，带有魁阁时期功能主义的研究特色。其间，对于芒市的这段经历田先生写了《忆芒市——边地文化的素描》一文，1943 年发表在《旅行杂志》上。1949 年，此次调查的英文文献 Pai Cults and Social Age in the Tai Tribes of the Yunnan-Burma Frontier 发表在《美国人类学家》上，1986 年康奈尔大学出版了 *Religious Cults of the Pai-i along the Burma-Yunnan Border* 一书，该书是在田先生以《摆夷的摆》为蓝本写成的博士论文基础上修改而来。

在芒市期间，田汝康参与了抗战活动。1942 年 4 月，日军从缅甸攻入云南，田汝康劝说土司们组织起族人进行游击战，反抗日军。但是经过讨论后因为装备缺乏，田汝康的建议未被采纳，土司方裕之反而劝田汝康尽快回昆明。但田汝康仍留在芒市设法组织地方上的武装力量，直到中国远征军装甲兵团司令戴克光来到芒市相劝，他才从芒市撤离。在这次撤退中，田汝康亲眼看到许多难民的惨状，这也成为他毕生无法忘记的痛苦回忆。

回到昆明的田汝康，被委任为一个"干部训练团"的教官。这个干部训练团设在大理三塔寺，名为"大理滇西干部训练团"。① 1942 年，滇缅公

---

① 房汉佳、林韶华：《中国爱国学者田汝康教授》，砂拉越人民联合党总部研究与资料中心，2004，第 72 页。

路被日军切断，美、英、中三国决定开辟一条由昆明经缅甸北部至印度雷多（Ledo）的公路，由于对地形不熟悉，宋希濂便聘请西南联大地理系主任张印堂，携田汝康和一位大理滇西干部训练团的助教，对中缅边境的地理和人文进行调查。调查队在途中遇到了受伤的美军通信员史密斯，田汝康不得不中断调查而折回，将这位受伤的美军士兵送往下关。完成护送美军的任务后，田汝康已经不能回去继续雷多公路的科考任务了，于是返回昆明。1944 年，田汝康与罗常培、郑天挺、游国恩、徐嘉瑞、吴乾就等 32 位教授、学人应大理人士之邀，前往采访大理县志资料和进行社会学、人类学调查。① 根据在大理的生活体验，田先生写了一篇散文——《大理风景论》，于 1945 年发表在《旅行杂志》上。

田汝康修志完回到昆明后参加了出国公费考试，他同另外 7 名同学被录取，得到机会出国留学。1945 年下半年，欧洲战场已经没有战事，田汝康便赴英国留学。

出国留学时期

田先生留学到英国，先是在剑桥大学的三一学院研究心理学，偶然机会拜访了人类学大师弗思爵士（Sir Raymond Firth），弗思爵士得知田汝康参与写了 *China Enters the Machine Age* 后，便让他转入伦敦政治经济学院人类学系学习。在英国留学期间，田先生陆续发表了《英国怎么样》《英国人看中国》等文章。这期间田先生得知英国东印度公司图书馆中有很多关于中国的资料无人问津，其中包括中国帆船与东南亚贸易、中国铜钱在东南亚的流通等方面的资料。田先生对此很有兴趣，花了大半年时间去收集这些资料，之后根据这些资料撰写了多篇关于中国帆船的文章。1987 年，田先生将发表的相关文章一起编为《中国帆船贸易和对外关系史论集》，由浙江人民出版社出版。

1948 年，在获得英国伦敦政治经济学院哲学博士学位后，田汝康迫不及待想回国报效祖国，但在轮船上接到导师电报，让其前往马来西亚的砂

---

① 马颖生：《蜚声中外的人类学家、历史学家田汝康教授》，《民族学报》2009 年第 7 期。

拉越从事当地华侨社会的调查研究。^① 于是田先生便开始在砂拉越对华人社会结构进行调查研究，此次的调查报告由砂拉越殖民当局审查接收后，定为《关于砂拉越华族社会组织的报告》，该报告 1953 年由利奇编入伦敦政治经济学院人类学丛刊第十二种出版，名为《砂拉越华人社会结构研究》（*The Chinese of Sarawak: A Study of Social Structure*）。

浙江大学、复旦大学任教时期

田先生完成在砂拉越的田野调查之后，因之前见证了中国人民的苦难生活，他印象极深，所以拒绝了多所国外高校的邀请和导师为他安排的工作，毅然决然地选择回国报效祖国，于 1950 年正式回到国内。回到国内的田先生接到了浙江大学人类学系的邀请函，便先到浙江大学人类学系进行社会学的教学与研究。但 1952 年院系调整，1953 年他便被分配到复旦大学历史系，任教授、博士生导师，开设原始社会史课程，从人类学、社会学转到历史学研究。

海外访问、讲学时期

"文革"结束后，英国剑桥大学第二次邀请田先生作为访问院士前往讲学。在剑桥大学田先生讲了"中国农村水利建设的社会组织"和"郑和航海与胡椒运输"两个专题，在英国发表了《人类学视野下的汉字起源》（Origin of Ancient Chinese Characters: Some Anthropological Perspectives）和《郑和海外航行和胡椒运销》（Zheng Ho's Voyages and the Distribution of Pepper in China）等文章。1980 年年底，田先生收到澳大利亚国立大学太平洋研究所的邀请，请他前去访问。在澳大利亚讲学期间，他发表了有关杜文秀起义的相关文章。^② 在英国讲学的时候，田汝康就在东印度公司图书馆查阅到了有关杜文秀的文件，而到了澳大利亚国立大学，他又发现了几种有关杜文秀的文件。根据这些资料，田先生写成《杜文秀对外关系以

---

① 傅德华：《第一个在异国他乡护卫五星红旗的中国人》，《世纪》2011 年第 2 期，第 62 ~ 65 页。

② *Moslem Rebellion in China: A Yunnan Controversy* (42nd George Ernest Morrison Lecture on Ethnology), Canberra: Australian National University Press, 1981.

及刘道衡"使英"问题的研究》一文。1982年，田汝康在夏威夷大学东西文化中心进行学术交流时，以自己的心理学、社会学和历史学背景，提呈了一篇论文，是关于中国人对精神病看法的研究，以《红楼梦》为例分析了贾宝玉和林黛玉之间"变态"的恋爱关系，并于1985年在次奥（W. S. Tseng）和吴大维（David Wu）合编的 *Chinese Culture and Mental Health* 一书中发表。① 同年，田汝康教授赴日本京都大学东南亚研究所讲学，在京都大学，田汝康偶然找到了大量明代原刻本地方志，发现有关烈女的部分与他在中国看见的资料差异很大，引发了他的研究兴趣。1982年秋从日本回到康奈尔大学后，任该校东南亚研究计划特别访问研究员期间，他又通过对从中国、美国、荷兰、瑞士、瑞典各地收集的几百种明代方志和上千种清代方志的研究，完成了其著作《男性的焦虑和女性的贞节：明清时期中国伦理观比较研究》。稿子完成后送至康奈尔大学，因各种原因，直到1985年才出版。1990年9月至1993年6月，田汝康在普林斯顿大学讲学、写作，完成了关于云南基督教信仰的《信仰的高峰》（*Peaks of Faith：Protestant Mission in Revolutionary China*）一书，1993年由布瑞尔出版社出版。在1979~1993年，田先生先后担任了英国剑桥大学克莱尔学院客座研究员、澳大利亚国立大学太平洋研究院访问学者，并作为访问教授讲学于日本京都大学东南亚研究所、荷兰莱顿大学汉学院、美国哈佛大学、康奈尔大学、加州大学伯克利分校及普林斯顿大学东南亚研究所。讲学期间，他获得了许多珍贵的资料，结合国内的调查研究和资料，完成了许多著作和文章。

晚年

20世纪80年代中国社会学重建后，田汝康先生还曾任中国社会学学会副会长，当时费孝通任会长；因其关于华侨研究的贡献，田先生也被推举为中国华侨历史学会副会长；还任中国东南亚研究会顾问。2006年7月27日，田汝康在昆明逝世，享年90岁。

田先生一生经历了几段重要的社会历史变迁，从民国时期到抗战时期

---

① Traditional Chinese Beliefs and Attitudes Toward Mental Illness, in W. S. Tseng and David Wu（eds.），*Chinese Culture and Mental Health*，Academy Press of New York，1985.

再到改革开放后，从社会学的取消到重建，正是因为曾处于中国动荡的社会环境中，先生始终在惦念着中国的发展，才在留学后迫不及待地归国，难怪乎，房汉佳、林韶华为其所著的传记题为《中国爱国学者田汝康教授》。先生在学术生涯中涉猎颇多，其著作涉及社会学、历史学、人类学、心理学，也依靠这样博学的背景，出版了多部经典的著作。其关切的问题的角度也颇广，不局限于国内的少数民族，还有海外华侨的社会结构。其对历史事件进行讨论的文章，更体现出先生治学的严谨。

罗马尼亚的青年运动[*]

罗马尼亚的青年运动又称"斯拉亚塔义"（Straia Tarli），这个名词在罗马尼亚语的意思就是"国家的保护者"，这种运动为罗皇卡罗（Karol）氏于一九三七年十月所发起，他所根据的理想和组织，和童子军完全一样，童子军运动亦由卡氏传入罗马尼亚，当时卡氏尚为皇储，年仅十九，目前"斯拉亚塔义"与罗国内一切青年组织（童子军在内）实处于同样地位。

这种青年运动性质上民主政治的气味极强，其目的不外唤起罗马尼亚儿童的国家意识，使其具有对他人服务的理想；同时着重现代青年人大同思想的培植。为达到上述目的的起见，故这种青年运动，似略有看轻民族主义的意思。唯其如是，故较之大体上其他几个国家，专以鼓励为国牺牲，煽动好战情绪的青年运动大有区别。

上年夏季，作者游历罗国时，对于这种运动极感兴趣。当时被引导参观过两个"斯拉亚塔义"的夏令营。这种夏令营于假期内罗国各地皆有开办。作者所参观者，一在斯冷西尔维尼亚省（Transylvania）①，一在北部的布克卫拿省（Bukovina）②，这两处营房均为儿童自行建造，而所在地自然环境的优美，尤使作者受到极大的感动。在这两个区域其邻境均多山，而其斜坡又全为树木所掩蔽。山泉野花，幽静异常，俨然一个理想的青年营房的所在。

每一个营房中住满了从七岁到十七岁的儿童和青年。他们受的训练很严格，但各人均流露着一种极快活的样子，带着一种兴奋的状态，从事各人不同的工作。营中的生活极有秩序，但不过分约束。全国所有的夏令

---

* 原载《青年月刊》1940 年第九卷第四期。
① 现称为"特兰西瓦尼亚"。
② 现称为"布科维纳"。

160

营，都依照着罗皇当初创设这种运动时所制定的规章进行着同样的计划。每日营幕生活开始时，有一个纪念这种运动的仪式。所有儿童先由队长领导齐立营幕中心，升旗已毕，用罗马尼亚语齐读祈祷文。继由儿童齐唱"斯拉热"歌（Strajer song）赞美最高领袖罗皇及罗国国旗。歌词意谓：从国旗上的颜色，使他们忆起国家传袭的一切。黄色代表金色的谷粒；蓝色指点罗国清澈的天空；红色则象征先烈为罗马尼亚自由所洒的热血。

仪式终了，儿童们用早餐，而每日日程也由此开始，其中包括体操，游戏，各种手工，如建筑小屋，扫地等。后来因为国歌和国风舞，上述常规时有改变。在每日规定的课程中也常常设法变换单调的空气。如：先对于本国历史，或古时农民生活作一个简单的演讲，然后由儿童自由发问。在各种情状之下，儿童均被鼓励尽量发挥他们的创造力。

虽然青年训练中顶注意体格的锻炼，但于生活方面智慧的应用也并不会忽略，此点令人最感兴趣。儿童们常常被鼓励会互相讨论；并许其完全自由发表意见；同时从演讲上常使儿童不断回忆他们国家优美的遗传。此外各类宗教仪式的着重，也给了他们一种精神训练的价值。

每日营幕生活完毕，随即举行另外一个仪式。先全体肃立、降旗，重读祈祷文，唱国歌，最后儿童举手行"斯拉热"礼，并呼"岁奈打战"（Sanatata），此语在罗马尼亚为互祝健康之语，所有队员彼此相遇时也常用此互致敬意。

青年运动中，仪式方面有许多地方值得注意。罗马尼亚的景色带有一种神秘的，诗意的性质。儿童读祈祷文唱歌曲所流露的那种坦白的热情，似乎很符合他们对于国土所发生的感触。诚然，"斯拉亚塔义"精神的所在，实为罗马尼亚人气质上思想上所必需。细考这种运动的形成，并研究当卡罗王朝设这种运动时所奠立的理想和规章。我们便可以看出卡罗王是已经完全了解他的臣民，并且表示这种未能被人认破的成就，他成功的原因究竟在哪里[①]。

大战结束，罗马尼亚因获得斯冷西尔维尼亚、布克卫拿、拜萨拉彼亚（Bessarabia）三省土地，突然成为大国，这些种族复杂的省份，使罗皇和罗国政府发生许多急待解决的问题，最重要的是如何唤起这些新来的居民国家团结的意识。卡皇为全国青年集合的运动。实是获得这种团结最直接

---

① "哪里"，原文作"那里"。

的方法。而具有最高理想和以服役国家为中心的"斯拉亚塔义"组织，对实现这种目的确已尽到最大的努力。

在倡导这种运动时，卡罗王曾发表演说如下，氏谓："以'斯拉亚塔义'创立者的地位而言，我常觉得要想团结国家，这种运动实属必要。凭借了这种新生的力量，方能把整个国家的各部分彻底团结起来。罗国天赋所有的种种特质、优点及潜力，至今已长时隐匿未发，现在只有借这种青年勇敢的精神，方能使之重新发扬光大，并在国家服役上有所表现。我并非对大家有任何忠告，不过我要告诉大家，你们的精神也就是我自己的反响。我们并不是要阐发一种理想，我们自己就是一种新的推动力和一种新信仰。"

为表现罗皇个人乃"斯拉亚塔义"的最高领袖，卡罗王开始即担任起领导全国青年的责任，而这种举动不久便获得很大的成功。目下"斯拉亚塔义"已拥有百万以上男女青年团员，为数相当惊人。他们并非直接强迫加入；政府只在权力以内，设法鼓励全国青年踊跃参加罢了。至于应用什么方法。后面再为详述。

罗皇因对于教育极感兴趣。故皇储马沙耳（Michael）的训练，也同样依照这种青年运动的规章实论，以表示卡罗王对于这种运动确有很坚强的信念。其次，如显示平等的理想起见，罗皇更令皇储应以一个普通"斯拉热"团员身份去接受他的教育。特选择包括有社会各阶级的一群儿童，作为皇储永久的朋伴。贵族子弟素来对人就很难有什么特别友善的表示，但在这里，皇储却可以随意结交种种阶级如农夫、律师、公务员等人家的子弟。

"斯拉亚塔义"组织机构极为复杂，其方式与童子军组织大体相同。现在这种运动的组织，先区分全国为若干区，每区各有领袖统辖。虽然一般区为任何人若受过规定的训练，都可以担任领袖的职务。不过事实上各区领袖近来都一样由中央办事处选出，并加以认可。每区领袖统理一大队（Legion）。其下再分为若干中队（Cohorts）。中队即代表一个地方所有的儿童，中队再由小队（Centurias）及其他更小团体组成。这种运动组织中，还有一个特殊的部门，专为鼓励幼年儿童以及失学青年在商业机关同工厂内工作而设。

年龄较小儿童"斯拉亚塔义"的组织，大致与巴龙拉（Brownian）的组织相仿佛。这种为年龄较小儿童所设立的组织被称为"巢"（Nest）。他的创设目的在建立这种运动中高级组织的训练基础。一个所谓"巢"即以

"斯拉热"（Strajer）"斯拉热动"（Straj□①）（女性团员称谓）的基本德性，加友爱、毅力、忍耐心、忠实、勇敢等为教材。

为训练各级领袖人才起见，罗皇特在罗国境内设立三个集训所，其中两个在靠近西尼阿（Sinaia）（布恰来慈 Bucharest 临近避暑盛地）卡巴锡安山（Carpathians）的普林戴尔（Predeal）与布来沙（Braja②）；其他一个在斯冷西尔维尼亚省的圣乔治（Saint George）。在这三个地点，聚集了全国各地男女青年授以高深训练课程。这种服役，性质上是无报酬的，且部分时间的。惟担任职务的时间务求其能适应其日常工作。全部课程，需时约二十日。其中包含有"斯拉亚塔义"视为重要部分的仪式训练，体格训练，以及青年运动中所有的社会服务事项。这种领袖人才的训练男女性仍有区别，上述之圣乔治及布来沙乃专为男性而设，普林戴尔则专为女性而设。不过三个集训所，持有一个共同的特征，即同有罗马尼亚历史的讨论，罗马尼亚各种民间传说，和农间技艺的传习等课程。关于罗马尼亚农村技艺制作兴趣的很高，在训练中占有极重要位置。青年运动中的领袖们，曾多方努力帮助农人使其对于这一类原始简易的工业，保持极大的兴趣。如举办全国农村手工展览会即是一个例子。同时在这种训练中，国风舞以及罗马尼亚人穿着的制服，可以显出本国人民生活上的特征，同样也受到重视。

当卡罗王初步订本国青年运动的目标与规律时，对于帮助农民满足需要一点即特加注意。罗马尼亚持有大量的农民阶级。罗国全人口二千万人，其中一千四百万人属于农民阶级。这些农民大都教育程度极低，而生活在一种简陋的状态之下。因此之故，"斯拉亚塔义"的各级领袖，遂被教以如何帮助农民在农村中提高其社会地位。现在每一个集训所管有十个农村。而对于每个农村，已开始进行改良卫生状况，供给住宅，改良农田等工作。同时，青年运动的领袖们也教以如何组织"斯拉热"团员，使能担任建筑、疏渠、修路、土路灌溉一类职务。此刻全罗国已有不少新建的乡村教堂和公共建筑，新围的运动场，皆青年们惨淡经营的结果。

又因为"斯拉亚塔义"组织的结果，全罗马尼亚的农民得有机会与都市中青年发生接触。另一方面，这种运动所具民主的精神，也常使都市青

---

① 原文中部分字母模糊不清，无法辩认。
② 原文模糊不清，猜测为"Braja"。

年与乡村青年能彼此认识各自的问题，而加深其了解程度。

若将"斯拉亚塔义"的组织与童子军的组织加以比较，可以看出其中有异点也有同点。"斯拉亚塔义"在原则上是一种自由的运动，罗皇认为除少数已表示不愿参加者外，全罗马尼亚青年均望能自动参加，——不过参加者与未参加者之间并不会有什么歧视的地方。这种方式对于罗马尼亚这样落后的国家甚为需要，在罗国认为有用的方法，较之大不列颠之类进步国家所认为有用的方法实大有区别。一般认为"斯拉亚塔义"组织是国家主义的，与童子军的国际思想实相反。不过"斯拉亚塔义"并不会竭力鼓吹极端的国家主义，而人类的大同思想倒是他们所亟欲宣扬的。再者，罗国人民性好和平，战争情绪的煽动，很难获得一般人的赞同，实有之，这种运动目的在提高文化和身体健康，与罗国教育目的完全一致；且训练时期更加延长。参加年龄，男孩从七岁至十七岁。十七岁以后，他们必须参加预备军役。预备军役为罗国青年满二十一岁应服的一种准正式军役的初步训练。预备军役的施行，用意即在缩短正式军役的年限。女孩参加年限则从七岁起至十二岁止。

这种运动的基本组织与童子军的组织极其相似。所有工作人员一概出于自愿，并无任何薪酬，仅一部分人员服务布恰来慈（Bucharest）中央办事处的可以获得若干薪俸。夏令营每年开办于暑假期内，如此则易适应一般儿童的需要。在营时间自两星期至四星期不等。上节曾经叙述：任何男女青年在三集训所受训练满一定日期以后，就有充任领袖的资格。在组织上，他们并没有设立极权性的领袖制度。罗国许多男女教师都很愿意自动的参加这种工作，倒是①一件有趣味的事。

大凡看过罗马尼亚青年运动工作的，或是参观过夏令营的，没有一个不对于青年们工作和休息时所显示的众种热力受得感动。看到青年们的率直、健康、聪明，不由你不在精神上去分负他们那无限希冀的复新社会的信仰，关于这些领袖们所表现出来的精神，可以用卡罗王在这种运动最初成立时说的几句话来概括，罗皇说："你们这些和平的卫士，未来和平的队伍，是需要在一个新国家里，来培养并传播一种新信仰的。"

（本文曾经罗廷光先生校正）

---

① "倒是"，原文作"到是"。

忆芒市

——边地文化的素描*

　　不知道为了什么缘故我总忘不了芒市——这个烟瘴之乡。几年来从荒凉的漠北到炎热的岭南，处处都有过我的足迹，但没有一个地方能够拴住我的记忆。不论多长时间的逗留，在印象中，总像一朵彩云似的，当时尽管飘渺动人，倏忽间即随风而逝，冰消瓦离，以后便毫无踪影，我常自己反省也许自己心理上有些变态，否则感情何以会这样的淡薄。后来还自作解释，认为世事茫茫，随处多作留恋，无异自寻烦恼，一心毫无牵系也是一桩幸事，私下又颇引以自豪，不料近来证明实际上并不这样，走极端的，最容易从这一极端跳到另一极端。我可以忘记了一切，却偏偏忘不了芒市。这好似修道者遇到魔障一样，以前所有的苦行全在此刻受到了考验。现在芒市的一切，不止萦绕在我脑海中，甚而简直变成一个不可湮没的意象，一个比实际芒市更完美的轮廓，随时随地在记忆中呈现出来。

　　首先我所不能忘记的是芒市日常生活的情形。摆夷的生活并不像一般传闻的那样松弛，他们天天都有工作，而且工作得相当紧张，当晨鸡初唱，晓色曈昽的时候，四园竹篱中早已透出妇女们舂米的声音，这是一天工作开始的信号，最初出门的是赶街子的，接着下田的驼柴的也相继离寨，最末动身的要算牧牛队，所以号角嘹亮的声音常表示全寨烦嚣行将结束。此后村寨中便难找到什么人了，人全分散在山边水涯田野间辛勤的工作。不过大家工作是有限度的，并不会像这样的永久工作下去，所以晚饭后的时间他们又另有活动。年老的概聚集到佛寺中听大和尚讲讲经书，清风古佛傍边，不止整天的辛苦得以轻松一下，就连一生的劳碌到此也会得到寄托。中年人不上佛寺，便留在家里。一壶菜花茶，几管火草烟，三五

　　* 原载《旅行杂志》1943 年第十七卷第三期。

成群，团炉闲坐，随意的谈话也照样可以解除白日的疲劳。至于一般青年男女们，他们活动的空间则又限于室外，通道上可以聚众打情骂俏，僻静处则可以约情侣静坐谈心，夷方坝的夜好像全为青年男女们而预备似的。并且依照季节的不同，大家还可以利用拿鱼、捕蝉、打黄鳝这些活动，田野间尽情欢乐的机会随时都可以取得。生活中必须具有的要素，他们全都拥有，同时还配搭得相当的均匀。你想，像这样的生活且不是人世间最理想的生活吗？

其次我不能轻易忘记的是那区域里面，人的一生应该有些什么样的生活也是有条不紊的。芒市人的一生可以分做四个阶段，其间包括着个人进入社会和退出社会的整个过程。换言之，也就是普通对生命历程所作幼年，青年，中年，老年的区分。在这四个阶段当中，一切规定得相当的严整。各阶段应尽些什么义务，该享受些什么权利，以至于穿着什么样的服饰，称谓什么样的名号全有一定的限制。日常生活里面，各阶段的活动彼此不同，一切集合活动当中，各阶段所担负的职务也一样有别。在芒市做一个边民，实在有加以庆幸的必要，因为在他一生期间，他决用不着再费心思为自己作什么打算。在他出生以前，社会早已限定了他的活动，就安排他应该做些什么事情。既然大家所走的道路只有一条，所以对于这条道路根本就用不着有什么怀疑；而全社会都走这样的道路，所以进行上更无须有所胆怯。站在客观的立场上讲，这也是人生中最理想的一条道路。幼时家庭个别抚育儿童，继由社会来加以训练，使之能继承社会的一切，使社会得以绵延，最后再退出社会，让后来的加以接替，个人对社会应尽的义务，确已算完全做到。而在个人的利益方面看起来，幼时受家庭的养育，青年则在男女社交上尽情的享受一切，寻欢作乐，毫无顾虑，成家立业之后，却另外还有一个遥远幸福的来世安排说，现实的欢乐决不致因肉体的消灭而中断，人生所需要的，其他恐怕再也没有什么了。

芒市现实的环境也使我忘记不了，因为这样的环境是人类在梦寐中才能看得到。你想，在每平方公里仅有十多个居民的条件下，一年的收获尽可以具备两年另九个月的食粮，而水旱虫荒的饥饿只有在传闻中才会被发现。那在芒市坝筹划个人的温饱问题，岂不是纯为庸人自扰。不愿意辛苦劳动的，可以做点轻松的工作，好像每天到佛寺中扫一次地，大和尚也可以养活你一辈子。再不然，坐在家里，让左邻右舍亲戚朋友来供养也是办法；反正谷米多，只要你觉得无所谓，小小的破费，大家也倒满不在乎。

在这儿是看不见乞丐的。因为举手之间，到处都有饭吃，到处都可以获得施舍，抛头露面似乎大可不必，所以大家也不愿意这样做。这儿是没有偷窃的。夜间睡觉要关锁门户从没有人想到过。因为假若你去求施舍，别人总是有求必应，而且人家给你的，也许比你偷得的更要多些，我试问过一般人：要是在河流两岸无人照管的水碾上，捉到一个偷米的小偷，大家预计应该如何加以处理。当时所得的答案可出乎我意料之外。大家异口同声的说，应该到家里额外再拿点东西给小偷，理由是这个人实在太可怜，水碾上的谷米太少，恐怕对他并没有多大帮助，何妨格外再加上一些。芒市是用牛粪来做燃料的。捡拾牛粪是大家常看到的事体。但我就没有看到有某人捡拾已经插有草杆的牛粪。因为插有草杆是表示别人较你之前看到这堆牛粪，只是还没有拿器具来装盛罢了。过去人类在理想中曾经创造过许多理想国，但是我们在这儿实际所看到的，岂不是较理想国还更加理想。

我最不能忘记的还有芒市的那种稀有的价值观念，一种不愿意在物质上求竞争的价值观念。在芒市用以衡量物质价值的是施舍而不是获得。收入多的，施舍应该更多，越是有钱，自己越发感觉自己的施舍不够。因为别人不像自己富有，而在施舍上却超过自己若干倍。由于有这种特殊价值的存在，所以在芒市坝财富并不太可贵，财富更不足以凌人；反而财富愈多，对于所有者愈是一种负担，愈为所有者加上一种责任。对于贫穷的，大家是一种怜恤的看法；至对于富有而不施舍的，大家却多出之以讥诮，盲目崇拜富有的情形是不会在芒市坝看到的。而且就在施舍上来说，由劳力换来的血汗钱与不劳而获的财货，价值上也相差得很远。据说在佛的眼光里，后者远不如前者的宝贵。了解这一种价值观念以后，当看到许许多多特异的事物时，方不致大惊小怪，不然，为什么土司的母亲和家属竟会出来替老百姓家整天的割谷子，这岂不是一种疯狂的举动，而多少贵族老太太竟在通衢上摆小摊出售零食，其动机究又作何解释。

我永远忘记不了的，另外还有些琐碎的印象和些个人特殊的经历。在那烟瘴乡里，我觉得社会是那样的安静和平，环境则又是那样的陶醉迷人，甚而一般人的面貌也都特别的肃穆雍容，村寨间听不到争吵的声音，生活中难遇着不欢的事体，似乎忧虑这件事从未光临过这个特殊区域。不过决不可误会他们的生活表现因此会过于随便，甚而会批评他们麻木不仁，实际上，他们感情的真挚，心理的坦白，实令我们望尘莫及。吊丧真也许他们不会涕泣，这因于死者与生者间并未建立过什么感情的联系所致，若是彼此间稍有感情的话，为了半年的普通别离，他们很可以抱头痛哭上个钟头。

我走过这样多的地方，却从没有备办过什么行李，携带过多少随从，仅有的只是土司署借给的一匹老马和自有的一只手提箱。在炎夏时光，冒暑远行。中午，人困马乏，只要你开一声口，常有人到几里外代你烧水解渴。傍晚投宿，向来不曾被人拒绝过，路上碰到谁，谁便是主人。一入家门，立刻便待为上宾，成为阖家拥戴的中心，烧水弄饭，扫榻展被，极尽接待的殷勤。明晨离别的时候，人家还替你预备下人马半日的食粮。同那木寨寨民前后十个月的接触，最后阖寨竟集议为我建造一间住屋，拨给我一份租谷，以便我长期居住，有一次病中看到素馨花的可爱，向房东小姐随便要上一支，不料下午引动全寨少女集队的折花相送，使我整个房间到处挂满了一束幽香媚妩的素馨花。这些细微的事件，在我心上划下一条很深的痕迹，留下一个最深刻的印象，尤其是当我离开寨子的时候，全寨老幼尽远出相送，一双双充满了浓厚感情的瞳子，至今尚依然在目。像这样的情景，实使我不能轻易忘却。

不到芒市将近一年了。回忆离别的晚间，我曾在南天门山上，就看见整个坝子卷在烛天的火舌里，熊熊的烈焰下，隐约有一阵涕泣声音随风送来。同车的都伤感不已，我自己更不禁为之泪下。不过，这个坝子中的生活虽已够人羡慕了，只是终结总还缺少着一种力量，一种保持幸福欢乐常在的力量，希望这场烈焰会给芒市一个锻炼的机会，希望今后芒市的生活会由此更臻于完满。

窗外依袅的柳条正在抽芽，此时那木寨佛寺边的桃花想来又已明媚动人了，却不知大家寨民的心情怎样。对于去年常在花下彷徨的那个远方客人，一般人恐怕还不致于忘记罢！

不知道为了什么缘故，我还忘记不了芒市——这个烟瘴之乡。有些人说：芒市就是亡市，这话并不算为过分夸大，谁也不能加以反对。不然，为什么缅滇公路上，每天成千成万的旅行者，试问有多少人敢在这儿多逗留过一会，"下关风，龙陵雨，芒市摆子，遮放米"，是每一个仰光客所熟悉的。就是在四围高山上的内地人，除去"穷走夷方饿奔厂"的亡命徒外，同样也很少人敢仔细对这个坝子正视过几眼，树下有毒，草上有瘴，哪儿还能够容足。"要走夷方坝，先把老婆嫁"，很可以对芒市下一个最好的注释。自然，赞美芒市的并不是没有，不过赞美她是一回事，亲近她又是另一回事，赞美她的却未必敢亲近她。就正如某位姣好的小姐染有麻风症一样，这位小姐的风姿虽可以倾国倾城，一般人仍旧是望而却步，甚而大家还相戒勿为她的美色所诱惑。芒市所遭遇的也正与此相像。不过我却不愿意对芒市作任何的辩护，因为根本我也就感觉不到她有什么瑕疵，我像初恋者那样的狂爱芒市，理智哪儿还能控制我。"情人眼里出西施"就且算做我万不得已时所作的剖白。

我是东方人，我接受了东方文化几千年来所留下的遗产，一种和平安静的生活是我心目中所最羡慕的。但我过去始终就没有享受过这样的生活，整天的劳碌，仅仅使个人的生命得以维持，生活上永远是空虚的，不只空虚，有时还有些迷糊，自己不知道自己应该做些什么。一闭眼便会想起大学时代，所做过的一个著名的动物心理实验，使一个白老鼠疯狂的情形，起初是红灯下有食物，绿灯下有电的刺激；瞬刻间又是绿灯下有食物，红灯下有电的刺激。如此辗转改变的情形与我们现实生活中所碰到的恰恰相仿佛。我想逃避这样的生活，所以远投边荒。两年多的奔走，在一个内地人甚少履足的乡寨中居住了将近十个月，无形中认识了边区文化是什么一回事。慢慢的我忘记了烟瘴的可怕，漠视了毒蛇猛兽的攻击；再进一步，且失掉了一般内地人对于文化上所有的自尊心。我不单感情上羡慕边民的生活，理智上对于他们的文化更有无限的敬仰。在一本书的末了，我曾经写过几句话，认为"我们得庆幸这荒僻之区，烟瘴丛中，还留得一个人类智慧的创作，也许它可以给未来的人们再造世界时，作为一个取法的张本"。这是我衷心所作的赞词。

大理风景论[*]

　　谈到风景，有两种错误的态度须得要纠正，这两种态度均根据联想而产生。想借联想作用做手段，由个人的特殊经验中去体会风景，头一种态度是从空间上去做联想，持此种态度的人，常喜欢把某地风景用譬喻的形式，转来描述另一地风景，所以说到大理的风景，大致总不外说"大理是东方的瑞士"如此的说法，对于一个曾经游历过瑞士的游客，自然可以产生一种回忆的作用；至对于已知瑞士是什么情形，而未曾亲身去过的，大致多少也可以引起一种强烈的联想；不过对于一个不知道瑞士是什么地方的人，采取这种的形容方式，那就无异是"隔靴搔痒"，终究并不能说明大理是怎样的情形。第二种态度则是从时间上去作联想，简言之，也可以叫做"历史派"的风景观，这类人所用的方法，便是从过去历史事物上，去估量现有的风景价值如何。譬如一提到大理风景，那南诏的历史便立刻会跟踪而至，其实，大理的风景自有其美点，风景自风景，历史自历史，二者各不相涉。袁子才觉得海参鱼翅不应该列为食中珍品，理由就是二者均须借鸡鸭共同烹调方能可口，自身无奇，偏要掠人之美以自显，想必是"苍山之英，洱海之灵"所不取，何况风景并不曾讨过便宜，倒是历史却反因风景的奇伟而得以永传不朽，只可惜风景所建下来的这桩功绩，无端的被人忽略了。

　　大理的风景实不需要我们用这些方式去捧场的，正如天生佳丽用不着化妆，过于讲究修饰的未必是美色一样的道理，自己已经能够立得住，站得稳，别人还多事的去加以扶持，说起来未免迹近无聊，不患无名，患所以立，依托寄生在别人身上，且犹强掠别人之美以自炫，在这烦嚣俗鄙的社会中，有这样的行为发生，尚且为人所不齿，那评论风景自更应避免，

---

　　*　原载《旅行杂志》1945 年第十九卷第五期。

世界上只有两样东西具有真实性，一点也不能虚伪作假——那就是大自然本身同着艺术家的创作品。

风景的真正欣赏方法是凭直觉而得的，但是要把我直觉中的大理风景加以叙述，却是相当的困难。在这种莫名其妙的感觉上反省一下，自然并不是不可能，不过要把这种"不知之知"或是"无知之知"搬到纸上来让人知道，那直觉多少也变了质，不成为直觉了，我决定舍弃这样的做法，而就一般所共有的感觉上做基础立论，务使所评论的俗雅共赏，即使对大理毫无所知的也同样能有所体会，因为平凡通俗的风景才是真正的风景，天下事物越能平凡，越是伟大，风景又岂能例外。

在中国论风景有一个千篇一律的公式，这个公式就是在地名上加上些自然物，用多少物合起来凑成若干风景。大多数情形是八景，否则至少也是个偶数。三景，五景，七景，九景的数目还不多见。在这种规定下，大理风景自然也脱不了这么一套。本来"风花雪月"已经够了，却偏要加上些地名，编或什么"下关风，上关花，苍山雪，洱海月"。好像这四样自然物都为某地独家经营，别地并无名号似的。若仔细来考量一下，除去雪与苍山间关系特深外，其余三者实值不得再把地名连上去，爽性来个"风花雪月"岂不是更妙。另外"山水石鱼"在大理风景中决不能不提到，这是我大理风景论中所有的八个项目。

山水明媚的地方到处俱有，不过若是太好，就失之于偏。风雪不仅见于大理，但在别地却未必如大理那样够味。大理风景之美，美在谐和。明媚外且兼雄伟，复合中别具风格。有其美而无其恶，蒙其益而不受其殃。说起来真有点令人不相信。潘光旦先生曾经有过这样的意见，认为云南的省会应该移在大理，因为昆明与大理虽同以风景著称，但大理多风，气候变化亦多，在这一点上，大理实胜过昆明，所以谈大理，我们便须首先提到风，大理的风怪得很，一吹起来便有洪飚扇海拔木摧屋的力量。最初是一阵淋淋漓漓动息有情舞花乱竹的声音，由远而近，渐次力量越来越紧，声调越来越高，开楹拂幔，先示之以风信，接着便狂啸怒吼，使得屋宇簌扬，但瞬刻间又扶摇而去，只有余音挂在树头。昼夜间，一阵又是一阵，尽是这样清浊效响，绵绵渺渺的风声，特别的是大理四郊尽堆满了石头，所以风尽管大，却不看见有扬沙晦昼的情形；尘埃也有，却不会像北方那样的下土，而且风势尽管猛，却是威劲内敛，一日临之，并不像想象中的那样料峭刺人。萧瑟威发的烈风，实际上和阳春一样的可爱，披襟当面，像一幅轻纱拂过似的轻柔，又如同一双纤纤玉手按摩般的温柔。几度经历之后，对于风一点也不厌弃恐惧。有时反而觉得无风的可惜。大理的风怎样的情形，由此可以想见。

以滇绝著称的茶花，谢肇浙举其品类多至七十余种，赵璧作茶花谱为数亦近百类。可惜这样繁盛的情景已成过去。现时全滇茶花品种已是寥落可数，其中能够保留品种最多的莫过于大理，至于其他如昆明等地则所存品种至多不过五六种而已。仅就年来个人在大理所见者而论，则其品种可在二十多种以上。列举起来，可有银红、汗红恨天高（又名菊瓣）、赛菊瓣，十样锦，大红、汗红、粉红松子壳（又名通草片），大、小桂叶，鹤顶红，紫袍金带，紫袍玉带，大、小玛瑙，玫瑰紫，狮子头，软、硬枝绣球，单、双片宝珠，九心十八瓣，白洋茶，白茶等名目，这是大理主要花卉之一。其次，苍山十九峰中，最高峰名叫兰峰（高一万四千英尺），盛产山兰，所以大理兰科植物也特别多，除开春兰，夏蕙，秋芝，冬雪等名类的区别以外，其他尚有珠兰，绿兰，蜜蜂兰，素馨兰，黄连兰，白莲兰，麻连兰，藕色兰，虎头兰，朱舌兰，火烧兰，建兰，墨兰等品类，在滇中亦相当驰名。另外云南西部的杜鹃科植物本极可观，自从经过英人乔治佛莱斯（George Forrest）氏的阐扬后，已成为世界名种，各国植物园中常见其芳踪，大理这一类植物，品类颜色相当动人，形形色色，应有尽有计达百余种，即类似杜鹃的山踯躅（当地称之为映山红）所有白，黄，水红，童子面，丁香红，大红，朱红，宝珠，春花等九色，计五十余种，这是三种主要的花卉，大理其他的杂卉还很多，普通人家庭院中栽种的盆景花木，常常数达二百多种以上，不过大理的花木不贵在多而贵在普遍，甚而不只家家有花，最难得的是每个家人都能够做移花接木，改形换色的花神。

所以每到大理朋友家去作拜访，一入中门，在小小白石铺成庭院间，常摆着多盆明艳嫣妍的花朵，姹紫嫣红，临风莞尔，常使来客心神为之一快，在每年农历元旦期间，大理照例还有赛花会，满街绣天锦地，云绽霞铺宛若一座花城，这样的情形别地实难看到，对于一般无法自己布置园亭的人们，大理也为之安排下一个最风雅的去处——便是普通所谓的花园茶社，在曲巷小径中，常有几个很小的庭院，紫竹棚架之下，放着光可鉴人的白石桌凳，四园尽是旖旎媚妩的花卉，泡上一杯新焙的醍醐烤茶，这儿静坐上几刻钟，虽不致意爽似仙，头轻如沐，想来一天的疲劳总能得以消除了。

从前做心理实验的结果，发现中国人最爱白颜色，所以雪想来是一般人所喜好的了，不过天下事物总有两方面，有欢乐的一面，同时便有悲惨的一面，年终岁暮，假若冷云四合，拂柳压竹的来一场大雪，瞬刻间匝地铺练，深可盈尺，自不能不算一桩好事。但是能够登楼望远或是骑驴寻梅的究竟只是少数人，大多数无衣无食的，看这些雾霏皎洁的白雪，不仅没有诗意，反而是一种大威胁，在穷人眼里，虽然不敢奢望雪变成李商隐诗句里的"面市盐车"，至少下雪也应该不太冷不太阻碍生活才是，不料这样的痴想，在大理却得以实现，因为大理的雪仅高高堆在苍山上，山巅尽管是冷光素影的皑皑白雪，而地下仍温暖如春，人们的衣食行动丝毫没有受到影响。不论贫富，雪所给的赏玩机会完全一样，它并不会专供富豪阶级们赏玩，而另外却令大多数人备受冻馁之苦。当大家穿着单衣能够觅望晴雪玉龙这种奇景的时候，实不能不钦佩雪在大理的仁爱表现。

我觉得月夜洱海泛舟并不有多大意思，这样的景色到处都可以看得见，而大理有几种月夜美景反为一般人所不大注意，在这儿却值得提一提。首先我们要知道月色的清晖素影全是配衬出来的，设若月夜不同一个寂静的世界和人们亟求休息的心情相配合，一般人看月必定又有不同，所以月色的美全看陪比在周围的景物如何。大理不可忽略的月色有两种，第一种是当一钩新月挂碧天的时候，在这狭狭百里长的大理坝子间，一边是一片淡墨色嵯峨的山色，一边是一片涵净如银的湖光，衬上那广旷无极的蓝宇，便形成一幅绝妙的黑影画，这是以山为主以月色为辅的一种景色。第二种是当满月多晖的时光，胧胧的素影下，山色湖光差不多并为一体，淡灰色的山水作为基体，上接寥廓的青天，在这种对比的情况之下，看山觉得月小，看月又觉得山渺不足道，这又是以月为主以山水为辅的另一种景色，至于明月照积雪，在一块灰白蓝三色叠成的天幕下看月，更当是别有风味了。

苍山是呈扇状的，十九峰间岩峦万叠，黛色参天，且当峰与峰间又都有一样幽深的溪壑夹在当中，所以越显得山形的嵯峨峥嵘，大理有这样的一座大山屹峙在左右，每日之间真是有无尽的美景可看，晨间浴在朝日里的苍山，看起来是碧峰峻秀，翠浪起伏，山上纤芥可查，但夕照里的山色又变为同云霞乱采的一座天然屏障，当初着微雨的时候，立刻会有一层濛濛的雨雾笼卷上，似烟非烟，似云非云，整个苍山又只有个隐约可描的淡墨轮廓，然一等到天气转晴，则又立刻变了样，山色是青凝如洗，到处都有未散尽的缥渺白云，再加上道道流泉，东挂一条，西挂一条，山色又有不同，在大理居住的，大可不必再去看什么山水画，摆在眼前的苍山便是古今山水画的集成。使苍山改形移态的另外还有云，有时是一大片云山紧接着山巅，处处玉峰突起，令人感觉到苍山似乎陡然增高了许多，然有时又是一块冻云把山蔽覆了一半，仿佛苍山被削剪一些因而低降了。夏秋之间，天朗弥高，常有一条云条横浮山腰，绵亘数十里，皓如曳练。所谓"天将玉带封山公"又可算是另一奇观了。

提到大理的水，大家总想到洱海。自然，在那素波碧浪的大湖中，云水苍茫，风帆起伏，本来已算是美景了。不过，大理另外还有比湖水更美的溪水泉水为人所遗弃了。从十八个幽深回悬的山谷中流出来的泉水，在我看来，实在太美，试想曲行纡余的石涧当中，流着一道清澈浅绞的溪水，随山湾转，阳光直射渠底，照在那些洁莹斑斓的杂石上，越为水色添光浮秀。柳子厚游记中所称道的景物，最多恐怕也不过如是而已。苍山大的溪涧虽仅十八条，但支流则不计其数。在山间旅行，乱石堆中，到处都有这样涧悬激注的溪水。有时虽然看不见，但玎玎向谷的流水声总可以听到，这些溪水最后且流入大理城内，当穿城入湖的时间，居民们便利用这种机会，在门前随地作渠，或是直接引水入户。饮食洗濯，终年取用不竭，成为天然的一道自来水，可见——"家家泉水"的语句并非虚构，大理城确可以看到这样的情形。

举世闻名的大理石是一种含有氧化铁的黏土质石灰岩。把它的表面磨光后，便可以发现种种不同的花纹。根据花纹的色彩来区分，可以有水墨花纹和彩色花纹两种，其中水墨花纹一种仅为苍山三阳峰一处所独有，所以价格特别高昂，彩色花纹则比较低廉些。大致一般评石的标准，倾重石质石色和石纹三者。石质取少滑润精坚，石色以皎洁不杂为上，石纹不外均衡调和，另外还有所谓裂纹断纹等目名。大理石除供赏玩外，制造器物亦极相宜，现时大理城中制作大理石器物出售的甚多，这是早几年所看不到的。大理又可以称为真正的石头城。苍山不断被风所剥蚀分裂下来的石块，被溪水推运分散到各处。所以大理城随处都可以看见石头的踪迹。整个房屋差不多全系石质堆成，登高一望，随处尽是云白苍绿的石头，这恐怕也是别地所少见的景象。

洱海盛产弓鱼，形状好像鳞鲌之类，体窄长，腹部扁狭，头尾均向上，身体中部有显著的金色腹侧线一道，刚离水时，全身呈银蓝色，背部较浓，腹部较淡；离水时久，即转为银白色，刺细，肉厚，味美价廉，真是不可多得的食品，每当桃花破红，春波泛绿的时期，产量特别多，味亦特别可口，当地人遂称之为桃花鱼，制法择其鲜活的，破腹除胆，留其血□，放在汤中煮沸，等到吃的时候，再加上些酱油、辣椒、葱、姜做为香料，用以助饮佐食，均可以算为珍品，当地另外还有一种烹调浧，同叫化鸡的情形完全相像，即是用湿泥裹鱼身，用火来烤吃，亦可算别有风味。

把大理风景分成"风花雪月，山水石鱼"八项来叙述，乃是一种不得已的办法，实际上，风景的美是属于全型性的。要寻求大理风景真正的风格，非得把"风花雪月，山水石鱼"八项自然物拼起来，打成一片来看不可，可惜这样的看法绝不能搬在纸上，所以想知道大理风景到底怎么样的动人，势不得不求诸个人的想象作用了。

英伦特写·英国怎么样[*]

　　到英国以来，常接到国内朋友的信问到英国怎么样。自然，大家知道任何事物在英国都很少变更。不管世界怎么变化，伦敦街上的汽车仍是那样古香古色，英国商人，英国银行照旧应用他们那一套十九世纪的老方法在进行业务，初等教育也未曾与宗教完全分家；飞弹的骚扰并没有影响喝午茶的时间；食物的限制也决不能改变星期一吃凉菜的习惯，上星期我在一家自助餐馆里吃中饭，当我把菜选好，正想端到桌上去吃的时候，我前头的十多位绅士们忽然站住不动。一站就十多分钟，简直等得不耐烦，跑到前面去看看，我起初完全不明了，大家究竟在等什么，详细一看，发现原因很简单，只是餐橱里的仅是吃鱼的刀叉。而大家手里端的菜并不是鱼，所以宁愿站着在等普通的刀。在我们看来，用吃鱼的刀叉来吃肉——也未尝不可以。何况在这种情况下更应该通权达变，不过这是我的想法，英国人士决不这样想。在英国任何事物都有一套习惯，一番规则，而这些东西全是天经地义。谁要想立刻从根倒一转那简直是在做梦，谁也不敢作此妄想。

　　我这样的说法，并不是说英国决不会变。英国是有变化的。有的英国人还发现经过这一次战争，英国是多少变了样。一位年轻的英国教师告诉我：他记得他小的时候，他母亲领着他同他九岁的小弟弟到水果店里去，当他小弟弟看见店里鲜红的苹果，用了血一般的这个字来形容苹果的时候，骇得全店里的其他女顾客夺门就跑。他说这一次战争之后，他参战归来竟会发现他母亲也在用这个字做形容词，是的，英国真是变了！

　　我的房东太太也终日在向我发牢骚，说是这一次战争弄得英国简直不像样，英国人也不像英国人，言语行动一切都反了常。当她看到报上登载

---

　　* 原载《时代评论》1946 年第十六期。

拉斯基教授在一个集会上说要是上院要干议三千万民意结合的工党政府，就请上院滚蛋，她简直气的要发昏，向我大声说这还成什么体统。不过在这些老年人的叹息声响之外，在任何青年人的集会上，我又听见青年人也同样怒气冲天，他们责备工党政府的政策过于走中道，为什么让教会对于初等教育有这样大的控制权，为什么煤矿收归国有，还得另外花一大笔钱来赔偿资本家的损失。英国的变就是这样，老年人觉得她变得太快，而青年人看来，又觉得她变得太慢。任何事物英国自有一套变法。她的特征，就是不管别人跑得怎样快，英国应去按部就班一步一步的试着来。

英国现在怎么样？对于这个事实的问题，我的回答是英国仍像前时那样的艰苦紧张。尽管街沿两侧的防空壕已经渐渐清除，墙壁上失效的标语已经慢慢褪色，但是一般人民心理上仍是照常的紧张，紧张的性质也许不同，但紧张的程度却未较战时为低减。对内对外英国正面对一大堆亟待解决的问题，我们且不管这些问题严重性到底如何，问题重心是正像世界各国一样，五年多的苦战，大家心理上多少有些麻痹，人人希望能够静静就下来休息一刻，而偏偏这个休息的机会竟得不到。我想这种心情，国内人士决能够亲切的体会到，因为要是战争真是结束，首先应该看到的自然是士兵们赶快复员，各安生业，自然复员在英国决不是一件简单的事情，举个例子来说：各个士兵脱去军服之后，政府得发给他一套衣服（包括大衣皮鞋之类），政府决不能让士兵赤着身子回家。在这数个问题未得完全解决之前，复员也就得随之另作考虑。并且即使照目前退伍的效率来说，回家心切的士兵觉得太慢，而据德国占领区的长官看来已经觉得太快，在这些长官的看法，战争并没有完全过去。乱混的局面并没有完全澄清。迅速的退伍使这些长官随时在心惊胆寒。士兵既不能迅速的退伍，结果影响所及的便是战时劳力的缺乏。说起来真使人不相信，在我日常来往的一个火车站上，负责一切的竟仅是两位中年的太太，和一个十五六岁的小孩。她们忽而卖票，忽而查票，忽而打扫粉刷，忽而打灯传讯。一个人不知要做多少人的事情。目前各公事房打字员的缺乏竟使生手都成为奇货可居。大家去到伦敦乘驶公共汽车的现在还全是些年迈苍苍的老头。每天报上，从头到尾差不多是找职员的广告。到底英国人到哪里去，若是分析一下根据去年十月底的统计，在伍的军人是四百五十万，合共是八百万，较之一九三九年二项有并为百万的数目，那便是说英国现在还有六百万人尚未复员，那无怪乎劳力的缺乏了。劳力的缺乏一方面影响出口贸易的不能迅速恢复，另一方面便影响到生活用品的困乏了。

我在这儿不愿意指述英国生活的情形怎么样。人家生活的艰苦也许正是人家的伟大所在，举个例子来说，我不知碰到多少教授竟没有表，时常问学生现在是什么时候，原因是英国现在钟表店里正有五十多万个表在等待修理，但是没有零件，政府向瑞士采办零件，瑞士政府偏要金镑，才卖货，为了不愿金镑向外随便流出，政府也只好让人民暂时没有表了。现在英国的政策就是想国内来紧裤带节省，竭力对外贸易身上来找出路，现在英国国内所看到的附有（cc41）的货品，这个标帜表示这种货品是在国内推销的"实用品"。虽然大家能购买，数量限制极严，价格也极便宜。不过品质就难说了。以衣服说，浆洗店的老板对（cc41）的衣服便得加小心，老板不事先问明，可以常常噪架①。好的货品有不有？有的，至少我在印度曾看到，中国也许不久便会出现。至于英国人民何时买到战前精致的货品，那便看前途的演变如何了。

决定英国今后康复的因素，除英国本身外，另外得看世界局面从此是否宁静和美国帮忙的程度大小来决定。谈到英美的关系，这是一个极有趣的问题，在英国报上看到的，广播里听到的似乎利害上还有冲突，譬如说，当苏俄与乌克兰提出希腊与印度尼西亚问题向英国质问的时候，保守党报纸的分析，美国除触目惊心，赶快别作准备外，似乎有点亦近在看热闹。这样的情形并不希奇，世界上的外交决不会一致的，在某些方向可以是同道，有些方面可以是仇敌，现在的英美表面尽管握手言欢外，背后还存在着一个彼此心照不宣的极端冲突的市场竞争问题。一切的关键全关联在这个问题上，这一笔大借款若是成功，自然也必须成功，在杜鲁门这样说，丘吉尔也这样说，英国在商业上多少得牺牲些，事实上牺牲虽决不至像有些人想象的严重，但是叫英国这样的低头，实是英国人所最痛心的，但除此之外又有什么其他办法呢？

所以最后我仍归着英国怎么样的问题到英国本身上去，反正世界的安宁全看英国今后的外交动向如何，道理很简单，用不着多说，目下在英国国内有一种普遍的舆论随处可见：那就是英国以精神的力量来求自力更生，这种论调说，美、苏所擅长的英国可能不有。不过机构的健全，民意的发展，世界得向英国看齐。英国决定要以这种精神做模范，领导全欧洲

---

① "噪架"，原文如此。

走向富强康乐的境界。这样的看法想来是全世界所希望乞求的。在内政上，工党政府正试探着几曲空前演未有的大戏。国际问题上想来也必会有些较旧时代不同的看法。不过请国内人士不必奢望，正如我开始所指出的一样，英国的变决不会太快，她是自有一套的，好在世界的利害已经渐次溶合接近，要下水，大家下水，谁也不能单独站在岸上看风凉，这一点英国较任何人看得更为清楚。要是不然英国遭受的也较别人更为严重。

英伦特写·和平的保证*

据说当联合国会议开幕的第二天，一辆公共汽车疾驶过中央大厦的时候，有一位新闻记者在车上听见一段谈话：父亲说："这是威斯敏斯特大厦。"小孩问："为什么大厦上有这么多国旗？"父亲答："这地方从前是用来做跳舞场的。"似乎很难释的样子。小孩瞪着眼想再问，父亲只好继续说："现在却不知道又在干什么？"我重覆的思想这句话："所在①却不知又在干什么？"我想象同样要是有一个天真无邪的小孩问到我这个问题的话，我怎样答复？自然我可以扯谎，我可以骗小孩，我可以抹杀一切实际，来一番大道理作为解释。但是，天啊！我可以骗小孩②，却不能骗我自己。我已经不知受骗过若干次，怎能再来骗一个天真的小孩？倘若扯谎乃是一桩罪恶，倘若"良心"仍会在我身上发现的话，是的！我也只好说："现在却不知道又在干什么？"

心理学上说：越是有缺点的人，越会自己骗自己。而当一个人遇到不可解决的困难和无法安慰的痛苦时，想法骗自己的机会也越多。实在讲起来，有的时候也真无法认真，有个梦境骗骗自己只是一个消极的办法，用得过分可以忘记了事实，进而加深了困难和痛苦。

有人说"人类的议会，世界的联邦"并不仅是诗人的梦想。这是一句有实现可能的预言。依照世界大势和文化发展的趋向来说，人类已有种种可以发展为一个大集团的可能。交通工具的进步已经缩短了空间的距离，经济环境的复杂已经不能够使一个国家独享安乐而坐视别人的苦痛——我承认这都是对的。人类文明进步趋向是避开黑暗而接近于光明的。从人类整个历史来看，现在的不可以捉出前人许多荒谬绝伦不可理喻的举动。但

---

* 原载《再生》1946年第一百零五期。

① 原文如此，疑为"现在"。

② 原文为"大孩"，可能是当时排版错误，此处改为"小孩"。

是人类终局却能改过迁善，接近光明，我对于人类的前途乐观。我相信人类社会进步的世界大同最可以实现的。不过我们却不能骗自己；我们不能对许多阻碍世界和平的事实闭目不视。

在这个关系人类文化前途的会议里，存在着许多纠缠不清的死结，一方面英国和苏联利害冲突简直无法加以形容，西方保垒和东方保垒的建立，便使和平婴儿在中间夹死。另一方面，目前看来英国的关系，与其说是协调，无宁说是微妙。美国利害所关的远东与英国生命所系的西欧和中东是苏联外交上大司考虑的伸缩余地。联合国会议在干怎么？除开剖解这些死结外，另外还有什么？谁也不敢下断语。这些死结什么会产生的呢？据各国政治家说这都是为了本国的生存和保障而势必出此。但却似乎忘记过去希特勒也曾唱过德国生存的口号。而德国生存口号所招致的仅是各国整个的毁灭，遗响所及的是全世界不可告人的痛苦。其实现世界各国所遭受的危机正是迫使全世界走上和平道路的基础。现世界不仅要和平，同时还要互助。一般小国不得大国提携自然无法喘息复元。就是几个大国又何尝有什么乐观的前途？英国二百五十万万镑的亏空不用说。美国呢，手里虽抱着声势吓人的原子炸弹。而脚下所蹈的却是一个毫不稳的原子基础。现在看到的是罢工，而随着登台的恐怕便是一九三〇年的旧事重逢。苏联如何呢？说起来更令人骇一大跳，战争的死亡是一千万（英美的总合仅六十万），何时恢复大成问题。像这样的情形，舍去互信互助外，谁也难自身短时间求得解决办法。但事实的证明却没有像我们想的那样圆满，我所能用以形容的只有悲剧这两个字而已。

自然，有的人也许为责备我过于悲观，只看到黑暗而背视了光明。不过就是除去精神来分析形式的话，我在联合国会议中所看到的仍然是太可乐观。一个头重脚轻的五强永久理事，每人手中握着一个黑色巫术性的否决权。否决权后面牵涉着形形色色不同的冲突利益。最后来一个三分之二投票决定限制。有这么多重的压力，试问世界和平能够从什么地方透露出来？联合国组织固然是存在了，但是仍逃不了旧国联的样本，艾登圣诞节前在英国上院说过这样的话，认为这联合国宪章最新世界中的一个老少尴尬搭配。大会时主席也曾强调过照目前情形小国只好跟着大国走，一周来大会中所表现的实不外如此。

在这样情形下，我们还期待联合国组织有什么成就呢？但用不着绝望，从另一方面说，联合国就是有很大的成就。正如英国一位重要阁员所说："那就是大家的希望。"现在，和平已不再是政治家的口号，而是全世界人士最迫切的希求。有一位英国军官告诉过我，要是世界再会有战争，他只有不顾一切找一个孤岛去过遁世生活了。我们中国人过去苦了九年，今后仍然得苦下去，欧洲国家何尝不是如此？英国的情形是我眼看身受的。早上房东太太念一封从荷兰来的信说是她的亲戚每天要到四十英里外去找面包，马铃薯皮成了珍贵的食物。中午一位波兰学者向我诉苦，挂念他八十多岁的母亲无煤无柴在那酷寒的东欧挨冻。现在广播里又在报告巴黎的民众对于食物限制的痛苦。人类要是以生存和生活为目的的话，试问战争对于人类到底有什么好处？但是不经过忧患，谁会宝贵安乐？不是战争的恐怖谁会这样珍重和平？甚而若不是这样的黑暗摸索，哪儿会建立一个永远和平的基础？

今后和平已决不是政治家咒文，而是千万人生活中的实际须要。和平也更不是那样的虚渺空幻，它已经在全世界人心上留下一个基础。

中央大厦里固然"现在却不知又在干什么"？可是我们也用不着知道他们现在又在干什么，因为中央大厦里并没有左右世界的真正权力。

留存在我们心上，操纵在我们的手里的才是世界永久的和平。

千言万语只为"煤" [*]

（伦敦通信）

　　十九世纪的初年乔治司提芬曾这样的说过：认为英国首相应该坐在煤包上，羊毛口袋已不可再看成大英帝国靠身之地。煤在英国不仅是工业的原动力，家庭间的日用燃料以及一些化学上的附产品，同时还是支持大英帝国称雄世界的最大力量。目前造成英国经济危机的因素自然相当复杂，不过要是煤有办法，问题当不会这样的棘手。七月底工党政府为了要使煤工明了英国目下的处境，曾动员了所有的要员向煤工代表恳切的谈过一次话。外交部长贝文向来是以讲话率直著称的，在这一次谈话中他更透露了工党政府的一些不可告人的苦衷。他希望煤工不要使工党政府坍台，社会主义的实施成败完全在煤工的行动表现上。同时他告诉煤工，空手讲外交是讲不好的。要是英国政府可以一年内输出三千吨至四千吨煤，那外交局面可以大大改观，谁愿意再看"债主子"的脸色？贝文这番话却是事实。诚如一个法国新闻记者所指出的，设如英国能输出四千万吨煤到西欧大陆（一九三八年数目），不仅英国的美金的饥饿狂决不致如此严重；同时西欧各国也不必再向美国以二十块美金一吨的价格年输入两千吨美煤。而影响所及的是法国的生产计划可以加速，意大利的工厂不致于因无煤而关闭，瑞典可以不必走东欧的路线去向波兰想办法。这位记者更指出法国复兴计划所需要的煤只不过是英国一年内十天的产量，假如英国一年内多掘五十天的煤，即可以替西欧节省四万万美金走入美国人的口袋里。可惜是目下英国自顾不及，遑论其他。最近欧陆煤业组合（European Coal Organization）的报告同样也指出最近欧洲经济危机主要的原因莫过于高价的输入美煤。据统计本年内六七两月份美煤输入欧陆的数量是六百四十万八千

---

　　[*]　原载《观察》1947 年第三卷第四期。

吨。同时这两月份德国占领区的供应量是一百八十九万三千吨，波兰的是一百四十九万四千吨，两者合并起来也抵不过输入美煤数量之半。英国向来是供应大陆用煤的主要国家，在今年夏季里却无煤输出。向美国运煤是件无可奈何的事情，一来不仅价格之高骇人听闻，比较起来二十块美金一吨的美煤是鲁尔产煤价格的两倍半，同时也是英国煤输出价格的两倍以上。再之问题是哪一个国家有得起这么多美金来支付，即使生产力特优的国家，原可以用自己的生产品来转换美金。但因为煤价高昂影响成本过高，结果仍然是得不偿失。所以今后欧陆经济复兴的起码条件实有赖鲁尔以及英国煤矿的生产量如何。关于鲁尔煤矿整理的讨论现在刚在伦敦开始，本文所涉及的当以英国煤矿的情形为主。

煤矿是英国资源中最可骄傲的一部分，但是从这份资源中所产生的经济影响和人事关系，也是近五十年来社会主义人士所亟欲革新的问题。谈到南威尔斯的矿坑，一般人说联想到的大致不外是一幅皱眉头的幽暗黑影，熟悉英国文学的人总会碰见过一些矿工惨痛生活的描述。百年来一般矿工的疏忽与顽固，到现在大部分煤矿的经营已经是腐败不堪。用动力燃料管理部长辛魏尔在下院辩论中所用的辞句，那煤矿的经营已不啻是一架无生气的骷髅骨头。煤矿国营在第一次世界大战结束后，皇家委员会煤业调查报告书主席的结论中即提出过，认为当时煤矿的领有和经营制度毛病太大，改正的途径最好莫过于收归公有。自然二十七年前的政治局面决非今日可比，不仅煤矿领主政治势力相当雄厚，同时国会中保守党又绝对占优势。这一份煤矿国营的计划也只好暂时归档备查。此后调查建议另外有过四五个，其说不一。有的从劳工方面着眼，有的从领主身份说话。而政府方面也不知试过多少花样。大致煤矿消息已成为近二十年来英国报纸的主要标题。但彻底的整理始终未曾着手，于是煤矿的积病渐深，进而生产量也由之而江河日下了。

在未收归国营以前，英国煤矿从经济眼光看来，极应改善的问题莫过于矿权的分裂和矿区的狭小。矿山的领有是一部分人，从这些人手然后再转租到若干开采公司的手里。一分再分，所有煤矿便成为些豆腐干块收去了，据一九四三年的调查，全英国煤矿经营单位总计在七百四十六个，一共领有一千七百八十二个矿坑。在这些矿坑中，有百分之四十六雇有工人在百人以下，再细分一下，可以说有三分之一的矿坑雇用工人竟仅在二十人以下。至于经营的情形那更是不经济。照一九四五年的调查报告书所指出的：有的矿苗已近枯竭；有的矿藏最好得由另一个矿坑来开采，但其中又涉及所有权的问题；有的矿山在现开采公司认为不经济的，而另一个最经济开采公司又未租到这一段开采权……在这样的领有和开采制度下，大规模的经营自然说不上，技术的改进更当然受到阻碍，影响所及产量的低减自然是无可避免的事实。英国煤矿的黄金时代是在一九一三年，当时雇用工人在百万以上，煤的生产量在二万万八千七十万吨。除国内的消耗以外，英煤的输出是九千八百万吨，全英国煤的总生产量当时约占全世界产煤全数的百分之二十三。一九二三年虽然同样的兴旺，但较之一九一三年的情形便已不太经济了。在距离两次大战这一段时光当中，其他欧洲各国技术的进步经营的改良都可算是突飞猛进。而英国却一仍旧沄，毫无改善。要是以一九一三年的生产量做基数来比较的话，那在一九三九年的时候，鲁尔煤矿的生产效能已增加百分之六十四，德国上色勒细亚煤矿增加百分之六十二，荷兰国家煤矿竟增加百分之二百，波兰煤矿也增加百分之五十九。但在英国生产效能仅仅增加百分之十三。再比较生产量的话，那在一九三九年的时候，鲁尔煤矿每一个煤工一班工作时间的产煤数量较之英国煤工已多过百分之三十三，上色勒细亚煤工已多过英国煤工的数目是百分之五十九，荷兰煤工的数目是已越过百分之四十一，波兰是已越过百分之五十六。所以设若第二次大战不在此时发生的话，英国煤矿早已经是危机当头。由于战时情形的特殊，这种苟延残喘的局面得以暂时维持，但是在政府方面说来就已经是很费一番心血了。除开这些工程技术方面的问题以外，人事管理问题也相当的复杂。从一九二三年到一九三八年的统计数字看来，全国煤工经常有百分之二十左右的人数在失业状态中，少的时候是十三万人，多的时候可以是三十万人。而劳资纠纷的案件，在整个英国工业界里面也以煤矿占第一位。从一九二六年到一九三九的几年间，每年所有劳资纠纷案件中，差不多有相近一半的数目是发生在煤矿里。前后牺牲过二万万六千三百万个可以工作的日数（Working day）在闹人事问题。在第二次大战前的四、五年间情形更加严重。在整个工业界里煤矿工人的数目只不过百分之六，而纠纷案件却占总数百分之六十四，消耗在闹纠纷里的时间是全年可以工作时间总数的一半多。

要将以上这些病态的情形根本加以改善，煤矿国营是英国一桩无可避免的事情。大家承认即使保守党当政，为了国家整个利益着想，也只好势必出此。因为要求彻底改革，非得国家大量的贷款。但是像这样小豆腐干块似的煤坑，国家帮忙也未必会能够做到经济生产的地步。唯一办法最后只好收归国家经营。因此，工党当政后第一桩新政就是设法使煤矿国有。在一九四六年五月间通过议案，一九四七年一月成立国家煤矿管理处。依照这个法案的规定，国家领有一切煤矿的所有权和开采权。一切现有的煤矿资产分成三类办理收归国营手续。第一部分包括所有矿山、矿坑、洗炼厂、电力厂、运输铁道，连同一切工人福利设施，完全归由政府经营。第二部分包括所有水道工程、砖瓦制造、仓库，以及停卸场所。这一部分资产，必要时国家得收归国有，但遇国家不需要时，私人领有者亦有权要求国家加以收买。第三部分包括各有关煤矿的附属事业，并非直属于矿坑所领有者，必要时国家亦得收归国有，但人民亦可同样要求政府收买。关于所有领主的损失，由国家完全赔偿。煤矿管理处没有公断法庭，专办理各种赔偿事宜。一部分赔偿金系发现款，其余系财政部所颁发的煤矿股票。自管理处成立后，政府已支出一万万六千六百万英镑，来赔偿一切开采设备资金的损失。六千六百万镑来收买矿产领有权，其外还得需要一万万五千万镑作为重新组织和改良的费用，总计在煤矿收归国营后五年之内，政府总数支出当在四万万镑之数。这是工党登台后的第一件得意设施，它的成败关系相当重要。对英国国内这是国营事业的初步试验，以后其他钢铁以及运输事业的收归国有，民意的取决当以此为判断；在国外看来，这是所谓民主社会主义的试验。资本主义式的民主政治和计划经济的结合结果究竟如何，由此也可以判断出来。但是自国家煤矿管理处成立以后的情形看来，煤矿的生产量并不见有什么了不得的增进。问题的关键似乎又更加透露出来了，技术的增进和人事的改良并不能完全解决一切工业的问题。许多问题的根本原因却与整个社会问题合而不分。

在一般想象中，煤矿收归国营后所遭遇的困难当然有。显而易见的在初期开创阶段，要管理处能够完全发挥管理的效能当然不可能，脱节的地方实无法避免。不过事实的表现还不会像预期那样严重。去年冬天的煤荒，天候的关系甚大，这是人力所无法控制的。至于技术的改进，大家知道需要相当的时间，十五年的时间算是相当快了。不过据普通心理的揣测，一旦煤矿收归国有，在煤工心理上应该发生相当刺激作用。在私人领有的时代，管理经营的不善当然是问题，就是在煤工心理上谁"愿意将血汗流入少数人的腰包里去"。更加工作的危险性以及过于辛劳，"掘煤"早已经是不得已的事情了。所以煤工退伍的数目渐次多过新征雇的数目，在第二次大战晚期几年中，每年退出煤矿的煤工是相近四万五千人，而新增加的人数则不过一万一千人。战时因为政府有管制劳力的法令，大致当有一点强制性使煤工不得轻易改业。而事实上怠工的情形就已经无法管制了。照一九四三年的统计，无故不到厂工作的煤工数目已在百分之十二以上，以前只不过百分之六到百分之九左右。收归国营后的情形，初期一两个月似乎很乐观，时间一久困难又就渐次产生了。征雇煤工的困难自然仅能算是英国人力缺乏的表现，不过不论政府如何的鼓励改善，工资的增力，兵役的免除……应征的人数仍然赶不上退伍的数目。最后一着只好想到雇用外国劳工（以波兰退伍士兵为主），但是煤工反对很烈，直至上周才开始让步。其中最受人批评的是收归国营后煤工无故不到矿工作的人数仍并未减少。今年春天政府向煤工最大的让步是每星期只工作五天的制度，当时煤工应允过在生产量方面他们将尽力维持每周六天工作的数量。今年英国政府一月间颁布的经济计划，一九四七年煤的产量目标应该是最少两万万吨。这样的数目仅算是能勉强供给国内消耗而已。可衣照最近情形看来，这个目标也未必会达得到。七月份无故不到坑工作的煤工数目仍在百分之六点九三左右。有的矿坑因为机器生产的缘故，一个煤工的不到可能影响其他人也同样不能工作。所以据工合秘书赫纳的预料，今年的煤矿生产可能较预定目标不足五百万吨左右。英国一般人去年是饱尝过煤荒的苦痛的，大部分工厂关闭相近一月，经济的损失至今仍未恢复，今年当然再不能重尝一次这样的痛苦。据工会主席的宣称，要是无故不到工的人数能减少百分之一，煤的生产量可以年增加一千万吨。少数煤工这样的行动令工党政府难堪，国内人士一般的责难自然不免，而国外的批评可更够受了，——尤其是美国人。在一般美国人看来，从心眼上起就看国营事业不顺眼。何况一加比较简直骇人一跳，英国煤矿雇用煤工七十万人，年仅生产煤不到两万万吨。美国煤工人数四十万人却可以年产九万万吨。这是什么缘故？孤立派报纸芝加哥论坛的拥有人麦米克上校曾对一些英国学生讲过这些的话，认为美国为什么要帮忙英国，工作起劲些，英国人很可以自己帮忙自己。本年夏天美国驻英大使曾就身到煤坑里去看过一趟，意思间看来似乎很不明了英国煤矿经营的效率为什么会这样的低下。最近在英美经济谈判中，煤矿的问题更成为批评的重心了。根据一部分美国人士的意见，煤矿是工业的基础，生产复兴的基本要素。既然英国煤矿效率如此低落，将来再借款的话，美国自然得派人加以监督协助了。如此的说法是事实还是谣传虽然不可得而尽知，但工党政府在第一件国营事业上所受的攻击由此可以想见。周来无故不到矿工作煤工已开始受到法律制裁。工会已答应暂时恢复星期六工作来帮忙政府的复兴计划。不过问题牵涉的相当的大，工资花红的问题且不计入，谁能担保有多少煤工来参加这个额外的星期六工作。照燃料动力管理部长辛魏尔的看法，即使法令强迫也未必会有效。这位部长是以煤工出身的对一般煤工的处境和心理相当清楚。煤工无故不到工的问题是心理问题同时也是社会问题。笔者去年去南威尔斯煤山里参观过。对一般煤工是绝对的同情。现在最迫切的问题是问全英国社会是否向煤工表示过他们的热望，或是曾供给过煤工任何诱人的工作动机。有的议员曾在下院宣称目下煤工的任务是同当年英国从法国撤退的飞行人员一样重要光荣。不过说是尽管说，但在一般人心理上谁对煤工发生过敬意——尤其是在一个社会阶层区分最清楚的社会里。一九四三年一位煤矿区来的议员在下院中曾举出了这样的一个例子。这位议员为向一位煤工太太问过这样的问题，是否她也准备要她的儿子下煤坑工作。这位太太的回答是她宁肯叫她儿子快死也不愿再叫他做煤工。的确的，发誓不愿叫后辈下煤坑掘煤已成为一般煤工的最大希望。这位议员继续向一般议员问过这样的问题，要是诸位议员认为掘煤是件好事，为什么不听见议员们或煤矿管理人员们的少爷去掘过煤？正当全英国社会不满意煤工工作成绩的当儿，十天前怀别海文煤矿的爆炸使一百零四个煤工牺牲了生命，而三天前达赖牧煤矿中又活埋了十九个煤工。千言万语只为煤，但是谁愿意去掘煤呢？据说在煤山附近工人住宅区中，每当紧急救护车驰过的时候，无人能描写一般主妇们的心情反应。我们很希望知道工党政府如何解决这个工作动机问题。

八月二十六日

伦敦

钢铁国营议案与工党内部困难*

（伦敦通信）

据说当去年拉斯基访苏的时候，史大林①曾在会谈中表示过他对于英国工党政府的关心和同情，史大林认为在英国实现社会主义②的过程中，不可避免的要遭遇到相当的挫折，而且在程度上比较起来，这种挫折也要比苏联当年所碰到的为严重。所谓挫折是指什么？在透露出来的消息中并未提到。不过看目前形势，这个新社会的试验是有问题，国际局面的不安定自然是因素，而工党内部意见的分歧更值得我们加以注意。

看当政以来一般情形，不成问题，这个政府是受一般民众拥护的。去年冬天的煤荒并未有使政府太难堪的事件发生，所有自当政以后的二十个议员出缺选举，政府也始终没有受到打击。而去年的地方选举更显示是工党普通的胜利。再估计几个在野党实力，似乎除去邱吉尔个人仍是个应当重视的力量以外，在短时期内，工党似乎也用不着有什么特别焦虑的理由。像这样的情形，无怪乎有人预料，若工党能如此继续下去，保守党在本世纪内是难有重度登台的希望。不过在政党政治中，有时候一个政党的失败并不是由于外部的打击，内部政见的分歧最可能使一个强大的政党崩溃。在英国政治史中，自由党就是一个最好的例子。由于一部分缓进派党员的不愿意有什么激烈的改革，于是向右转便宜了保守党；而一部激烈一点的党员也就此向左转另寻出路。终之一个曾称雄一时并有相当成绩表现

---

* 原载《观察》1947 年第三卷第九期。

① 即斯大林。

② 本文中的英国工党成立于 20 世纪初，其思想资源和组织结构中有诸多社会主义因素，但马克思科学社会主义并非其指导思想。相对于通过暴力革命的方式建立政权，英国工党更倾向于以温和、渐进、改良的方式实现向社会主义的过渡。参见赵金子《英国工党的民主社会主义理论与实践探索研究》，吉林大学博士论文，2014。

的自由党便逐渐解体。要是工党今后会有什么严重挫折的话，最可能的恐怕也不外是内部政见的分歧。而照目前事实的演变，钢铁工业国营议案的是否立刻提出，似乎是一个工党内部最显著的分歧点。

今年七月间工党内部分裂的消息曾盛传一时。据说两位代表左派势力的部长，（卫生部部长拜维 Aneurin Eever 和粮食部部长史仓基 John Strachey）曾坚持以去就来争执钢铁国营议案本年内在下院提出。而另一方面以莫里逊（Herbert Morrison）为首率领的其他阁员和部长的看法，却不大赞同这样急骤的作风。于是一个僵局便形成了。不幸真要闹到这两位部长挂冠而去，那不成问题，政府将变成一个清一色右派势力。影响所及的首先自然是工党议员左右两派的分离，再进可能是整个工党的分裂。形势演变再恶劣些，这个新社会主义的试验便更可能从此夭折。所以当时不仅一般同情社会主义的人士对此异常的关心，而政府当局也相当费了一番工夫在内部折衷。在九月中的全国总工会大会上，这个问题多少算敷衍过去。政府公开表示钢铁国营议案决在下次全国普选以前提出（，而实际就表示在年内钢铁暂不收归国营）。两位部长也放弃以去就来力争的原意，而投票结果是四百八十五万五千票对二百三十六万票通过赞成政府的声明。不过这个内部的裂痕始终存在着。就仅以投票的结果说来，我们便可以看到差不多有三分之一的党员主张钢铁工业应年内即收归国营。这样多的人数，在一个民主政治体系的国家中，实在是一个不可忽视的数目。依照普通一般常识的看法，为着一个一年内或是两年内国营钢铁的题目来做这样的争执，实未免意气用事，迹近无聊。但是，若进一步来做分析的话，我们当可以发现在钢铁工业后面才真正存在着英国的金融资本势力。因为这是真正的金融资本势力，所以激进的工党人士想立刻去加以克服；同时也因为这股势力雄厚，问题牵涉的太多，所以使得缓进的有所顾虑，斟酌莫决。无疑的这是社会主义实现过程中的一大障碍，同时也可以说是一大挫折。工党人士的决心，勇气和能力也从这桩事件中受到考验。

检讨工党登台以来的几桩新政，说得上真正算是基于社会主义政策的，大致不外大英银行（The Bank of England）的收归公有和煤矿国营而已。这两桩新政要是同将来的钢铁收归国营议案比较起来，那难易的程度相差得很大。以大英银行来说，从一九二五恢复金本位实施的失败以及麦克唐纳政府崩溃事件的发生，英国一般人士早已认为大英银行有收归公有的必要。甚至于保守党报纸每日快报（*Daily Express*）曾都有过这样的论调。同时较之其他各国的情形，直至一九四六年发行银行国有才付诸实行，时间上已经算是太落后了。至于煤矿国营，那是人所共知唯一解决英国煤荒的办法，即保守党仍然在台，也势必出此。谈到钢铁事业的收归国营，事实可不这样简单，不止这是重工业的基本，稍有差错，可能影响全部工业受到影响；而值得注意的是：由于年积月累的结果，钢铁事业已经和金融势力渐次合流，形成了很密切的关系；问题的复杂程度也就因而非寻常所可比拟。

在技术效率上，英国钢铁工业虽然较之美国或是德国战前的情形为低，但若同煤矿经营来做比较的话，那又就稍好一些。不过工业的经营，不仅技术效率要高，同时经营的方法也要经济——所谓经济的效率。一个工厂可能技术效率很高，有最新式的设备和熟练的技工；但有时候，因为经营政策的影响，生产品并不一定对全社会有利益。换言之，这种经营政策的错误可以影响技术效率不能充分的发展，以达到技术、劳力、原料充分利用的程度。这种效率低的问题若是发生在一般轻工业里面，影响所致的是多在该工业的本身上，对于整个社会工业进步自然有妨碍，但还不算太大。但是若发生在一般重工业里，例如说是钢铁工业，则影响便相当的严重。产量的减少，可能使其他许多工业生产因之而停滞；成本的过高，同样也可以连累其他工业无法达到经济生产的地步。处在这种情形之下，为了全社会的利益着想，收归公营是一件无可避免的事体。除开技术效率问题暂且不论，我们且分析英国钢铁工业的经济效率究竟如何，问题的严重性是在什么地方。

依组织来说，目下英国钢铁工业可算是达到了独占的地位。不过这种合并和独占的开始，较之法德两国为晚。从工业史上来看，其产生是在第一次世界大战之后。这种独占地位的取得，可以说是经过两个过程而来的：一个是直的合并，另外一个是横的合并，所谓直的合并是指从原料起到生产品止，所有有关工业的合并。这个过程是第一次大战后繁荣的结果。由于一九一八—一九二一的战后繁荣，各钢铁工厂纷纷设法收买各种煤矿，焦煤厂，以及机器制造厂和造船厂以培养势力，企图得到最高的利润。在最初是直接的收买，后来遇到不能直接收买的，便设法从经济上加以控制或是用兼任董事长的办法来加强关系。在这时期中，自然无法避免的须得向各股份银行大量的借款来作为扩充的费用，结果差不多所有英国的金融势力全卷入钢铁工业里。可惜好景不常，跟着短时期繁荣而来的便是一九二二年的不景气象。影响所及，各钢铁工厂纷纷关闭。终局是所有英国各大股份银行尽变成些债券持有人。为了要收回放款，各银行不得不暂时将这些有债务关系的工厂接收过来经营，有的工厂还得更继续加以投资，以便得有机会来清理债务。像这类情形而转手的钢铁工业组织数目，相当可观。各债权人将这些工厂接收后，自然有一番新的整顿，在这段过程中，于是又产生了横的合并。所谓横的合并，是指同样性质的若干钢铁工厂的收买以寻求利润独占的合并。经过这两段过程，一个钢铁同业组合的局面便渐次形成。以后在一九二四到一九四〇这一段时光当中，英国是值保守党当政。据一般工党人士的看法，在这段时期中政府所颁布钢铁入口税则的增加，可说是由于一般钢铁工业界的幕后操纵，事实上由于欧洲钢铁加达尔（European steel Cartel）①的报复政策，英国钢铁并不能在欧洲倾销。而招致的仅是国内钢铁价格的高涨，使钢铁工业反向国内博取了最高的利润。

一九三四年英国钢铁工业的独占地位正式形成，其名称叫做英国钢铁联盟（The British Iron and Steel Federation），其形式是一个加达尔的性质。组成份子是以经营组织为单位，个别工厂并不列入。在任务方面，这个联盟负有同业互助，效率增进，市场开辟和代表同业和政府协商等事项。这个组织，既然在本质上，便代表着英国一般雄厚金融势力，在国外市场竞争上，又和入口税率督导委员会声息相通，无怪乎在事业经营上，能做到为所欲为的地步。钢铁工业既有这样的组织和方便，照常理推测应该是效率增进，成本减低，使英国其他依赖钢铁为原料的工业也得到方便。而事实上并不尽然。在技术设备上，钢铁工业在这若干年内并不有什么了不得的进步，这可在著名的"五月报告书"里看出来，而且这个报告书是由联盟自身拟计的，但另一方面国内钢铁价格方面却日在上涨。以一九四六的情形来说，则一般价格已在一九三〇年的一倍以上。更主要的是在价格的厘定上，联盟更有一个提高国内销售价格来辅助同业作国外竞争的办法。由于这些原因的缘故，所以英国钢铁工业的利润，自一九三六年起，始终平均在百分之十左右，即使在上次大战中也仍然保持这样的优势。但是问题的严重性还不在此。依照两件英国人士所共晓的事件看起来，（Ebbw

---

① "加达尔"（cartel），一般亦译为"卡特尔"，即一系列生产相似产品的企业所构成的垄断组织。

Vale Scheme and Tarrow Plan）钢铁联盟实有不愿意任何人在钢铁工业方面有什么改革和扩大的计划，因为这样一来，可能引起竞争，使联盟的利润低减。在钢铁联盟看来，最好的办法是莫过于继续维持现状，竭力避免新钢铁事业的竞争来博取利润。抱有这样的一个态度，钢铁工业的进步自然不能希望。而一般舆论对之也早就有所指责了。但是不管舆论有什么指责，英国钢铁王国，也正如世界其他钢铁王国一样，在政治上势力相当的雄厚，任何政府对之都有几分惧心。我们知道希特勒是从德国钢铁资本势力里一手培养出来的，我们更熟悉日本的三菱、三井对日本政治的控制力量如何。虽然说现任工党是一个社会主义的政党，但对钢铁国营这件事仍然不敢轻举妄动，这不能说工党负责人的决心和勇气不够，许多事实上的困难实在是无法在短时期内解决——特别是在这个面临危机的经济情况之下。

若是有人说，资本主义是有国际关联的，一般人大致恐怕还不大相信。但从最近美国对于英国政府想国营钢铁这件事的反响看起来，似乎英国钢铁界确已得到美国方面同业的全面支持。人人知道马歇尔曾明白声称过，所谓马歇尔计划是完全为欧洲经济复兴而着想，美国政府并无意想借以来干涉各国的内政措施。话虽如此说，不过当八月底英美再度作经济谈判的时候，据报纸上透露出来的消息，今后若英国想得到美经济的援助，条件上似乎是立刻放弃国营工业的政策不可。而奇怪的是共和党下届总统竞选人史台森（Harold Stassen）更公开指出，非得英国政府完全同意不作国营钢铁工业的打算，英国休想再向美国借钱。自然这样的说法，美国官方没有承认过，但也并没有公开否认过。有的记者说，并不是美国行政当局的看法，但谁也不敢说这不是美国钢铁工业界的看法。要是美国钢铁界有这样的看法，则对美国政策的影响如何自不待言。若英国不想今后再向美国借款，那问题自然简单。设若非想借款不可，则对这个问题非加以考虑不可。

另外，使工党政府斟酌莫决的还有些国内本身的问题。工党政府自然清楚钢铁工业组织的复杂及其牵连的关系。它的组织不仅横的合并，同时也是直的合并，所以，所谓钢铁国营不仅限于钢铁工业本身而已，其外还包括着许多的有关矿产和工业。这种交错的关系，一时是无法划分的。如此一来，这个国营事业便不能像大英银行和煤矿管理局的那样简单了，短期内政府能否有这样一个大的组织机构来接取自然是问题。不过这个问题姑且不论，而要紧的是谁敢担保接收国营后，工作不会有脱节的地方，随之生产效率和经济效率也由此立刻增加起来。万一不幸接收国营后，效率反而低落，那政府将置身何地。因为普通一般人所看到并不一定会是一个国家民族的永久利益。再之，在这一个风雨飘摇的经济情况当中，英国所立即需要的只是一个短期间能见效的办法。甚而有的人还顾虑到这一层。接收国营后，或者可能在接收时期当中，钢铁工业将会有对付政府的手段出现。设若政府应付不得当，英国整个工业均将受到严重的打击。这虽是一番揣测之说，但政府也不得不事先考虑到。

受了这种种原因的影响，工党国营钢铁的计划遂无形中缓延下来了。这是令一般党内激进人士所最关心的事件，在他们的看法，似乎政府对社会主义的实现并不算热诚。政府考虑的时间愈长，一般人的猜疑也更大。终于在六月中公开传出这个两位左派部长要以去就来争执钢铁立刻收归国营的消息。（自然党内左派人士所不满意于政府目前设施的尚不只这一桩事而已，）在当时政府所处的地位实在很困难。要是公开声明目前无法将钢铁收归国营，那不仅表示政府对社会主义没有信心，甚而可算是向保守党屈膝。这样一来，则在党内将要发生什么事体是谁也无法预料。可能对一般党员心理上打击甚大，甚至于还可以弄到丧失领导地位的地步。政府无法，有一度曾想向全国总工会执行委员会身上来探询意见。而工会执行委员会的回复最得体，认为钢铁工业国营不国营是政府的事体，工会执行委员会仅不过党内的组织，无法同时也无权来做这样的决定。碰巧此时，格莱姆社（Grimethorpe）煤矿的工潮突然发生，党内党外人士都觉得对国营事业的看法似乎有另加检讨的必要。另加上经济危险的威胁，政府暂缓国营钢铁工业的声明算得到多数党员的认可，而这场风浪也同时暂告一段落。

在民主政治体系国家中，一个政党的当选有时候并不能算为太困难。但是有一个政党来完成一桩革命性的改革运动却绝不是件易事，不管这是经济的改革，或是社会的改革，前途的挫折与阻碍真不知有多少，——何况这是发生在一个历史性累积最深的国家里面。除去领导者的勇气，决心和对策以外，另外需要的还得一个长时间的过程。但我们始终希望这个新社会主义运动在英国能够短期内顺利完成。

九月二十九日

原子世纪[*]

自一九四五年八月六日第一枚原子炸弹投掷在广岛开始，人类的历史便重翻一页，因为从此是原子世纪了。不过要是细加检讨的话，什么是原子世纪？似乎又很难下一个定义。科学家也许可以说，因为由此某些定律和原理须得修正，科学重新奠定一个基础，但是原子炸弹制造的成功影响不仅在于科学，原子世纪的涵义远较此为丰富。它代表着人类事物观念转变的开始，从此人类对事物的看法须有改变，进而影响到一些事物安排处理方法的不同，人与人间的关系也由此而不同。

广泛的说：原子世纪最大的特征自然是人类前途选择范围的缩减。在此以前，人类生活的繁荣与人类生命的毁灭关联并不太深，变移机会很大。生活不繁荣也并不一定就立刻招致死亡；不死亡也并不保证就能享用不尽。但是生活在原子世纪里便得有新的看法。一方面是"生"、"死"内容的改变：要是生，便不再是一个平凡的"生"，原子世纪将保证你一个极度的繁荣；要是死，也不再会是一个平凡的"死"，原子世纪威胁你一个惊人的毁灭。另一方面是生死之间的距离变得很接近，在两者以外再作其他选择的机会似乎已经没有。正如一本讨论人类前途论集标题所指示的，世界的前途似乎已经走上"一个世界或是没有世界"的趋向了。

不过尽管原子世纪的趋向怎么样，决定走"生"的路或是走"死"的路的还是人类自己。原子世纪仅指示给人类两条明显的道路，终极如何，大家完全了解，但并没有什么强大的压力一定要人类走什么路。要是人类有理性的话，那自然是走"生"的路，但是这话很难讲。诺贝尔晚年曾作这样的想法，认为假若炸药的威力加强，一枚炮弹要能够伤人数过多的话，人类便由此可以停止战争。现在看来，诺氏的愿望是完全达到了。一

---

* 原载《国防新报》1947 年第十期。

枚原子炸弹投掷在广岛的结果，据官方消息死的是七万八千一百五十人，失踪的在一万三千九百八十三人，房屋的破坏使四十万人无家可归。死的不用说，生的可能从此不孕，也可能因"加吗"射线刺激的缘故，后几代会生出一个三只眼睛五双手之类的怪物。有此结果是诺氏完全预想不到的，但人类并不因此便放弃战争，反而是因恐怖的结果而加紧准备，战争的气味似乎较往昔任何时为浓厚。所以可以说原子世纪并未创立什么新的道德原则让人类去遵守。生活的繁兴与生命的毁灭尽管建立在同一的技术上，"一个世界或是没有世界"的口号仍然仅能看成两个可能的结果。而实际反映在原子世纪里却是一些观念的改变。对生活的繁兴，人类也在思索新的计划，对生命的毁灭，大家似乎也在另有安排。最后结局走什么路道，谁也不敢说，更非我们的分析所能意料。本文所想指出的不过是现在欧美国家对某些问题看法改变的趋势。这些趋势不仅告诉我们"原子"世纪究竟是什么，同时也暗示给我们一些人类前途的暗影与曙光。

首先一般人相信原子炸弹的威力当不致于使军事家完全气馁，从此放弃发动战争的念头。除非原子炸弹永远为一个国家所拥有，一个和平的局面也许可能维持。不过人人承认独霸原子弹决不容易，任何国家，要是工业有基础，五年左右的时光都可以照样制造原子炸弹。成问题的或许是原料的供给问题。

假使战争中，双方都拥有原子弹武器的话，则战略战术上都应有不同。第一由于长距离投射武器与原子弹的合并应用，能避免炮火不经的地方已经很有限，而影响最大的也许是美洲的卷入漩涡。第二，要是将来还有战争的话，发动得极其迅速，时间和机动的因素更显得越发重要。据英国哲学家罗素的看法，假设有第三次大战，其爆发情形可能是像珍珠港事变的那样突击方式，但奇袭已经可以不必再用飞机，可以事先在敌国重要工业城市里安放下原子弹，安排好时间一齐爆炸，要是这方式能够实现，那么遭受袭击的国家在未发现敌人以前便遇到重大的打击，胜利自是难望了。

在这样假定之下，所以一切动员计划以及配备似乎都应该用一个新姿态来加以设计。第三，讲原子弹战争的防御似乎太困难。消极的将整个城市都移入地层深处自然有问题。积极的将载有原子弹的飞机完全击落同样不是一件容易事；何况原子炸弹还可以飞弹的方式出现。所以最后一着只有随事采取分散方式了：战场上作战单位得小，装备得完全，机动性要大。至于空军机场分布，大队飞机地面聚集，以及海军作战单位问题，全都值得重新考虑。因为问题是要保持威力就不能顾全机动，注意机动便得分散威力。若再加上原子弹对于交通，粮食集中储藏的威胁，于是遂使得以前许多不移的原则都有重加修改的必要。

第四，因原子弹的威胁，未来战争既以攻击机动为上，所以军事行动以越深入敌国越好。邻近强国的中立小国要保持中立自然更不可能，为求分化，为求得军需的补给，强国可能在战争开始立即攻入这些中立小国。把一部份敌国人民或是中立国人民移居到本土城市里，而将一部分重要作战机构移到敌境里去，这种方式可能使得敌人感觉到投掷原子弹的困难，因而减少国内的牺牲。例如上次大战中毒气弹并未大规模应用，据推测并非由于条约的限制，而实际是使用的困难，及以惧怕敌人报复之所致。

第五，消极方面，预防原子炸弹较有效的方法是莫如将大都市分化成若干小城市。自然这个问题牵涉的方面相当复杂，近代文化最显著的一个特征就在乎大量人口的聚居，一旦化整为零，问题当然不少。即使这些问题都有办法解决，这笔经济负担便相当可观。据芝加哥大学教授奥格朋的估计，若将美国二百个五万人口以上的小城市分成一千个小单位，其费用约在二千五百万万美金左右，这自然是一个惊人的数字。既然将大城市分为小城市问题太大，所以今后是否应限制都市的发展不能超过某个限度，或是都市设计是否还应该沿用传统中心分射式的图样来分配建筑物，都值得加以考虑。

原子能在工业上的应用如何，可以算是人类在"原子"世纪中的另一条出路，同样可以说是另一种后果。要是人类不将原子能用来作为毁灭生命的武器，在积极的方面，（应该可以说是光明的一面，）原子能在工业上的应用是毫无问题的，现在各国专家所研究的只不过是些技术上的问题。甚而原子动力厂的预想简略图案，最近在报章上也可以看到。若是这些问题例如电波浸蚀作用的排除，制造程序中排水的处置问题能得解决，则原子能动力工厂的出现当是很快的事实。据英国布莱凯特教授的推测，在两年之内美国可能会最先完成一所原子动力厂作为实验之用，大致从现在起需要五年的时间，大规模的原子动力厂才能开始设计，原子动力的成本如何也才能知道，至于原子动力的普遍应用须得在一九七〇年前后的事。短短二十多年的时光，自然在实验时间原子动力的成本是相当昂贵的，照美国估计，现在建造一所发生七万五千瓩①的原子能动力工厂，大致需要英镑六百二十五万镑，差不多等于一个同产量煤气动力厂的三倍价格。不过我们要知道照理论上讲一镑铀所发生的能可以等于十吨煤，甚至可能等于一千五百吨煤。但现在一镑铀的价格是五英镑（一度曾经是二百五十镑），而现在英国国内煤价零售价格却在四镑左右一吨。何况更远一点的地区更得加上一笔运费。并且现在原子能动力的研究只能说是一个开始，而用来击破原子能的元素才是最轻的氢和最重的铀，在这两者间其他元素还留下一大片领域让科学家来开发。这才是一个新世纪的刚刚开始。

在历史上我们知道某几种技术的发明会替人类带来几度空前的文化，而其中蒸气的应用是人类历史上一大新纪元。自从蒸气用作动力后，不仅是影响了人类生产技术的进步，同时还将整个经济制度，社会组织重新换上一付面目。家庭经济的解体，城市经济的兴起，资产阶级的建立，妇女地位的提高，都因技术进步而产生。原子能用作动力后，其影响人类社会经济虽尚不能预料，但生活程度普遍的提高，是显而易见的结果。附带的还可能有几桩事情：第一是人类可以不必再顾虑动力缺乏的问题，尤其大家所关心的石油枯竭问题可以得到解决。第二是许多工业落后的国家，也许因为动力应用的改进而加速了工业化。第三是机器代替劳力的机会更将增加，让人类多有些余暇时间来增进对于文学、音乐、艺术的修养。文化修养的增进是与空暇时间有密切关系的。摩天楼之建筑在美国便是一个例子。第四，自工业革命以来，人类社会已逐渐为技术所控制。谁拥有技术，谁便能控制人。原子能的发现可能使这种趋势的演变更加严重。

依照上面的分析看来，人类实是已经进入另一个新世纪。若是用文化人类学家的术语来描述的话，那确是另一个新文化的开始。——人类将有从电气动力为物质基础的文化进入以原子能动力为物质基础的文化的趋势。但是一个新世纪并不能单靠一个物质基础所能撑持，除此以外，它还需要一套新的人类关系，一套新的思想系统来加以配合。过去我们常听见这样的说法，认为现代的危机是精神的进步，追不上物质的进步，或是物质进步已经超越过空间的限制，而另一面思想领域反而更加窄狭。

原子能的发现可能将人类文化促进到一个空前未有的完善程度，但同样也可以将人类文化完全毁灭，使人类重退到石器时代。在中国也许因为

---

① 现作"千瓦"。

环境特殊还感觉不到这个问题的严重，但在欧美则早已成为触目惊心的论题，杂志、报纸、电影、广播随时都在提到这个问题——替人类在新世纪中找一条新出路。

爱因斯坦是原子核击破的启发者，但也是呼吁人类需要新教育最烈的人。问题的困难是列举空泛的道德原则容易，找一个实际实施的办法很难。譬如说，一般宗教家认为原子能的发现是代表人类认识宇宙秘密的开始，而从此人类对于宇宙的真义也应更加了解，自然是太过于空泛，但其外一些讨论具体国际关系的论著，如《和平的解剖》一书所倡导放弃"国家主权"来设立国际政府的建议，或是其他建议全世界科学家组织国际科学家联合会来监督原子的应用等，都有很多实施上的困难。因为不管实施如何，就是理论上的探讨自然也得有一个相当的时期。在上面我们列举了一些这个新世纪中，人类因科学发明的影响可能引起改变。至于整个人类前途将来究竟如何，谁也不敢确说。但最后有一个问题似乎值得提一提，那便是"中国在这个新世纪中怎么样？"

（转载《大公报》）

做"要人"得像"要人"的样子*

（伦敦通信）

　　有人曾对"要人为什么值得加以崇拜"这个问题做过这样的回答：认为做"要人"太苦，慎言慎行，一刻都不容松弛，很少人愿意受这样的束缚；但因为一个社会组织又少不了像"要人"这一类的人物，于是不愿意做"要人"的人得竭力设法使一般做"要人"的人有所补偿——对他们恭敬，把他们当作偶像来崇拜。不过这样一来显然更苦了一般"要人"，因为自己既已经被人看成偶像来崇拜，所以一言一行——更得随时小心，竭力做出百年以后真一定成圣成贤的样子。这虽是人类一出滑稽戏，但在这出滑稽戏里却产生了社会组织的基本原则——做"要人"得像"要人"的样子。

　　做"要人"最好自然是超人。但因为超人不常见，所以一个普通人也常常可以做"要人"，并且也很可能做很好的"要人"，问题是看他做"要人"的条件够不够。因为不管一个人政治意见如何，做事的能力怎样，做人得有做人的基本条件，例如，做事得认真，有错误得立刻改正，诸如此类。这类条件自然不仅做"要人"的人得具备，就是普通人也得一样的注意。但是人不做"要人"还可，要是一旦做了"要人"，那便得加上一个得做人模范的条件，所谓"为政之大，譬如北辰"也可以这样的解释。照中国人恕道的看法，常说君子之过有如日月之蚀，原因是人非圣贤，孰能无过；不过从另一方面看来，既然除了圣与贤之外，谁没有错误，可见至少圣与贤是不应该有错误的了。由于有这样的看法，于是做"要人"便相当苦恼。"要人"虽不一定是圣与贤，但是从社会责任上看，他非装作成圣与贤的样子不可。这样的看法自然不公平，不过为了维持社会组织的

---

　　* 　原载《观察》1947年第三卷第十五期。

秩序与纪律起见，做"要人"的便得随事多加留意，不然便只好准备随事牺牲些。最近英国财政大臣道尔顿辞职的事件便算是一个最好的例子，同时也可以看出"国法"与"人情"的不同在什么地方？而法治国家的条件究竟在哪里？

道尔顿现在算是工党政府五巨头之一，在工党历史上看，他是为社会主义奋斗半生的老战士，从学术地位上讲，他是过去伦敦大学的名教授。在议会中，他的能说善辩是人所共晓。而近年来执掌财部的政绩已可算是尽如人意，甚而有一度他的声望是仅在外交部大臣贝维之下，成为第二位首相的候补人。不料三分钟无心的谈话竟弄到辞职而去，虽然不能说从此便一蹶不振，但政治家一旦受到像这样的打击，也不能不算严重。他的辞职事件的特殊，不仅令有的外国人士莫名其妙，就是在英国政治史上也算稀有。

"财政预算"是英国政治上第一桩大事。其实也应该是一桩大事，除去你把国家财政看成仅是印刷纸币以外，谁不敢说收支平衡是一个现代国家的起码条件。所以每年当财政预算提出的时候，英国人士不论贫与富都十分注意，因为任何人都关心国家税赋会不会不公平的落到自己身上来。既然财政预算关系如此重大，因而拟计这个预算的人随事也得更加小心；消息一有泄露，便可能是投机取巧的最好机会。依照英国人的传统习惯，一个财政预算拟计好之后，得放置在一个特制的小箱子里，一加封锁，那便是财政大臣的责任了。英国人两百多年前自然也有过贪污的财政大臣，不过财政大臣自身将消息泄露出去的还少见。这可见一般习惯与舆论对这件事体监督之严，而从最近道尔顿的辞职更可见其严格到什么程度。

在预算未正式在下院宣读以前，一般敏感的商人与民众自不无揣测。例如这一次秋季预算未公布以前，一般人猜测香烟可能再加价，有的太太小姐猜测化妆品可能会加税，于是设法多买香烟口红的人也并不少。今年夏天正式预算公布时，有议员也会提出预算泄露的质问，但一经政府澈查，也并未发现实有其事。这一次秋季预算却真出了毛病了。预算中的主要项目竟先于预算正式公布前十四分钟在一张晚报上出现。虽然这是无心的泄露，甚而消息即使泄露也没有人发到财，但财政大臣不得不因此辞职。

事实的经过是这样：在十一月十二日下午当财政大臣进入下院的时候，曾同伦敦晚星报的一位特派员谈了三分钟话。当这段谈话中无意中竟多少泄露一部分此次秋季预算的大体纲目。为什么财政大臣会这样的疏忽，道尔顿本人并未加以解释。有的人说大致是因为拟计这个秋季预算时身心太过于紧张的缘故。在今年夏天当正式预算拟计好之后，在未向议会正式公布前，道尔顿曾提了那个小红皮箱同三位其他阁员到乡下一家旅馆去休息了一天一晚。这一次可就没有休息的机会。这是否是原因之一，自然无法探晓。而更要紧的关键是道尔顿当时也并未向这位新闻记者声明过让他暂时不为发表这段谈话。于是这位新闻记者一得消息之后立刻向报馆打电话，预算消息便因此多少泄露了。财政大臣开始在下院宣布这些秋季预算纲目的时间是当天下午三点五十九分，而同时街头的晚星报早在最后消息一栏上登载有八行小字的预算纲目情形。这一版报出现的时间是早在三点四十五分左右。这一次秋季预算的主要纲目是：（一）利得税加倍；（二）营业税的普遍增加；（三）所有跑狗、跑马，以及足球奖券得增税；（四）酒税的增加；（五）迟缴纳所得税、附加税的，得罚加利息。但在晚星报八行小字中早已泄露出：（一）啤酒一品特加税一半七；（二）香烟不增税；（三）利得税加倍等项消息。

据每日快报的消息，在十三号早晨道尔顿一听到预算消息泄露的情形，便立刻去看首相阿特里，不仅坦白承认自己的错误并同时准备辞职。首相同时也便召集重要阁员会议，在会议中大家同僚都一致向道尔顿加以劝阻。最后的决议是至少不立刻就宣布辞职。当天下午道尔顿同首相仍出席下院财政预算的辩论，但早已准备好对这个问题提出的答复词语。在这一天下午，只有很少的议员警觉到这件事情的严重性。据各报的描述，道尔顿当天在下院中的时候，态度表示得很好。不过首相便面露忧容了。当最后一位保守党议员临时在议事程序中提出关于这件事情质词的时候，这位议员首先问：是否财政大臣应该追究查问己何以晚星报能够在三点四十五分以前得到预算消息的情形。道尔顿立刻回答认为这事件发生在昨天当他进入下院的时候。他承认这是他自身的失慎，并立刻向下院表示他的歉意。然当这位议员继续追问是否应令报馆知道，这样的事体是有违新闻道德的时候，邱吉尔突然以反对党领袖的身份插入发言。这时候邱吉尔态度上来得很慷慨大方，丝毫没有想到利用这件事情来做政治斗争的念头。邱吉尔认为以反对党领袖的资格，他觉得财政大臣坦白的态度来的很得体，并且对财政大臣这样误用信任的事件很同情。另外又有一位保守党议员想再追究这位新闻记者的责任问题继续发言时，道尔顿回答说：认为他愿负起他自己应负的责任，至于这位新闻记者，下院中人大家对他都很熟悉，他不愿表示什么意见；道尔顿并认为他本身既已经承认他失慎的地方，所以他不愿再讲话。道尔顿这番话自然很得体，充分表现他坦白，勇于负责并不想委过于人的精神。这桩事情当时表面上似乎好像可以告一段落的样子。

道尔顿既然承认自己有失慎的地方，在保守党看来自是一个好题目，借此可以大作文章了。邱吉尔当时并没有捉到这个机会，但其他保守党党员则立刻开会讨论，认为不管有意或是无意，财政大臣泄露预算消息总不是一桩小事，主张正式在下院提出调查。在这样情绪之下，邱吉尔随即又变了主意，当即征求自由党下院首领的同意，并同时通知道尔顿，觉得这件事应该正式提出下院组织特殊委员会加以调查。这样一来，整个下院才开始感觉事态的演变并不算简单了。道尔顿得到邱吉尔通知后，便立刻去看首相表示决心辞职。在这一次阁议中，其他同僚的劝阻，道尔顿并没有接受，坚持辞职以彻底解决这桩事体。经两小时的讨论，最后正式向首相辞职信函终于提出。到夜间十时二十分首相接受财政大臣辞职的官方消息正式发表，距离道尔顿在下院提出秋季预算的时间不过三十个钟头。

道尔顿的辞职是很少人所预料得到的。尤其是当工党议员听到这种消息的时候，大家竟认为道尔顿的行动未免过分。在最近几任政府中重要阁员能这样坦白承认自身有什么错误的事体，据说还很少见；而因为这样一时的失慎而提出辞职更属少见。不过他这样的行动不知道博得若干人的同情和赞佩。英国各报纸全异口同声对这样勇于负责的风度加以宣扬。几张保守党报纸，素来以道尔顿作对头的也特显作风，于事大家容还有异议，不过于人亦赞扬不绝于口，认为难得。在全体下院议员眼光中看来，不管是政府党或是反对党，大家同情道尔顿的表现更来得显著。据孟却斯特导报记者的描述，在道尔顿辞职的第二天，全下院充满了一种像教堂中严肃的空气，议员们见面时也彼此默默无言。这种沉重的空气在下院中很少见，可比拟的仅有前英皇爱德华八世放弃皇位时候的情形。另外还有两桩事情也可以表现一般人对于道尔顿人格的钦佩，一件事是他所代表的选区全体工党党员对他一致的信任投票，另一件事是今天下院工党党内会议对他信件和慰问的议决案。道尔顿的政治事业虽然受到打击，但他的声望却更有增加，道尔顿虽不再做财政大臣，但他却做了一个做“要人”应做的事体，换言之也可以说做了一个真正的人。

　　道尔顿这样的辞职，在有的人看起来简直无法了解。有的外国记者说这样的事体恐怕只能发生在英国。有的外国广播说：要是某国国会议员都这样的认真的来一下，大致国会只能够有一少部分人能够继续留职了。但不知我们中国官场中人的看法如何？道尔顿这样的完成了他做要人应做的事体，不惜牺牲个人政治前途来维持英国议会政治的传统习惯。这样勇于负责的精神，任何人对之都应加以钦佩的。这样一来，对个人前途自然打击很大，但为了维持团体的生存和繁荣势必出此。这是人所共知的常识，人类的群居生活是在一套规章法令建立起来的。要人的任务并不是专是监督别人是否犯法，最重要的是用自身的行为来鼓励别人尊重法令。诚如英国一般报纸评论所指出的，因一时失慎而受这样的打击，对个人讲起来实在不太公平，这样小的事体竟受这样大的处罚。但有什么办法呢，他既做"要人"，既负这样大的责任，相对的自然应该有这样的处罚，因为做"要人"得像要人的样子。

　　这样说起来，有人至少会这样问：做"要人"既这样苦，那还有谁想做"要人"呢？别处的情形暂时还不晓得。在英国说起来可真是没有多少人想做"要人"的。不久以前有一家报馆向一般读者发问过这样的问题，问在他们心目中他们希望他们的儿子将来做一个什么什么样子的人。结果是：百分之四十多都希望自己的儿子将来做一个诚实的人；百分之三十的人希望自己的儿子能够为自己应得的权利加以维护，换句话说便是希望自己的儿子不是个弱者；有百分之十的人希望儿子将来做音乐家文学家；不到百分之六的人希望儿子能选入下院；仅有不多百分之四的人希望儿子做首相或是各部大臣。据这样的统计，可见英国一般人并不想做"要人"，因为大家知道做"要人"不容易——做"要人"得像要人的样子。

十一月二十日于伦敦

"干部" 之累[*]

"干部" 这个术语是最近十多年来中国政治演变的中心。要是目前政治局面有什么问题的话，所谓"干部"应该负大部份的责任。

"干部" 这个术语是从法文 Cadre 搬过来的，原语是作组织或体系来讲。苏联在一九三五年曾有过"干部决定一切"（Cadres decide everything）的口号。当时认为：为使党员能推行党的政策起见，各基层党部应该组织成个灵活的机构，而要使机构能够灵活应用，主要的更在乎能对各基层负责党员随时加以训练和淘汰。这便是所谓"干部决定一切"的解释。这样的口号自然是一个做事的基本常识问题。其中倒也没有什么了不起的大道理。不仅说是党，就是开行庄或是做商号经理同样也得注意这样的问题。不过有趣的是所谓"干部"在中国社会，尤其是在中国官场中，却代表着另外一番意思。屏除一切政治因素不论，若把所谓"干部"看成一个社会学的问题来加以研究，我们便可以发现所谓"干部"在今日的中国，却变了质，和干部原来的意思根本毫不相关。

中国近十多年政治经济的演变，若同北伐前一般局面比较的话，自然有很大的差别。北伐前军阀的混乱，可以说是完全等于胡闹，糊糊涂涂，到底干些什么，谁也弄不清楚。北伐以后，一般情形便有不同了。简单的说，那就是个人事业心的兴起。换言之也可以说大家心理中似乎都想做一番事业，至于做一番什么事业，虽然也同样有很多人弄不清楚，但做事的方法和步骤却渐次比较进步多了。这种转变是大家所熟知的——凡是想做事的人，不管军政学商，首先得注意所谓如何"吸取干部""培养干部"的问题，专门名词叫做"找班底"。这样态度的由来是无可责备的，因为这都是中国旧典籍中的故事。每当天下大乱，群雄逐鹿的时候，所谓有志

---

[*] 原载《观察》1948 年第三卷第二十三期。

之士想争权夺势的，初步的工夫大致总不外是散财结士。一旦得人扶助，有雄心抱负的大致早迟终有机会做点事业。至于雄心抱负次一等的，自己虽不想成什么大业，但却也不就因此而自甘寂寞，总也想找个人投奔一下，将来有机会此人一旦成事，自己自然也就随之封侯列相。在过去所谓"立志"差不多就等于发展个人野心。在个人野心后面能再有什么悲天悯人之念的自然也有，不过不算太多。而大多数麒麟阁上标名的人物，可以说尽是些第一流的个人野心家。"三顾茅庐""月下赶贤"之类故事是中国人家传户晓的，用不着在这儿再多举例了。以个人野心为出发点来"吸收干部"或是去投效做"干部"的做事方式自然也不能完全厚非，所可惜的是时代已经迟了。一般人也未尝不知道时代不同了，但始终对中国历史上这一套花样觉得仍恋恋不舍。由于这些历史上的累积作用，所谓"干部"在中国便变了质。培养干部的目的自然不外想做一番事业，投效做干部的目的自然也在扶人成事，自己从中有好处。至于想做什么事，想扶人成什么事，似乎大家觉得并不太重要。能考虑到时代是什么，社会的需要是什么的恐怕更是凤毛麟角。

"干部"究竟是什么，我们暂且不论。不过在今日中国社会里，所谓"干部"可以说是从一种互惠共存关系上产生出来的。这种关系，从做干部的来说，那就是"我扶你成事，你养我吃饭"。反过来，从培养干部的人来说，那也就是"你扶我做事，我养你吃饭"。在上面我们曾分析过这种关系的一方面，认为所谓"扶你成事或是扶我做事"的心理是因为过去中国历史上的累积作用。至于这种关系的另一方面，"养我吃饭或是养你吃饭"的由来，则似乎应该归咎于中国经济环境的问题。（自然其中也照样有些历史的累积作用。）

直到目前为止，中国经济结果仍然建筑在农业生产上。农业社会的特征，概括的说，要以劳力的过分浪费，和职业分工的粗放来得最显著。乡下人终年勤劳，栉风沐雨，终局最多能免于冻馁而已。不过种田固然最辛苦，但不种田又有什么事可干呢。做技工得要技术，经商得多少要资本。于是一般聪明人不想种田的便得另想出路，而偏偏在中国社会里早就有过"做官"一行职业。但我们得注意在过去做官也相当不容易，多年窗下苦读才能应付那一串的考试，而一般考试也还多少有则准。可是在近代中国社会里，做官（靠专门技术做公务员不列入）可以说是最轻便最容易进身的一行职业。做医生做音乐家得花几十年的工夫去研究练习，因为做这些事业丝毫没有什么凭侥幸投机取巧的可能，花一点工夫有一点成就。而今日做官可不然，既不必特别辛劳而又可以丰衣足食；资格既无什么了不得的限制而一步登天的机会又处处皆有。要是做官有什么困难的话，那困难仅仅是做干部的门路而已。一旦门路打通，蒙要人青睐为干部，而自己又能小心翼翼善为迎逢，则虽然不一定做干部的人人都有多大的前途，但吃碗饭总不成问题。做干部这条门路既然是升官发财的捷径，于是便深深激动了社会间侥幸投机取巧的风气，当最初想收揽干部的人也许不无标准，不过一旦政治地盘加大，做首长自然无法处处顾到不得不让干部再去找干部，则久而久之，食客三千，人才可谓济济，其中便也不乏鸡鸣狗盗之徒。干部之"累"也就从此开始。

在今日官场，有些字眼听来实在不雅。例如开口便"我们的班子如何"，闭口便"我们的老板怎样"。要是有气节有血性的人听到别人用这样的言辞来形容自己的话，自然要认为是侮辱。而在今日却竟然有人自己用这样的字眼来形容自己。则今日干部政策的变质到什么程度，由此亦不难想见。

今日所谓"干部"既然大多是一般做官的专门人才，除此一行便不想另找出路（，实际恐怕亦无法再谋出路）。于是"养我吃饭"的心理便完全形成。而一般收揽干部的人也认为"养你吃饭"是件当然事体。

因为在收揽干部的人眼光中看来，这确是件无可奈何的事情。中国向来做事是以人与人之间关系为主。甚而时至今日，规章法令的引用，已经叫做"打官腔"，不到有心找人麻烦的时候，无人应用过。一个机关既无法令规章做基础，则人事的复杂可知。为避免做事的麻烦起见，用自己所熟知的干部是唯一的补救办法。但恐怕一旦有事，临时无法找得干部。于是有个人事业野心的人便不得不随时培养些干部，储才备用。

由于受这种"不有班底，不能做官"心理的威胁，今日一般有个人事业野心的长官，在局外人看来，真为一般干部累够。不仅未尝得事之先，便得培养干部。就是一旦得权得势，安插这般干部，也就费尽一番苦心。而万一不幸下台，还得照顾干部以图东山再起，若真是无法再养下去，那到处介绍转业，使之暂时弄碗饭吃更是桩苦事。

养干部的目的在乎能够弄一部分忠心于自己的人，听自己指使，最后得以达到发展自己个人野心，成就一番事业。所以选择干部的标准亦以忠实为第一，换言之也就是吃我的饭的就得听我的话。在这样情形之下，自己有理想有见解的人自然无资格做干部，大致也不愿意做干部。不过这样的标准在专心想找碗饭吃的人看来，那岂不是件容易事？讲理想和见解也许困难，说能力和才干也许没有，但是唯唯否否，吹吹拍拍，谁做不到。养干部的人不察觉，认为忠于自己的人愈多，大致自己成事的希望也愈大。实际上哪儿有这回事。干部之忠于长官，目的在为了吃饭，所谓"扶你成事"亦可以做到，条件亦看是否与自身利益有没有好处。养干部的最后真能做一番事业的自然有，问题是对所谓事业定义如何，而凭良心说，大多数养干部的是受干部之累而不自觉，有的或许感觉到这样的痛苦，但苦于骑虎难下，有苦说不出。

大家知道，今日做长官的一旦得权得势之后也未尝不真能做点与国家民族利益有关的事情。不过做事的计划还没有拟好，调解干部间的纠纷已经煞费苦心，政治地盘一大，干部之下得更有干部。做干部的目的，如上面指出，就不外在长官的权势中得点好处。不过有时长官的好处并不能遍及全体干部，也无法遍及全体干部，那问题的复杂程度自然可以想见。即使长官给干部的好处，照外人看来，已经算是公平了，但人心不足，长官有个人事业野心，干部又未尝没有个人事业野心，谁不有梦想自己也能够率领自己的干部也做干部也做长官。而干部甲有此野心，干部乙又未尝不有此野心。照理讲大家同是一个集团，彼此不仅应有礼让，并且还得有牺牲精神。但事实上那简直不可能，干部甲可能作此想，但干部甲的干部便不一定会有这种精神。所以干部政策的发展一旦到达了干部之下有干部的阶段，换言到达做干部的同时还得照料他自己的干部吃饭问题，则做长官的便得集中全力来注意干部间的纠纷问题了。机构地盘愈大，问题自然愈多。在最初干部本来是为长官的个人事业野心而产生的，而实际上今日做长官的却是因为干部的吃饭问题而存在。有时做长官本也想不再干下来了，但以干部们的饭碗问题无着落不得不继续下去。最后弄到长官竟在干部间的矛盾冲突中求生存，有的甚至于被一般干部完全包办变成了傀儡。有的长官即使尚不致完全变成木偶，而实际上亦被一般干部完全包围封锁与整个现实社会脱离了关系，在如此情况之下，做长官的再想有什么"亲贤礼士"之心自然是不可能了。

所以在中国，官愈做大，选择干部的机会也愈少。其理由说起来很简单，因为在今日中国经济情形之下，可做的事虽然太多，但不劳苦工作便能丰衣足食的职位却太少。在一般旧干部看来，长官的好处既已经有限，不添新干部已感分配不均，哪儿还能容再有抢饭碗的人，基于这种的心理，于是与高级干部利益发生竞争的人决无法加入集团工作，万一有机会加入，可能不久亦会被排挤出去。后进想做干部的便仅有机会做干部的干部，或是干部的干部的干部。对一般干部说，这倒也是件公平事，一切机会的分配不以才能为标准，而以先后班辈次序来决定，做事可以算做到辅助弱者不至于被淘汰的地步。在这种情形之下，假若一般干部还多少有点能力的话，那干部多少还能对长官个人事业有点帮助。否则在此重重干部重累之下，做长官的大致已经是精疲力竭，做事当然谈不上，最多也抵不过弄到大家干部都有碗饭吃，减少些干部间的冲突纠纷而已。

上面所指出的只不过是就一个干部集团中相互关系而言。而在今日中国有个人事业野心的长官自然不止一个，于是无怪乎整个中国的社会组织在目前局面下，便分裂无数的大小干部集团。要是这些集团能够有个目标和理想作为前导，则今日政治局面，当然不至于如此。而可惜的是大家不止找不到共同的目标和理想，甚至连最实际的共同利益都没有。由于个人事业野心的作祟和中国经济环境的限制，不仅在各不同集团间存在着敌对的关系，即使就在同一集团中也照样有摩擦。

十多年来中国政治的演变最多也不过是些不同干部集团的兴衰起落而已，你出我进，走马灯似的络绎不绝。一般民众的心理观感暂且不变，弄来弄去，恐怕就连各干部集团负责人都有点不快意了。但不知一般做干部的又作如何的看法，因为有时候饭碗真成问题的话，大家想来同样也会把整个问题重新思考一番的。时至今日再希望全中国各大小不同干部集团中重新回头谈理想讨论时代需要，自然太理想恐怕做不到。但干部之"累"一日不解除，不仅整个政治局面无法进步，恐怕就是一般长官的个人事业都会遭受到严重的打击。

美援与英国外交[*]

（伦敦通讯）

最近英国在外交政策上有一个转变的趋向，这个转变便是所谓"中间路线"（Middle way）的放弃。今后在外交上，英国只好完全跟着美国走。要是有什么新花样的话，大致也得看美国人的脸色行事。

像这样的一个趋势，事实上自然早已存在。不过在过去，一般人对于英国外交完全跟着美国人走的看法并未完全同意。问题倒并不是英国人有什么偏见，说得客气一点的话，苦的是美国人对外交还没有多大经验。诚如英国名作家皮斯莱（J. B. Priestley）所指出来的，要是美国一般国会议员每天早餐后能够花费几十分钟静坐想一想，全世界局面便可以大有不同。所以在一般开明的英国人士看来，英国虽然目下经济问题这样的严重，而先天上资源和人口都不算丰富，在现状下来国际上争权夺霸，确实太吃力，不过一个国家可以值得骄傲的东西还很多，道德、学术的超越，制度的优美，和社会的安定，也可以令人折服，为什么一定要在国际间扬威耀武才算强国呢？这二种看法在一九四六年冬天和一九四七年春天在英国很盛行。大家认为在外交政策上英国应该另树一帜，在美苏不同阵容中来选择一条中间路线，甚而还希望把英国筑成一座桥梁来缓和调解美苏间的纠纷和冲突。很奇怪，这样的说法自一九四七冬天以来已渐次听不到，到现在可以算完全消灭。在美苏两大阵线之间来另辟第三阵线已经认为不可能。情形所逼，英国外交政策势得舍墨而归杨了。

使得英国外交政策发生这样转变的原因有两个：一方面自然是英国经济力量短时期内的无法恢复；另一方面是东欧政局演变之快竟超出一般人意料之外，使英国吃了惊。

　＊　原载《观察》1948 年第四卷第七期。

美国借款在最初据英国政府的推测是最少可以支持四年左右的。但不料两年多便花完，而经济仍并无复原的征像。自然这不能完全怪英国，因为许多因素是英国政府所不能控制的，甚而国际局面也很有影响。在战前，东欧各斯拉夫国家本来是英国工业生产品的主要市场，而同时也是英国粮食的主要供应者。不料上一次大战的结果，东欧各国政权竟全换了人。做生意已经不像过去那样容易，而事实上东欧各国也正缺粮食。即使去年收获情形很好，但国际局势演变的复杂，使英国对重开东欧市场的企图完全绝了望。东西欧的分离是西欧经济复兴无法加速的最大原因。东欧多半是农业国家。农业国家可以谈暂时自足自给，而工业国家无原料粮食，专靠机器技术便无法生存下去。马歇尔计划本来是想借美国援助的名目将东西欧旧有的经济关系再联系起来。自从东欧拒绝参加后，西欧的经济复兴便倍加困难，尤其是英国。因为即使照美国国务院公布的预计计划看来，将来英国分配得到最多的物资是价值一亿二千多万英镑的烟草，而并不是英国最需要的粮食和钢铁。所以当计划公布时，反对的自然有理由，至于拥护的真不知如何说法才好，因为大家知道援助的烟草和鸡蛋粉似乎太多一点。但若拒绝不要，另外英国又有什么办法呢？马歇尔计划虽然同英国带了物资，同时也同英国带来了困难。自有马歇尔计划以来，东欧的门户也关闭得更严紧，国际间的花样也日愈加多，而英国的地位也日愈困难。自然按照英国极左和极右的看法，不接受马歇尔计划的援助，英国也未尝就没有自救之道。不过左有左的办法，右有右的办法。而结果招致的不外政府的经济统制得更加严密，人民的生活水准得普遍降低一个时期，而军备方面也不得不再加缩减。这自然牵涉的问题便相当广泛。不到不得已时，工党政府是不会采纳这样的步骤的。但照三月十日政府颁布的白皮书看来，英国政府望马歇尔援助之切竟达到一个可以骇人一跳的程度。在结论中，政府公开的宣称一九四八年英国的经济前途完全得看马歇尔援助的程度而决定。而即使美国国会并不消减援助物资的数量，英国政府因为钢铁产量的不敷分配还得关闭一些不必要的工厂，据估计今年年底的失业人数可能到达四十五万人（去年底是三十万人）。同时为了增加必需工业的劳工起见，有相近三十万的劳工需得被迫改业。设一切竟如预期一样的完满，今年的入超将达二亿五千万英镑，这便完全望马歇尔计划来援助了。设无美国的援助，英国的黄金和美金的准备将于本年底完全用罄。以后如何自然是可以想象得到的了。

　　因为经济的困难，英国在外交上便无法自主。不用说再辟什么中间路线的外交，就是一些既得的利益也被迫而逐渐放弃。希腊的撤兵，德国占领区的合并，在在都表示英国政府经济能力的薄弱。正如孟却斯特导报在社评里所指出的，英国若想在中东一般亚拉伯国家中重新来建立威望，非得另外改变现有的外交方式不可。这些中东国家拥有大数量的穷苦农民，而统治阶级却是屈指可数的几个。办外交专同几个统治阶级来往决没有什么好处，要抵抗苏联宣传工作在一般民众所引起的深刻印象，英国政府得帮忙各中东国家多少做点与社会大众利益有关的社会改良工作。但这样一来又非目下英国经济力量所能及，这是英国政府的苦闷。

　　战后经济的困难迫使英国政府将一些外交重担转移到美国人身上去了。美国人自然有钱，但不一定保证美国人的钱便会在国际上发生什么效用。单凭钱和军火做外交的后盾也不一定保证美国外交便因此而胜利。最好的例子莫如希腊的内战问题。希腊的共产党军队为数不到两万多人，从杜鲁门主义开始应用到希腊时起，据美国一位上议院议员的估计，美国人在每一个共产党头上花过八千元美金，但一年之后希腊的共产党军队仍然是两万多人，而且据伦敦星期观察报的报导，今年以来希腊农民向共产党区域移动的反较去年为多。共产党苦于粮食军械有限，甚至于拒绝容纳移动的农民。马歇尔也许是美国政府中最了解当今国际问题的人，他不断的几次在公开演讲中指出单宣传民主政治的好处，在一个饥饿的欧洲局面下是不生效用的，一般民众所最关心的是面包问题而不是民主政治问题。马歇尔计划自然比杜鲁门主义比较动听得多了，但技术上仍有很多值得讨论的地方，这自然又关涉到美国国内的政治问题。

　　自从马歇尔在哈佛发表他的援欧计划演说以来，对西欧各国不啻又打了剂强心针，但在东欧各国看来恐惧猜疑日愈加深，尤其是对德国的态度问题。一般东欧国家是饱受过德国的侵略和屠杀的，对于德国的复兴和抬头大家均深有戒心，但美国对这一点又偏有自己的见解，问题自然更加复杂。再之马歇尔计划无疑问的是为打击苏联而产生的。苏联自然得想办法对之加以抵抗。在美国国务院的看法，目前美国对苏联的外交策略最好不外乎随时随地设法对苏联政治行动加以"牵制"（Containment）。这种策略的详情可由去年七月国务院负责外交政策设计者康楠（George. F. Kennan）在外交杂志上（*Foreign Affairs*）以别名 X 先生发表的一篇文章上看出来。美国这种对苏政策自然相当成问题，最好的批评要算以名政论家李普门

（Walter Lippmann）以冷仗（Gold war）为题的几篇评论。据李氏的看法，美国这种政策不仅无法成功同时还会坏事。一来在距离上美国离欧洲较苏联为远，二来极权国家在任何行动上均较民主国家来的快，而最要紧的是共产党的力量常常深入每一个国家的内部。事实的证明确是这样，自从美国"牵制"政策开始成型的时候起，欧洲政局便日渐紧张。美国要在某个国家内用金钱来打击苏联势力，那这个国家便要遭殃。在东欧苏联势力影响下的国家中，以前各党各派尚可以说合作得不坏，但近来情形愈来愈坏。有一位波兰著名社会主义人士曾对英国"新政治家"杂志记者这样说过，认为没有英美的援助，东欧各国社会主义党自有他们的办法，英美一打算援助，那便是无异断送他们的政治前途。希腊自由党的负责人也曾对伦敦新闻记事报记者发表过这样的意见：觉得要是英美不谈援助的话，希腊政府自然有它的方法来处理国内的政争，但若希腊政府依赖美国援助的心理一旦养成，而实际上远水不救近火的美国援助又时断时续或姗姗来迟，希腊问题只有越闹越糟。事实真是如此，时间又将近一年了，美国政策在欧洲大陆上到底发生了什么效用。因为政治体制的关系美国在外交行动上真是太慢，前几个月捷克粮食不够，先派人到美国买麦子，美国人讲价钱算美金当回生意来做，捷克政府因为时机太紧急，无法等待，又即派人上苏联，几天之内照捷克需要加倍的粮食协约即签了字，而价钱又仅及美国之半。自从苏联去年丰收后，在商业协定上，苏联的小麦价钱向例较美国低廉，最近美国芝加哥粮食价格暴落，据说于此不无原因。美国计划在欧洲大陆上牵制苏联，而欧洲局面也由此而愈弄愈糟。捷克的各党各派合作局面，据意料本来可以最少再维持十个月的，不料转瞬间便变了局。一看欧洲地图，大家便知道现在所谓西欧集团还剩下多大的范围。东欧各国不成问题，现在完全倾向苏联，一串的军事互助协定把关系维系得紧紧的，希腊在美国一手支持下能维持多久谁知道。瑞典、挪威、丹麦因为地理环境关系，可能在这种局面下守中立。意大利此次四月间的大选，一般报纸预料在共产党号召下的共同阵线将获胜利，意大利北部的地主贵族正拼命向银行提领保险珠宝往南部走，现在意大利北部的房产仅是六个月前价值的四分之一，而在南部的房产却较去年价格涨了十倍。法国现在最大的政党是共产党，经济情形再如此坏下来，下次登台的不是戴高乐将军便是共产党。但谁登台对英美都没有好处。如此一算，欧洲丕剩下多少国家。

因为经济能力的薄弱，英国把欧洲大陆上的霸权交给了美国。但美国的政策在欧洲上并没有多大成功。英国之焦急真难形容。称雄争霸能力上也来不及。中间路线呢？不仅经济能力不许可，而事实上恐怕在时间上也稍迟一点。社会主义和共产主义在某些方面本来没有什么大分别，但因为英国经济上即依附了美国，由美国经济力量支持的社会主义，要想在大陆上另辟外交阵线难免令人不放心。很少东欧国家会感到兴趣。这是英国中间阵线不能建立的原因。

目下英国的做法是联合了比利时、荷兰、卢森堡、法国来一个集团，现在会商已经竣事，下周可以正式签约。不过这么一个集团比起东欧集团来，诚如比利时总理斯巴克所指出的，不论在形式上或力量上都有小巫见大巫之概。再进一步英国可能想做的是想由马歇尔援助的关系下，再拉拢其他国家加入这个西欧集团。这几周来英国有一种呼声，认为单求英国的生存，英国已无法生存。今后英国的生存是寄托在整个西欧集团的生存上。但可惜的是西欧集团事实上却是美国经济的寄生物，既受美国的援助，则外交政策上势必得跟美国一齐走。并且照现有的事实证明，想依赖美国援助有所作为的，终局是徒自废事而已。今后趋势可能也难免如此。目下英国放弃中间路线企图求得美国援助的办法，在我们看来真是一件很值得惋惜的事情。

三月十五日

伦敦

一个英国乡村时事讨论会旁听记[*]

（伦敦通信）

　　美国福特汽车厂现任承继人来英视察业务的时候，英国供应部大臣曾开了一个茶会招待他。这位供应部大臣在茶会上致词，特别向小福特氏作了一个建议：希望小福特氏不要以在伦敦西极一般富庶区域的见闻来代表英国的民意，认为要探询英国真正的民意，在伦敦得跨过泰晤士河到稍东面的地方去。据这位大臣的看法，也许在伦敦东面小啤酒店所听到的闲谈较之在一般西极俱乐部所听到的政论更接近于英国真正的民意。小福特氏是否真去东伦敦走走我们自然不知道；不过这儿却有一个值得外国人士所关心的问题：那就是谁能代表英国的民意？要是我们真能够找到英国民意的所在，那我们便不难猜测今后英国政治的趋向是什么。

　　不管一个政府的政策到底怎样，最后决定一个国家政治趋向的是一般普通老百姓对当前局面的看法和想法如何。想违反民意而独行其素的政府是无法存在的。聪明的政治家是事事设法追随民意；诡谲的政治家则事事预先制造民意，作为将来行动的基础。但是不管怎么样，一旦民意所趋，政府要想加以抑制是不可能的。二十世纪是大众人民的世纪。大众要变，任何人也阻拦不住。英国名历史家屈勒味林（T. Trevelyan）分析一部英国社会史的结果，发现政党和政治家与社会革命无关。谁也不能倡导真的社会革命，除非大众真想要变。政党和政治家最多不过投机取巧而已。为了这样的缘故，所以我很想知道一下一般英国人到底在想什么？对当前问题到底持什么的看法？英国到底变了没有？

　　最近到英国南部靠海的萨塞克郡（Sussex）去旅行，无意中参加了一个小村里面村民自动组织的国际问题讨论会。在我看这一个讨论会的参加

---

　　[*]　原载《观察》1948 年第四卷第十五期。

者可算是比较能够代表英国的大众。因为这个村子离最近城市得要半个多钟头的汽车，所以城市的气味不重。不过另一方面，这个村子虽离城较远，但因为靠近海岸的缘故，村里的住户也不尽全是农户，各式各样的人都有。他们这个讨论会已经举行三年了。每年冬季十月起到隔年三月止，大家空闲的时候每周举行一次。讨论会的导师是由牛津大学补习教育组派来的。参加的每次得付一个先令的费用。我去的第一次是本年的最后一次，所以参加的人特别多，一共四十多个人（三十多位女性九位男性）。平常据说仅在三十多个人左右。在这四十多个人中，英国朋友告诉我，大致是三分之二的人是保守党或是投保守党票的（英国农民向来是投保守党票的），其余三分之一是工党或者是工党的拥护者。所以严格说起来，这一个讨论会中的谈话照政治意见上看起来应该是属于一般英国守旧的民意。

讨论会的导师是位女性。在开始的时候她先作一个结论，认为目前欧洲局面这样的纷乱，从表面上是由于英国霸权的衰落，美苏的争霸。处于美苏这两大强之间，一般小国不止在外交上无法独立自主，而且有的小国就在内政上也受到影响。最近捷克的政变，据这位女导师讲，一般报纸难免有渲染过甚的情形，实际上却应该从整个欧洲政治经济的演变上去作分析。当导师讲到这儿的时候，有一位在医院服务多年的女护士突然站起来表示意见（据英国朋友讲她是一个和平主义者），认为强国干涉弱国政治，迟早难免会引起战争。并且据捷克政变这件事情看起来，目下民主政治的衰落实在是一件英国人士值得加以注意的事体。为避免再有战争，英国今后应该设法支持援助各民主政治国家，这是维持今后世界和平的唯一办法。当这位女护士还未坐下的时候，一位村里的小学教员接着站起来，认为他不能同意这位女护士的意见。这位小学教员觉得这位女护士既然认为强国干涉弱国政治是不应当的事体，为什么还建议英国再去干涉别国的政治。在这位小学教员的看法，目前所谓援助民主国家，其实也就是一种变相的干涉，因为"民主政治"一词很难下定义，任何国家都可以随意说它自己是民主政治国家，而指摘别的国家为非民主政治。继着这位小学教员发言的是一位小商人，他的意见是多少有点讽刺意味的。他说目前各东欧国家的情形并不能说是民主政治的衰落，只能说东欧各国民众的不幸而已。他认为民主政治并不是什么稀罕了不得的制度，其实不过是培养两派人来彼此互相监视而已。要是这两派人真是势均力敌的话，那一般老百姓便可以有安宁日子过，不必太关心政治。目前东欧的局面只不过是东欧民众没有机会培养两派人，而让一派人单独霸占了整个的政治机构而已。当这位小商人讲完时大家都大笑。在笑声中一位家庭主妇站起来了，她说现在大家才认识独裁政治的可怕，不过她要请大家注意当年希特勒是英国政治家一手培植出来的。当她讲到这儿的时候，另一位主妇站起来说，不应该说英国政治家培植了希特勒，而应该说是英国一些资本家在德国的投资利益培植了希特勒。但第一位主妇坚持当时的政治家和资本家并没有什么区别。在两方互不退让的当中，导师允许了好几个人站起来发言。有的人赞成第一位主妇的说法；有的赞成第二位主妇的说法。不过大家都同意一部分英国资本家为了在德国的投资利益直接间接的帮忙了希特勒是不成问题的。最后甚而连这般资本家的名字都指出来了。在这四十多个参加讨论的人当中，为这些资本家辩护的只有一个人，——一个全村最著名的女富户。不过这位胖太太却讲不出什么道理来，大家一加质问，急得她只是搓手。最后因为感情激动的缘故，竟突口说出了在英国社会中认为失态的话来了，结果在全村人面前大大丢了一次脸。

事实是这样：当这位女富户举出了当时工商界的困难不得不依赖德国市场的理由时，有一位干果店的老板站起来发问。这位老板认为这些辩护都不能成为理由。怎么说也遮掩不了他们自己的自私企图。这样一来，这位女富户很生气。她立刻反问这位干果店老板："是不是你做生意的时候也考虑过你顾客的道德问题。"一听见这样的话，大家都忍不住嘴里发出了嘘嘘轻蔑的声音出来。因为大家认为这是讨论国际问题，与个人的职业毫无关系。在外国用这样的言语也同中国骂人的父母一样的无礼。女富户丢脸了！导师赶快设法转移大家的视线，结束这一段辩论。她重新花了十分钟，用历史的眼光来分析目下东欧局面的演变，认为这是各国经济发展无可避免的结果。时代进步，英国对内对外的政策都应该重加检讨了。要同苏联争霸，单凭军备和经济力量是没有用的。最要紧的得将自己政治制度的优点发挥出来令苏联折服。

当导师结束了她对当前国际局面的分析。有一位青年人首先提出了质问。下半段的讨论这位青年人成了唯一中心。（他的来历打听不出来，不过看样子似乎很富有。）这位青年人认为大家既已经尝试了德国法西斯政治侵略的可怕，而且公认了以前的经济政策帮忙了德国。为什么现在还同苏联订立商约协定，谁保证这不是帮忙"另一个德国"。这位青年人态度很欠修养，当他语气中指明这问题要导师个人作答复的时候，大家又生气了。因为导师是女性，而且是大家所敬爱的。所以这位青年人还未完毕他的论辩，一位退休的银行经理和一位药店的老板同时站起来向他答辩，老银行经理认为现在的英苏商约协定是由政府完全控制与过去完全不同。药店老板认为这样商约是彼此互惠的，因为英国需要粮食；同时商约中也没有包括什么军械品，所以不必顾虑。这位青年人继续发挥他的意见，他说在他眼光中，苏联实在是一个和平的威胁，苏联的扩张政策可能使全世界再度卷入战争。他讲完之后全室的空气突然间转变得很紧张。首先接着起来讲话的是另一位大学里学法律的青年。他认为今日世界局面纷乱的原因完全诿诸苏联是不公平的，谁能说美国现在不在扩张基地争夺市场；要是将来再有战争发生的话，美国负的责任比苏联大。在此当儿第一位青年突然站起来说据他知道而且他也可以千真万确的说美国对任何国家都没有野心。第一位青年这样自信的说法显然不能使多数人同意，全室里的人都在互相耳语。老银行经理再度站起来，他说这位青年为什么会知道美国没有野心，是不是他在外交部做事。就即使美国对任何国家都没有野心，但是美国缺乏细致（Refinement）可能是将来人类和平的威胁。这位发言多次的青年听见这样的话自然更不服气，他再度站起来讲下去，他说最近苏联"强迫"芬兰订立军事协定的事件是苏联野心的一个好证明，英美对这样的事情应该立刻设法加以制止。这时候一位家庭主妇起来发言，她问这位青年用什么方法去制止这个苏芬军事协定的成立。他说要是万一苏芬真是冲突起来的话，英国是不是愿意出军事行动去帮忙芬兰。要是英国不愿意出军事行动的话，所有制止苏芬协定的说法便等于空话，结果吃亏的还是芬兰。以前比利时、波兰的事件决不可重演。另一位主妇接着发言。这位主妇年纪很大，态度很严肃，在很激动的语调中，她指出人类的愚钝，在两次这样残痛的大战之后，还仍然恋恋不忘强权政治（power politics）的把戏。她问大家在上次大战中牺牲了无数的生命与财产到底为了什么。人人说上次大战是要根绝法西斯政体，但距上次大战不到三年，德国现在又变成一般人亟想辅助的目标；西班牙佛朗哥已经转变成英雄。如此看来要是希特勒不死，大家是不是要想与德国联盟了。她这样的一番话自然大大打动大家的感情，人人默默不语，没有人愿继续再讲话，似乎表示对于这位老主妇的话，大家都感到同意。这时夜色已深，距离最后一次公共汽车行驶的时间已近。在一种严重的空气下，导师宣布了这个讨论会的结束。

　　在归途公共汽车中，有几位主妇还在继续的低声讨论那位女富户的失态言语。伴我参加这个会议的英国朋友昂首望着窗外的繁星在沉思。我个人的感触很大，我对英国的印象似乎稍稍有了改变。年来在英国居住，除去少数智识份子的论调能令人有个新印象之外，大多数报纸上的报导，以及千篇一律尽是抽象名词的社论，使我怀疑英国究竟有了改变没有——尤其是英国的外交政策。要是相信报纸杂志能代表民意的话，有时候真会令人忽略了实际的事实，误解了时代的趋向。我想这个讨论会上多少透露给人一部分英国大众的意见。不管这一般人的政治意见如何，他们的谈话至少表示英国还有人在用自己思考来判断一切国际的事件。要是人们能不断用思考来做判断，而不为一些空洞名词迷惑的时候，一切可能还有改变的机会。英国的一切决定在英国的民意上。

　　　　　　　　　　　　　　　　　　　四月九日于海斯丁海岸

英国人看中国*

（伦敦通信）

要是用一句话来描述英国人对中国和中国人的看法，自然未免失之于武断。想知道中国这个国家，和组成这个国家的中国人，在英国人心目中究竟怎么样，首先得把英国人稍稍的加以区分一下。因为英国人对中国和中国人的看法决不一致，也不可能一致，甚而一个同样的英国人在不同的时期内对中国和中国人便可以有不同的看法。

因为当我说"中国"，我指一个民族、文化、政治和经济的单位。这在一般普通英国人心目中似乎太抽象，在这般人看来，中国和中国人是合而为一的。所以在我描述一般普通英国人对中国和中国人的看法的时候，中国和中国人并没有什么分别。这个区别仅在讨论英国学术界和报张杂志对中国和中国人的看法时才应用。

一般普通英国人对中国人的看法（同样也可以说对中国的看法）可以归纳成两个感情的反应。这两个反应可以毫无关系，甚而可以说是互相矛盾的。一方面是对中国人的恶视——因为中国人的邪恶；另一方面对中国人的同情——这是由于中国人的贫病和不断的灾荒几乎使得英国人不相信。

邪恶的东方人（Sinister oriental）是欧洲人对黄种人最普通的一种定型看法（Stereotype）。究竟中国人邪恶到什么地步，自然连英国人也无法下个断语。这个定型的看法其来已久，后面拖着一大段历史和偏见。不过在一般英国人看来，中国人似乎和土匪和鸦片发生了密切的关系。

在英国，自然，不论怎么样邪恶的中国人也没有做土匪的资格。但不幸鸦片案件中却常常牵涉中国人在内。去年在一张伦敦晚报上，有一位记

---

* 《观察》1948 年第四卷第十九期。

者曾指出，认为最近英国运毒案也不尽是中国人为首了。虽然使中国人可以稍稍舒一口气，但可见鸦片与中国人的关系，在英国人看来，似乎已经够密切了。其外，东伦敦的中国区在英国人心目中也是一片黑影，但是事实上，经过上次大战的破坏，伦敦的中国区已不再存在，旧有的中国区最近已改建成伦敦市政厅的公共住宅大厦，中国人自然无资格再搬入居住。附近的小街上虽然还有几家中国饭馆和杂货店，不时也常有些中国海员来往其间。一般情形看来既并不像想象和传闻中的那样污秽和可怕，就是在一般附近的英国人士说起来，种种恐怖的故事他们也没有亲眼看见过。不过不管事实如何，人类不逻辑的地方太多，我们也不能单怪英国人，偏见一旦形成，要消除便相当困难了。

　　以一个中国人的立场来说，我们虽然可以词严义正的来纠正一般英国人对中国人的邪恶定型看法，但我们却无法否认中国的病与穷，更不敢为了自己争面子来扯谎说中国今年没有饥荒没有饿死人。对英国人同情的表现，在中国人看来，有时候感情上自然有点感得羞愧，甚而觉得是耻辱。而在理知上，除去感谢外，我们却感觉到没有什么话可说。"捐钱援助中国"在英国人生活中似乎太熟悉了。有一次在一个讨论会上，当我谈到将来中英通商可能的时候，有一位英国同学曾反驳我说，从他儿童时代起，他便常听见中国灾荒的消息，现在他已快三十岁，中国灾荒还从未停止过。将来中英通商，中国可能输出的当然只有农产品。但中国既然是这样饥馑不绝，他怀疑中国到底有什么剩余的农产品可以供输出。这位同学的问题自然是另一回事，不过从他的言语中，中国所给一般英国人的印象是什么便已不难想见。去年我参观英国西部一所乡村小学，主持的教师便告诉我，上年圣诞节校内学生唱歌演剧曾募集得十多镑钱。这份钱后来经公决的结果是送到援华会去救济中国的灾民，因为大家知道中国又在闹灾荒。这位教师还问不知道今年如何？情形好些没有。同时好多个小同学也问到中国灾荒的情形，他们年龄都在十岁以下，而中国的贫与病却早已在他们天真记忆中留下一道痕迹。据我所知道，去年初英国援华会对湖南灾荒的宣传真大大感动了英国人士。由于各电影院的协助，援华会有一节关于衡阳粥厂的宣传片在英国各电影院放映，接着随即向观众募捐。这段影片真感动人，观众的反应从募捐筒的响声可以猜测。但因为影片太逼真的缘故，在这段时期中在英国的中国学生的心情真难形容，有的同学只好设法暂时不上电影院免得感情上难堪，有的还写信给大使馆望能交涉停止放映。据我的房东太太说，这是她平生第一次，买了一个先令九便士座位的票子，却捐出了二个先令六便士的捐款。她问我：中国为什么会弄成这个样子。有一位英国青年看过这个电影后，私下对别人讲，既然中国像这个样子，为什么在英国的中国学生还不赶快回国去想想办法。一般英国人士对中国人的同情在上次大战中是相当热诚的，但随着战争的结束，英国一般人士的心情也发生了改变。以一年一度双十节中国的国旗日来说，一九四六年的双十节，清晨在几个大火车站上还看到有英国妇女在向人劝募，到一九四七年的十月十日便连各大火车站上都看不到有什么人在为援华劝募了。据我看到仅在中国大使馆附近有人在售卖中国的小国旗。虽然现下英国各县、郡的援华分会劝募工作仍在进行，但较之上次大战中的情形已有不同。最近援华会又有新的宣传品在英国街头出现，标题的中国字是："您给的钱怎样帮助中国"。这种宣传品曾用国画详细绘出各种不同数量的捐款在中国能做的救济工作，例如说，捐三个便士在中国能买到一碗饭；十个先令能帮忙一个中国学生一礼拜，五镑钱能维持一张医院病床三个月，诸如此类。对于英国援华会这样的热心为中国人民服务，我们对之是感激不尽的，而且在危难的时候请友邦人士帮帮忙也并不是什么羞耻的事体，做这样事体的国家也不只限于中国。但问题是我们希望会有一天中国人能自己出力帮忙自己中国人，免得"捐钱援华"成为英国人士生活中的经常惯例，使中国和中国人永远同贫病灾荒连在一起。

在英国报张和杂志中，中国和中国人便似乎有分别了。因为有这个区别的存在，所以一般的看法也便有不同。说到中国人民，大家似乎都表示同情之意。中国农民的天真朴实以及目下不像人样的生活，在英国报纸杂志常有描述。至于中国知识分子目下的处境和动态，各报纸杂志更特加重视。譬如说各地的学潮，在英国便有另外的看法，不管立场如何，一般评论都觉得这是中国目下最后的一线希望，从这一线希望中可能还会有个新局面，否则一切大致已经是命中注定了。说到中国，在报纸和普通杂志中常常是一个政治地理单位，不同中国政府合而为一，便同国际关系有关。民族、文化单位的中国似乎很少提到过。把中国看成一个政治单位来看，则英国报纸和杂志对中国的看法和论调便有点异样了。从感情上分析起来，一般对中国都有所期望，（不管其动机是基于英国自身的利益或是真正对中国有好感，）因为有所期望，而实际中国的表现又不仅令英国失望，而且同时还花样繁多，久而久之感情上便有点异样了。这种感情的反应，可以从孟却斯特导报最近的一篇社论里看出来。这篇社论指出目下"冷战"中美国在中国所受到的打击，认为不管美国在欧洲大陆如何苦心的抵制苏联势力的扩张，但受稀少苏联帮忙甚而苏联并未帮忙（"with little or no help from Russia"）的中国共产党却这样的在中国日有进展。这篇社论说，问题的关键是在受美国辅助的所有国家中，只有对中国政府的援助使人最头痛最棘手。因为问题是若果中国政府自身不设法彻底改茸，不管美国如何帮忙，甚至于就是美国军事直接干涉，恐怕事实上也无法阻止中国共产党在中国的发展。基于这种迫切希望中国有所改革的心理上，而中国政府的一切事实表现又偏偏与之背道而驰，于是感情上便因爱生恨了。今日英国报纸杂志不骂共产党不骂苏联的是例外，而谈到中国问题一般论调便有所不同。有一天在伦敦政治学院内，一位售卖共产党宣传品的英国青年曾对一堆中国学生发过这样的牢骚，他认为："中国共产党是今日世界上最幸运的共产党，幸运得简直令人妒嫉，因为中国共产党是在世界共产党中最后被骂到的一个。"诚然，这是一个很有趣的现象，但也并非不可加以解释。其原因，一方面自然是现况太坏，另一方面大家也知道此外另无出路。中国政府官吏的操守和行政效率问题是外国报纸杂志所最关切的课题。有的报纸讲现在内战战场仅在华北，而政府仍控制着扬子江最富庶区域，但不知道为什么两三年看不到任何建设成绩？四月间泰晤士报的社论也将治理台湾的成绩举出来作为证据。有一次《星期观察者》（*Sunday Observer*）并说，目下在中国人眼光中认为革命的举动，在英国人看来简直是些普通常识。意思似乎说像土地改革之类问题，照中国目下的情形，任何政府都应该赶快设法。有时候一般的笔调自然不免过火。例如四月五日星期泰晤士报的一篇论文，竟把贪污与无效率指为中国的特色，同时还进一步把目前的贪污推到美国留学生身上去。（自然，逻辑上说不过去。）认为目下中国新士大夫阶级多是在美国受过教育的，而这般人尽管嘴上讲起来像受过西方文化洗礼，而骨子里的许多中国旧习气（the deeply engrained traditions of Chinese public dishonesty）仍无法去掉。因此中国的贪污风气真无望立刻清除。最后这位作者还把中国贪官污吏比喻做一群蝗虫。像这一类的看法在英国报纸杂志中常常看到，决不能算为稀罕。这儿所举出的只不过是最近的例子而已。

把中国看成一个民族、文化单位的只有英国学术界中人，这般人不是到过中国便是研究的学科与中国有关。一般来说他们对中国都有好感。例如去年有人在一本杂志的通讯里问过英国名作家 J. B. Priestley，问他要是有机会的话他想到什么国家去休假。他的回答是中国。因为从研读中他发现中国文化的优美，而所接触的中国朋友中又多是智慧礼让之士，所以他很想看看中国到底是什么样一个国家。其他如历史家 Arnold Toynbee，哲学家罗素，经济史教授 R. H. Tawney，不论在演讲中或普通谈话中也都表示对中国有很好的印象。有一位到中国讲过学的牛津教授还叹息说过，像中国这样一个有悠久历史文化的国家，正应该站出来领导世界创造一种新文化，却偏偏自己的问题都解决不了。言下不禁惋惜之至。近年来使英国学术界中感觉惊异的是来英中国教授之多。有的二三十岁的青年在名片上竟自称是几个大学的教授，英国学术界中人最初对之真不知如何接待是好，但后来这类例子还不断看到，故大家也就不再认为惊奇了。

六月十四日伦敦寄

南洋华侨的前途[*]

当祖国正在进行着有史以来未有的巨变时，南洋华侨今后的前途不仅为侨胞自己所关心，同时也为全世界人士所注意。刚在第二次大战结束时，美国远东研究权威拉铁摩尔氏曾不断的在作预测，认为今后一百年中东南亚洲的一切将由中国的马首是瞻。

而声称未来的一世纪将为"中国人的世纪"。像这样的论调在第二次战争结束时在欧美各国极为普遍。由于外人对华侨观感的改变，所以初当胜利之后，南洋华侨似乎突然间出人头地的，把身价地位提高了若干倍。不幸好景不长，胜利刚临，中国重新又再卷入内战中；影响所及，于是华侨在南洋受人重视的地位，瞬息间便消失无遗，面临的反而是一片昏黑的暗影。

在战后这三年当中，除去英属殖民地外，南洋华侨处处都在走恶运，举几件事实来看：印尼的战事中，首先把中国华侨看成赎罪羊，现在对于日用品的分区自足制进而更把华侨的经济地位一扫而光，泰国的排华现在更是人所共晓，商店必须雇佣泰国人做司账，泰国人可以不问华侨愿不愿意随便收买华侨所举办的企业。菲律宾对于华侨零售批发商店目下已在加紧限制。在缅甸，华侨自一九三一年来便就是缅甸人攻击的目标，现在不用说，诸事自然更是江河日下了。至于安南，在最近的几次激烈战争中，华侨的资产差不多已经是损失殆尽。目下一般情形还算得上差强人意的只不过是居留在英属殖民地的华侨。华侨之来往南洋各地本来没有什么长期居留的计划，居留某地一到相当时期常常立即准备归国。除开荷印华侨外，普通华侨能长期居留南洋的，最多不过全人数百分之三十左右。据马来亚政府的统计，在一九三一年到一九三八年几年当中，华侨人口数目虽

---

* 原载 1949 年《中华公报新年特刊》第 19 版，后收入房汉佳、林韶华《中国爱国学者田汝康教授》，砂拉越人民联合党总部研究与资料中心，2004，第 132～134 页。

在二百三十万左右，但同时出口数目也在两百万以上，惟其如是，所以在过去华侨本来还有条退路可走，国外情形不好，可以立刻设法结束回国。偏不幸近年来祖国政治的黑暗已使华侨绝了回国的念头；不仅回国的人数日益减少，竭力想设法出国的反日在增加。事实既然如是，一方面希望现中国政府来解决侨胞的痛苦自然是做不到，而另一方面要想回国暂时又不可能，最后归结。于是南洋六百万华侨的问题在短期内只有靠华侨自身来解决。

维护华侨利益，首先得有一个真正代表华侨全体利益的总机构，同时更得有一般真正能为华侨利益出来奋斗的领导人才。此刻在南洋不仅不要说找一个代表六百万华侨全体利益的机构找不到，就是找一个能代表某一个特殊地区的华侨中心团体还找不出。像目前这样叠床架屋系派纷繁的华侨社团组织，不只华侨自己感到力量分散，同时各殖民地政府恐怕也会觉得在华侨事务方面有找不到头脑人物的不方便。在现下各国殖民地中，关于华侨事务往往被看成是别树一帜的特殊问题。这固然是自十七世纪以来由荷兰人发明的"中国甲必丹"制度的影响，但华侨问题的复杂也大有原因在。在短时期内为维护南洋华侨的真正利益起见，一个能代表南洋华侨总机构的组成已经是刻不容缓。（接下来的两句字迹模糊，待查——《中国爱国学者田汝康教授》一书原注。）

其次，此刻南洋华侨的最大危机倒不在于经济上，而是在于被别人所误解的心理上。据一般华侨社会以外的人士看来，所谓华侨差不多与投机生意人已完全合而为一，认华侨全是些不择手段的冒险家，全是些专会弄新花样的生意能手。自然我们不能否认华侨社会中确有少数人在生意经上专弄新花样，但这些人究竟是华侨生意人中的最少数，同时更是华侨全人数中的最少少数。（据一九三一年马来亚国势普查的结果华侨经营商业的仅占全华侨人数的四分之一。）在全南洋中有比这些冒险家多千万倍的朴实，劳苦，守法的良善华侨。

他们栉风沐雨，手足胼胝，用血汗，开辟一片片的原始森林。也许有一个冒险家发发财，但成千上万的华侨仍然是食不饱腹，衣不蔽体。目下树胶落价，更不知有多少人连温饱都谈不上，这些人才是中国华侨的真正代表。要使一般冒险家改变行为自然是属于冒险家自身的事：但大多数华侨应当和各居留地土著人士明了冒险家之流究竟是华侨中的最少数人。对华侨误解的心理一天不消除，华侨前途的发展始终是有障碍。最近从印尼、泰国、菲律宾、缅甸传来的消息已经是前车之鉴。与土著人士互求了解的工作，今后千万不能再加忽略。

岁月更序，遥念祖国仍然在干戈扰攘中；但我们决无理由因此而悲观。因为祖国的前途始终是光明的，内战仅是短时期的事。祖国有光明的前途，南洋华侨前途的否泰，虽一半与祖国局面有关，但另一半得靠侨胞自己的艰苦奋斗。单是祖国的强盛局面来支持南洋华侨前途仍感力量不毂，尚望各界侨胞多多努力，时时求进步，新岁无所奉献，谨以中华民族万岁为祝。

田汝康（1940 – 2004）著述年表

期刊论文：

1940 年

《罗马尼亚的青年运动》，《青年月刊》（南京）1940 年第九卷第四期。

1942 年

《内地女工（研究资料）》，《中国劳动》1942 年第三卷第一期。
《内地女工（研究资料）：续一》，《中国劳动》1942 年第三卷第二期。
《内地女工》，《妇女工作》1942 年第四卷第四期。

1943 年

《内地女工（研究资料）：续二》，《中国劳动》1943 年第三卷第三期。
《内地女工（研究资料）：续三》，《中国劳动》1943 年第三卷第四期。
《忆芒市——边地文化的素描》，《旅行杂志》1943 年第十七卷第三期。

Labor and Labor Relations in the New Industries of Southwest China, New York, International Secretariat, Institute of Pacific Relations, 1943.

1944 年

Female Labor in a Kunming Factory, A Supplementary Chapter, in *China Enters the Machine Age*, Harvard University Press, 1944.

1945 年

《大理风景论》，《旅行杂志》1945 年第十九卷第五期。

1946 年

《英伦特写·英国怎么样》，《时代评论》（昆明）1946 年第十六期。
《英伦特写·和平的保证》，《再生》1946 年第一○五期。
《联合国会议观礼》，《云南日报》1946 年 1 月 28 日，第 3 版。

1947 年

《做"要人"得像"要人"的样子》，《观察》1947 年第三卷第十五期。
《钢铁国营议案与工党内部困难》，《观察》1947 年第三卷第九期。
《千言万语只为"煤"》，《观察》1947 年第三卷第四期。
《原子世纪》，《国防新报》1947 年第十期 。

1948 年

《"干部"之累》，《观察》1948 年第三卷第二十三期。
《英国人看中国》，《观察》1948 年第四卷第十九期 。
《美援与英国外交》，《观察》1948 年第四卷第七期 。
《一个英国乡村时事讨论会旁听记》，《观察》1948 年第四卷第十五期。
"*Religious Cults and Social Structure of the Shan State of Yunnan-Burma Frontier*"，在《芒市边民的摆》基础上修改完成的博士论文。

1949 年

《南洋华侨的前途》，《中华公报新年特刊》1949 年 1 月 1 日，第 19 版。后收入《中国爱国学者田汝康教授》。
Pai Cults and Social Age in the Tai Tribes of the Yunnan-Burma Frontier, *American Anthropology*, Vol. 51, No. 1, 1949.
Two Kuching Jars, *Sarawak Museum Journal*, Vol. 5, No. 1, May 1949.

1954 年

A Hakka Kongsi in Borneo, *Journal of Oriental Studies*, No. 1, 1954.

1956 年

《十七世纪至十九世纪中叶中国帆船在东南亚洲航运和商业上的地位》,《历史研究》1956 年第 8 期。后收入《中国帆船贸易与对外关系史论集》,杭州:浙江人民出版社,1987。

1957 年

《1852 年厦门人民对英国侵略者掠卖华工罪行的反抗运动》,《光明日报》1957 年 7 月 4 日。后收入《中国帆船贸易与对外关系史论集》。

《再论十七至十九世纪中叶中国帆船业的发展》,《历史研究》1957 年第 12 期。后收入《中国帆船贸易与对外关系史论集》。

1958 年

《近代华侨史的阶段问题》,《厦门大学学报》1958 年第 1 期。

《十八世纪末期至十九世纪末期加里曼丹的华侨公司组织》,《厦门大学学报》1958 年第 1 期。后收入《中国帆船贸易与对外关系史论集》。

1959 年

《关于当前东南亚民族主义国家中民族资产阶级的性质和作用问题》,载世界近代现代史教研组、亚洲史教研组编《民族解放运动中民族资产阶级的作用论文集》,复旦大学历史系,1959。

1963 年

《有关杜文秀对外关系的几个问题》,《历史研究》1963 年第 4 期。

1964 年

《十五至十八世纪中国海外贸易发展缓慢的原因》,《新建设》1964 年第 8~9 期。后收入《中国帆船贸易与对外关系史论集》。

1974 年

《"新土地的开发者"，还是入侵中国的强盗》（与谭其骧合撰），《历史研究》1974 年第 1 期（试刊号）。

1978 年

《禁烟运动的思想前驱——评介新发现的朱嶟、许球奏析》（与李华兴合著），《复旦学报》（社会科学版）1978 年第 1 期。后收入《中国帆船贸易与对外关系史论集》。

《古代中国与东南亚——驳法国汉学家戈岱司在这个问题上的看法》，《郑州大学学报》（哲学社会科学版）1978 年第 3 期。后收入《中国帆船贸易与对外关系史论集》。

1981 年

《杜文秀对外关系以及刘道衡"使英"问题的研究》，云南民族研究所《民族学报》1981 年第 1 期。1982 年，该文经修改补充后以《杜文秀使英问题辨误》为题，发表于日本《东洋文库研究部年报》（总第 40 号），这也是东洋文库 40 年来首次发表外国学者的学术论文。后收入《中国帆船贸易与对外关系史论集》。

Causes of the Decline on Overseas Trade in 15th – 18th Century China, Papers on Far Eastern History, *Australian National University*, No. 24, 1981.

Origin of Ancient Chinese Characters: Some Anthropological Perspectives, *Cambridge Anthropology*, Vlo. 6, No. 3, 1981.

Zheng Ho's Voyages and the Distribution of Pepper in China, *Journal of the Royal Asiatic Society of Great Britain and Ireland*, NO. 2, 1981.

1982 年

《渡海方程——中国第一本刻印的水路簿》，载《中国科技史探索——纪念李约瑟博士八十寿辰文集》，上海古籍出版社，1982。后收入《中国帆船贸易和对外关系史论集》。

China and the Pepper Trade, *Hemisphere*, Vol. 26, No. 4, 1982.

The First Printed Chinese Rutter: Duhai Fangcheng, T'oung pao, *Revue In-*

ternatinale de Sinologie, Vol. LXVIII, 1 – 3, 1982.

New Light on Du Wenxiu and the Panthay Mission, *The Memoris of the Research Department of the Toyo Bunko* (The Oriental Library), Tokyo, No. 40, 1982

1983 年

The Chinese of Sarawak: Thirty Years of Change, *Southeast Asian Studies*, (The Center for Southeast Asian Studies, Kyoto University), Vol. 21, No. 3, 1983.

Mongol Rulers and Chinese Pirates, *History Today*, London, September 1983.

1985 年

《国外高等教育见闻》，《群言》1985 年第 5 期。

《国外高等教育见闻（续）》，《群言》1985 年第 6 期。

《郑和海外航行与胡椒运销》，《上海大学学报》1985 年第 2 期。后收入《中国帆船贸易和对外关系史论集》。

《海外华人现状》，《华侨历史学会通讯》1985 年第 2 期。

《两次国际学术会议讨论东南亚华人、华侨问题的情况》，《华侨历史学会通讯》1985 年第 4 期。

Traditional Chinese Beliefs and Attitudes Toward Mental Illness, in W. S. Tseng and David Wu (eds.), *Chinese Culture and Mental Health*, Academy Press of New York, 1985.

1989 年

The Chinese Junk Trade: Merchants, Entrepreneurs and Coolies, 1600 – 1850, in *Maritime Aspects of Migration*, eds. By Klaus Friedland, Bohlau, Koln, Wien, 1989.

Impact of American Maritime Trade upon China 1784 – 1844, *in Global Crossroads and the American Seas*, edited by Clark G. Reynolds, Missoula, Montana, Pictorial Historical Publishing Co. , 1989.

1990 年

The Decadence of Buddhist Temples in Fujian in the Late Ming and Early

Ch'ing, in *Fujian Province in the 17th and 18th Century*, edited by E. B. Vermeer, Leiden：E. J. Brill, 1990.

1991 年

The Immutability of the Ch'ing Dynasty Penal Code, A Book Review of Murder and Adultery, in *Late Imperial China*, by M. J. Meijer, T'oung Pao, Vol. LXXVII, No. 4 – 5, 1991.

1997 年

《结构主义与中国古字的人类学研究》，《思想战线》1997 年第 4 期。

著作：

1946 年

《芒市边民的摆》，重庆：商务印书馆，1946。

1949 年

Report on Survey of Overcrowding in Kuching, Sarawak, 1949.

1953 年

The Chinese of Sarawak：A Study of Social Structure, London：London School of Economics and Political Science, Department of Anthropology, 1953.

1956 年

The Early History of the Chinese in Sarawak, with Barbara E. Ward, London, 1956.

1957 年

《17 – 19 世纪中叶中国帆船在东南亚洲》，上海人民出版社，1957。

1974 年

《沙俄侵华史》（参编），上海：上海人民出版社，1975。

1977 年

《第二次鸦片战争》（与齐思和、林树惠等合编）六卷，上海人民出版社，1977－1980。

1980 年

《水运技术词典·古代水运与木帆船分册》（与杨熹、石阶池等合编），北京：人民交通出版社，1980。

1981 年

Moslem Rebellion in China：*A Yunnan Controversy* (42nd George Ernest Morrison Lecture on Ethnology ）, Canberra：Australian National University Press，1981.

1982 年

《现代西方史学流派文选》（与金重远合编），上海人民出版社，1982。

1986 年

Religious Cults of the Tai Tribe of the Burma-Yunnan Frontier, Ithaca, N. Y.：Cornell University Press，1986.

1987 年

《中国帆船贸易和对外关系史论集》，浙江人民出版社，1987。

1988 年

Male Anxiety and Female Chastity：*A Comparative Study of Chinese Ethical Values of Ming-Ch'ing Times*, Leiden：E. J. Brill，1988.

1993 年

Peaks of Faith：*Protestant Mission in Revolutionary China*, E. J. Brill, Leiden, New York, Koln, 1993.

编后记

    胡庆钧、谷苞、田汝康三位先生都是于"魁阁"中成长起来的 20 世纪中国最重要的社会学家、人类学家、民族学家。能为他们编一本集子，是我们的荣幸。诸位先生的主要作品大多以各种形式出版过，编这本文集的初衷，是想将三位先生在"魁阁"时期零散发表的、今天已不易找到的单篇文章集在一起，为学界有关几位先生的研究提供一点儿便利。然而，因种种原因，我们收集到的一些文章，仍然无法全部收入这本文集中，甚为遗憾。

    需要说明的是，在编辑的过程中，一些明显属于当年刊印错误的地方，我们做了必要的修正，所修改之处，用注释加以说明；个别在今天的时代背景下不大妥当的表述，在不改变原文本意的前提下，我们做了必要的修改。

    本文集能够完成，首先要感谢云南大学林文勋书记，民族学学科负责人何明教授，民族学与社会学学院院长关凯教授、党委书记赵春盛教授的关怀，正是在各位领导的关怀下，在云大民族学学科特区中设立了"魁阁"小组，本文集的收集、整理才得以完成。其次，要感谢田汝康先生的儿子田敬国先生、胡庆钧先生的儿子胡学晟先生、谷苞先生的女儿谷风女士，感谢他们慷慨给我们授权整理几位先生的作品。再次，要感谢我的学生董辉虎、林雷、袁婷婷、唐烨、杨耀艳同学的协助，他们为文集资料的收集、整理、录入、校对付出了辛勤的工作。最后，要感谢社会科学文献出版社的杨阳等编辑，没有他们的努力，本文集不会呈现今天这个样子。

马雪峰

2019 年 9 月 15 日于云大东陆校区文津楼 315 室

图书在版编目（CIP）数据

　　魁阁文献. 魁阁三学者文集 / 何明，赵春盛主编；
马雪峰，苏敏分册主编. -- 北京：社会科学文献出版社，
2019.12
　　（云南大学西南边疆少数民族研究中心文库. 魁阁研
究丛书）
　　ISBN 978 - 7 - 5201 - 5819 - 0

　　Ⅰ.①魁…　Ⅱ.①何…②赵…③马…④苏…　Ⅲ.
①社会科学 - 文集　Ⅳ.①C53

　　中国版本图书馆 CIP 数据核字（2019）第 295126 号

云南大学西南边疆少数民族研究中心文库·魁阁研究丛书
魁阁文献4
魁阁三学者文集

主　　编／马雪峰　苏　敏

出 版 人／谢寿光
组稿编辑／佟英磊
责任编辑／杨　阳

出　　版／社会科学文献出版社·群学出版分社　（010）59366453
　　　　　地址：北京市北三环中路甲 29 号院华龙大厦　邮编：100029
　　　　　网址：www. ssap. com. cn
发　　行／市场营销中心　（010）59367081　59367083
印　　装／三河市东方印刷有限公司

规　　格／开　本：787mm × 1092mm　1/16
　　　　　印　张：15. 25　字　数：253 千字
版　　次／2019 年 12 月第 1 版　2019 年 12 月第 1 次印刷
书　　号／ISBN 978 - 7 - 5201 - 5819 - 0
定　　价／498. 00 元（全四册）

本书如有印装质量问题，请与读者服务中心（010 - 59367028）联系